SIEGFRIED GRABOWSKI

Heilige Quellen im Bayerischen Wald

Wallfahrtsorte als Stätten der Heilung

Mit zahlreichen radiästhetischen Untersuchungen

Ohetaler Verlag

Impressum

Heilige Quellen im Bayerischen Wald

Autor

Dr. Siegfried Grabowski

Titelbild

?

Herausgeber

Ohetaler-Verlag, Heimatverein d'Ohetaler Riedlhütte e.V.

Wittelsbacherstr. 2, 94481 Grafenau

Tel. 08552 4200, Fax 08552 42050

www.ohetaler-verlag.de, e-mail: ohetaler-verlag@gmx.de

Ohetaler Verlag
94566 Riedlhütte

ISBN 978-3-941457-?

Inhalt

Vorwort des Verfassers

Was wir heute als die Region des Bayerischen Waldes bezeichnen, ist der südwestliche Teil des Böhmerwaldes mit den Landkreisen Cham, Regen, Straubing, Deggendorf, Freyung und Passau. Die südwestliche Abgrenzung der untersuchten Region bildet die Donau, die nordöstliche der bayerisch-böhmische Grenzverlauf. Aber auch die nördlich des Kreises Cham gelegenen Regionen, welche bereits die Bezeichnung „Oberpfälzer Wald“ führen, sind Ausläufer des Böhmerwaldes und sind mit in das Untersuchungsgebiet einbezogen worden.

Ich beschränke mich in dieser Arbeit auf die Quellenkultstätten und deren Kirchen, also auf Stätten, die mit „heiligem“ Wasser in einem Zusammenhang stehen, weil ich in meiner Eigenschaft als Radiästhet (Rutengänger) die energetische Untersuchung des Quellwassers als neuen Aspekt in die Beschreibungen der Wallfahrtsstätten mit einbringen möchte. Dementsprechend sind auch die allgemeinen Angaben zu den Gnadenorten, ihrer Geschichte und ihren Kirchen relativ knapp gehalten, denn für sie steht in anderen Schriften genügend Informationsmaterial zur Verfügung (Literaturverzeichnis). Zur Bedeutung der Kirchenstandorte an Wallfahrtsstätten habe ich in einer anderen Schrift[1] ausführlich Stellung genommen, so dass ich mir auch aus diesem Grunde eine Beschränkung auf das „heilige Wasser“ auferlegen möchte.

Sofern die Quellen sich an den Standorten von Kirchen oder Kapellen befanden, untersuchte ich die Kirchenstandorte in bezug auf Energien, die im Zusammenhang mit körperlichen, seelischen und geistigen Heilungsvorgängen eine Rolle spielen. So weist jede Kirche bzw. jeder Standort einer Kirche eine ihm eigene Strahlungs-Charakteristik auf, die in Wechselbeziehung (Resonanz) zu den energetischen Zentren des Menschen (Chakren) steht und unter günstigen Voraussetzungen Heilungen, ja sogar Wunderheilungen bewirken kann.

Es war nicht immer leicht, die zum Teil verborgen Quellenkultstätten aufzufinden und ihnen ihre Geheimnisse zu entlocken. Und wenn ich dann nach mühsamer Kleinarbeit zuhause die Untersuchungsergebnisse zusammentrug, dann musste ich oft genug feststellen, dass mir wesentliche Informationen fehlten. So habe ich im Laufe der letzten Jahre einen Baustein nach dem anderen zusammengetragen, um diese thematisch geschlossene Schrift erstellen zu können. Es mag wahrscheinlich sein, dass mir noch

1 S. Grabowski: Die Heilkraft der Wallfahrtsorte

Quellenkultstätten entgangen sind. Der Leser möge das einem Berliner nachsehen, der sich in der weit entfernten Region weniger auskennt und auf die Hilfe anderer Personen angewiesen ist.

Siegrfied Grabowski

Ursprünge der Quellen-Verehrung

Wasser als eines der vier heiligen Elemente (neben Feuer, Luft und Erde) trat bereits im Altertum durch seine reinigende, heilende und sühnende Wirkung besonders hervor. Die meisten Gottesurteile beruhten auf der weissagenden Kraft des Wassers bzw. der Naturgeister, die in den Quellen als wohnhaft angesehen wurden (Frau Holle, Schwanenjungfrauen, Brunnenholden, Wassermuhmen, Nixen). Weit verbreitet war die Annahme, dass das Wasser heiliger Ströme (Rhein, Ganges) und Quellen von Göttern und höheren Wesen bewohnt sei, und dass Brunnen und Quellen von dort liegenden Schlangen oder Drachen gehütet werden. Geschichten erzählen von Jungfrauen, die von Wassergeistern entführt und sieben Jahre im See gehalten werden. Zu allen Zeiten waren die Menschen bestrebt, sich der Möglichkeiten der im Wasser angenommenen Naturkräfte zu versichern. Die Alemannen, Franken und Sachsen beteten am Ufer der Flüsse und am Rande der Quellen, sie zündeten Lichter an und brachten Opfergaben dar. Im Hessischen wandeln Jünglinge und Jungfrauen am zweiten Ostertag zum hohlen Stein des Gebirges, schöpfen Wasser aus der kühlen Quelle und werfen Blumen als Opfergabe hinein.[2]

Oft wird bereits das erste Hervortreten einer Quelle göttlicher Einwirkung zugeschrieben oder einem Wunder, das göttliche Heroen vollbrachten: Wotan, Balder und Karl der Große labten ihre durstenden Heere an von ihnen aus der Erde geschlagenen Quellen. Andere Quellen wurden mittels eines Stabes (Moses, St. Wolfgang, Rhea) oder dem Hufschlag eines Pferdes (Pegasus) der Erde entlockt; der Heilige senkt einen Ast in den Boden oder schlägt an einen Felsen, und das Wasser sprudelt hervor. Andere Heilige reinigten giftige Quellen durch Gebet, Hineinlegen von Reliquien oder Zugabe von heiligem Wasser. Bei der Überführung der Leichname von schon zu Lebzeiten als heilig angesehenen Personen blieben Tiere an bestimmten Stellen stehen, an denen dann eine Quelle entsprang.

Auf die erfrischende, stärkende und belebende Kraft des Wassers verweisen Ortsnamen wie Heilbrunn, Heilbronn, Heiligenbrunn, Gesundbrunnen usw. Die meisten Kurorte (Bäder) vertrauen auf die Kraft ihres Wassers bereits seit Jahrhunderten. Neue Heilquellen werden entdeckt mit gesundheitsfördernder Wirkung. Auch Salzquellen und Schwefelquellen galten als heilig. Das Mittelalter unterhielt die Vorstellung eines Jungbrunnens; man legte dort seine alte Haut ab und erhielt eine neue.

---

2 Grimm: Deutsche Mythologie

Als heilig galt Wasser, welches „zu heiliger Zeit“ (Ostern, Weihnachten, Johannisnacht) zu Mitternacht oder vor Sonnenaufgang, in feierlicher Stille geschöpft wurde. Es heile Krankheiten, diene der Weihe von Gegenständen, vertreibe das Böse, ja es sei eines der besten Segen- und Zaubermittel. Heidnische Bräuche vermischen sich mit dem Wasserkultus im Christentum, wo noch heute dem geweihten Wasser eine bedeutende Heil- und Segenswirkung (Taufe, Weihe, Exorzismus) zukommt, die nicht bloß als symbolisch anzusehen ist. Bereits vor der Einführung der christlichen Taufe ist die Heiligung neugeborener Kinder durch Wasser belegt. Noch nicht lange zurück liegt der Volksglaube, dass sich Wasser zu Weihnachten oder zu Ostern nachts in Wein verwandle, wohl von der Vorstellung abgeleitet, dass die erste Manifestation des Heilandes Jesus bei der Hochzeit zu Kanaan dergestalt erfolgte, dass Wasser in Wein verwandelt wurde. Kulthandlungen des frühen Christentums im 4. Jahrhundert verweisen darauf, dass zu Mitternacht geschöpftes Wasser jahrelang frisch und unverdorben zu wundertätigem Gebrauch aufgehoben werden könne. Dieses Wasser verderbe nicht, verjünge, heile Ausschläge, kräftige das junge Vieh. „Zauberwasser“ zu unchristlicher Weissagung solle sonntags vor Sonnenaufgang geschöpft werden, wobei wie vor einem göttlichen Wesen eine brennende Kerze vor das Wasserglas gestellt werden solle.

Strudel und Wasserfälle galten als besonders heilig, weil man glaubte, dass sie ein höheres Wesen bewege, wie der Engel das heilsame Wasser im Teiche Bethesda (Joh. 5,4). Sagen in diesem Sinne finden sich noch heute vom Donaustrudel, aber auch in vielen kleineren Ortschaften, die ihr Wasser einer stark hervorsprudelnden Quelle verdanken.

Was ist heiliges Wasser?

Die Geschichtsschreibung scheint keinen wirklichen Unterschied zu kennen zwischen einer gewöhnlichen Quelle, einem gewöhnlichen Wasser, und einem Wasser, das als „heilig“ bezeichnet werden kann. Insbesondere südlich des Limes finden sich zahlreiche Quellen und bedeutende Heilbäder, deren Brunnen aus römischer Zeit stammen. Hier lassen sich vergleichende Untersuchungen durchführen zwischen dem Wasser normaler Quellen und dem als heilig geltenden Wasser der alten römischen Brunnen.

Wasser wird nicht primär durch einen bestimmten Entnahmezeitraum geheiligt und auch nicht unbedingt durch einen bestimmten Segen. Quellen, die heiliges Wasser führen, tun dies sozusagen von Natur aus; entweder das Quellwasser ist ein heiliges oder nur ein gewöhnliches Wasser. Findet der Analytiker hier auch keine Unterschiede, der Gehalt an besonderen Energien in einem heiligen Wasser spricht eine eindeutige Sprache. Um diese Energien bewerten zu können, sind seit alter Zeit folgende Bewertungs- und Erkennungsmethoden gebräuchlich: Lagerungsstabilität, Heilwirkung, Vermehrbarkeit, besondere physikalische Eigenschaften.

Die besonderen Eigenschaften heiliger Wässer

Ein heiliges Wasser verdirbt kaum oder nur sehr langsam. Selbst wenn die Quelle nicht ganz sauber aussieht, wie es bei Wiesen- und Waldquellen oft der Fall ist, die nicht gefasst sind, so ist dieses Wasser oft über lange Zeit hinweg haltbar und selbst nach Jahren noch wohlschmeckend. Das Wasser gewöhnlicher Quellen vergleichbarer Art verdirbt meist schon nach wenigen Tagen, wird trüb, beginnt unangenehm zu riechen. Der Verderb ist bakterieller Art; Bakterien entwickeln sich hier sehr schnell, insbesondere die nahezu allgegenwärtigen Kolibakterien. In heiligem Wasser dagegen ist die Keimzahl stets gering. Setzt man diesem Wasser Bakterienkulturen hinzu, so sind diese in ihrer Vermehrung stark gehemmt, oder sie sterben sogar vollkommen ab. Heiliges Wasser ist deshalb nahezu bakterienfrei im Gegensatz zu normalem Quellwasser auch tieferer Brunnen, also Wasser, das über Jahre hinweg nicht mit der Erdoberfläche in Berührung gekommen ist.

Von heiligen Quellen werden über die Jahrhunderte hinweg immer wieder Heilwirkungen berichtet. Radonquellen gelten als besonders stärkend und belebend, Jodquellen sind als Kropfquellen bekannt, Schwefelquellen werden insbesondere bei Hautleiden angewandt. Spezielle Mineralquellen der bekannten Bäder helfen bei Gelenkerkrankungen, Erkrankungen des Verdauungstraktes usw. Andere Quellen sind als Augenquellen bekannt geworden, als spezielle Frauenbrunnen usw.

Heiliges Wasser hat eine besondere Eigenschaft: es lässt sich nahezu beliebig vermehren. Bei normalem Wasser können die Eigenschaften einer Quelle nicht auf ein anderes Wasser übertragen werden. Gibt man dagegen in ein normales Quellwasser (auch Leitungswasser) wenige Tropfen eines heiligen Wassers, so werden die speziellen Eigenschaften des heiligen Wassers auf das normale Wasser dauerhaft übertragen. Verantwortlich dafür ist eine besondere Eigenschaft des heiligen Wassers, eine Energieform oder Schwingung, eine Wellenlänge, die wir Radiästheten mit dem Wort „Haftung“ bezeichnen. Ist diese Energie in einem heiligen Wasser vorhanden, so sind seine besonderen Eigenschaften übertragbar. Die Haftung besonderer Eigenschaften des Wassers hat noch einen weiteren Vorteil für den Anwender des heiligen Wassers: die Heilschwingungen bleiben bis zu etwa 20 Stunden im Organismus nachweisbar, bis das Wasser vollkommen „verstoffwechselt“ ist. Die Heilwirkung dieses Wassers hält also so lange an, dass eine einmalige tägliche Einnahme ausreichend ist. An besonderen Gnadenorten geschehen Heilungen mitunter nach nur einmaliger Einnahme des Wassers bzw. für die wenigen Tage des Aufenthaltes dort. Bei anderen, sogenannten „Heilquellen“ der Kategorie „Mineralwasser“ ist aus medizinischen Gründen eine regelmäßige Einnahme erwünscht, die jedoch keine Heilung bewirkt sondern bestenfalls eine Besserung.

Heiliges Wasser weist gegenüber normalem Wasser eine Reihe von physikalischen Unterschieden auf: Es wurde immer wieder beobachtet, dass auch spärlich fließende heilige Quellen im Winter nur sehr selten zufrieren, obgleich die Umgebungstemperatur am Quellort auch nicht höher ist als in der Umgebung. Diese Eigenschaft des heiligen Wassers hat zu vielen „wundersamen“ Entdeckungen von heiligen Quellen geführt. Dieses Faktum lässt sich physikalisch nachprüfen; es hat mit der Festigkeit der inneren Struktur der Wassermoleküle zu tun, die sich zu sogenannten „Clustern“ zusammenballen. Je stärker die Bindung der Moleküle untereinander, um so niedriger liegt der Gefrierpunkt. Diese Eigenschaft scheint mit dem Bindungswinkel der Atome im Wassermolekül zu tun zu haben, denn der Bindungswinkel im heiligen Wasser ist bis zu vier Grad aufgeweitet im Vergleich zu dem bei normalem Wasser. Das lässt sich heute mit Hilfe von Röntgenstrukturanalysen von Eiskristallen nachweisen.

Der Japaner Masuro Emoto fotografierte isolierte Eiskristalle von Wässern unterschiedlicher Herkunft und energetischer Charakteristik. Die heiligen Wässer zeigen dabei homogene, schön ausgebildete Kristallstrukturen im Gegensatz zu denen, die minderwertige Energieformen enthalten. Als besonderes Ergebnis seiner Untersuchungen zeigen die Kristallbilder, dass dem Wasser mentale Informationen aufgeprägt werden können, was einen Einfluss unserer eigenen Psyche auf den Energiegehalt des Wassers aufzeigt. Dieses Phänomen erklärt auch die Wirkungen von Weihen, die einem Wasser mitgeteilt werden können (Weihwasser).

Eine leichter zugängliche und besser reproduzierbare Methode, Wasserstrukturen aufzuzeigen, entwickelte der Wiener Fotograf Günter Schön. Eine dünne Eisschicht der betreffenden Wasserprobe wird mit polarisiertem Licht durchleuchtet und fotografiert. Durch die Lichtbrechung an der Eiskristallschicht werden weitgehend farbige Strukturen sichtbar, die in ihrer Homogenität und Ausbildungsform die energetischen Charaktere der Wasserproben widerspiegeln. Auch hier zeigen sich prägende Einflüsse auf die Wasserstrukturen durch mentale oder anderweitig energetische Information.

Die italienische Forscherin Enza Maria Ciccolo fand unter den als heilig geltenden Wässern eine besondere Spezialität heraus, die sie „Lichtwässer" nannte. Mittels physikalisch reproduzierbarer Meßmethoden, die sie in ihren Büchern beschreibt, konnte festgestellt werden, dass diese Wässer zusätzlich zu den bislang bekannten Energien die einzelnen Farbfrequenzen unseres Lichtspektrums enthalten. Frau Ciccolo stellt einen Zusammenhang her zwischen den Lichtfrequenzen, unseren Organsystemen und den Energien unserer Chakren und erklärt damit die von diesen Lichtwässern ausgehenden Heilungsphänomene.

Nachdem ich persönlich im Laufe meiner radiästhetischen Arbeiten weit über 100 heilige Wässer untersucht habe, begann ich mit der Überprüfung der mir bekannten Quellen in bezug auf ihre Lichtwasser-Qualitäten. Dabei musste ich feststellen, dass weltweit relativ wenige heilige Wässer mit dieser hohen Qualitätsstufe existieren. Diese heiligen Quellen gehören zu Wallfahrtsorten, von denen häufiger als von anderen von Wunderheilungen berichtet wird. Lourdes (Südfrankreich), Fatima (Portugal) und Ephesus (Türkei) sind wohl die in Deutschland am bekanntesten gewordenen Quellen dieser Art. In Deutschland selbst traf ich in Heroldsbach (Baden-Württemberg) und Wemding (Maria Brünnlein, Schwaben) Lichtwässer an.

Von der Atmosphäre, die ein heiliges Wasser umgibt

Der Leser mag sich fragen, wie diese von Natur aus als heilig geltenden Quellen entdeckt worden sind. Eine Möglichkeit mag in der Beobachtung gelegen haben. Wild lebende Tiere suchen solche Quellen besonders gern auf, während andere Quellen möglichst gemieden werden. Die Gründungslegenden von Wallfahrtsorten zeigen zahlreiche Beispiele, in denen Tiere als Anzeiger für das Vorkommen heiliger Quellen dienen. Die Tiere spüren die von diesen Quellen ausgehende besondere Atmosphäre und halten sich gern und lange hier auf.

Ein Beispiel aus der Gründungsgeschichte von Bad St. Leonhard im Lavanttal (Kärnten): Ein Hirte sah ein weißes Tuch vom Himmel auf die Erde schweben. Wo es den Boden berührte, begann sein Stier mit den Vorderhufen und den Hörnern in der Erde zu wühlen, worauf eine Quelle entsprang. Immer wieder kehrte das Tier von sich aus zu dieser Quelle zurück, suhlte sich in ihr und wurde immer kräftiger und stärker. Ein Viehknecht suchte mit seinem kranken Fuß die Quelle auf und fand Heilung. Es handelt sich hier um ein schwefelhaltiges Heilwasser, das normalerweise wohl kein gesundes Vieh trinken würde.

Ein weiterer Indikator für heilige Quellen ist der spezielle Pflanzenbewuchs. Es scheint Pflanzen zu geben, die vorwiegend in Böden gedeihen, die mit heiligem Wasser getränkt werden. Heiliges Wasser bringt auch einen hohen Artenreichtum und seltene Pflanzen hervor. Spezielle Untersuchungen zu dieser Thematik sind mir nicht bekannt, doch sprechen eigene Beobachtungen für diese These.

Der wichtigste Indikator für das Auffinden heiliger Quellen scheint mir jedoch der Mensch selbst zu sein, der über sein Körpergefühl die entsprechenden Areale zu orten vermag. Der im Zweiten Weltkrieg durch den Bau sogenannter „fliegender Untertassen" und seine bahnbrechenden Wasserforschungen bekannt gewordene österreichische Forstmann Victor Schauberger (1885-1958) hatte für seinen Lebenslauf bedeutsame Eingebungen am Ufer von Quellen und Flüssen. In seiner Familie galt die Vorstellung, dass sich die Seelen Verstorbener in den Quellen befänden, wo sie langsam von den irdischen Überresten befreit würden, sich in den Flussläufen sammelten und stromaufwärts zur Quelle zögen, wo sie geläutert und frisch aufgeladen zum Himmel ziehen könnten. Als vierjähriger Junge wollte Schauberger sich diese Seelenwanderung ansehen und fiel dabei ins eiskalte Wasser, in dem er beinahe ertrank. Seine Mutter belehrte ihn: „Wenn du groß bist und schwere Sorgen hast, dann mein Junge, gehe zum Quellbach, in dem auch meine Seele sein wird, die dir meinen mütterlichen Rat gibt und dir so helfen wird, wenn ich auch nicht mehr auf Erden bin."[3] Schauberger erkannte, dass Wasser nicht nur der Träger des Lebens ist, sondern auch der Urquell dessen, was wir als Bewusstsein bezeichnen. Er wurde gewahr, dass das rinnende Wasser das Bewusstsein wie magnetisch anzieht und ein Stück davon mitnimmt, so dass man am Wasser das Bewusstsein verlieren kann und unfreiwillig tief einschläft. Zu wiederholten Malen übergab Schauberger sein Bewusstsein dem Wasser und erfuhr auf diesem Wege seltsame Dinge, die den übrigen Menschen entgingen. Die geheimnisvollen Schauungen setzte er später in seinen Erfindungen um.

3 Jörgenson S. 263ff.

Ein weiteres Beispiel, wie heiliges Wasser das menschliche Bewusstsein öffnet und Dinge zu schauen befähigt, zeigt uns ein Erlebnis beim Augenbründl Albrechtsberg bei Krems in Niederösterreich: Ein Arbeiter am Kalkofen ging zu nächtlicher Stunde zum Augenbründl, um für sich und seine Kollegen Wasser zu holen. Völlig außer sich kam er mit leerem Krug zurück, fiel auf sein Angesicht nieder und stammelte unzusammenhängende Worte. Er habe dort einen Geist gesehen.[4] Vermutlich handelte es sich um eine Quellnymphe oder Nixe, eine Naturwesenheit, wie sie an heiligen Quellen zu finden ist, wenn man über das entsprechende Empfinden verfügt.

Vergleichbare Erfahrungen mit den bewusstseinserweiternden Kräften des heiligen Wassers machte der österreichische Seher und Prophet Jakob Lorber (1800-1864). Der Kulm bei Puch in der Steiermark ist bereits seit der Jungsteinzeit besiedelt und seit dem Mittelalter als Hexenberg verschrien. Hier, bei Maria Heilbrunn, hatte der steirische Mystiker seine ersten Visionen. Einen wohl noch stärkeren Bezug zur Visionskraft des Mystikers hat die sogenannte Jakob-Lorber-Quelle im Grazer Stadtteil Andritz (Lorber lebte in Graz). 1955 kaufte der Jakob-Lorber-Verein das Quellbecken, das unter dem Schutze der Engel stehe. (Die Energien der Engel sind im Wasser nachweisbar.) Hier zeigt sich auch auf engstem Raum eine reichhaltige Kräutervielfalt. Es wird auch heute noch von vielen Heilwirkungen durch dieses heilige Wasser berichtet. Leider sind Besucher in dem eingezäunten Bereich nicht willkommen, so dass es mir auch nicht gelang, von dieser Quelle eine Wasserprobe zu erhalten. Eine Ansammlung von gleich sieben Verbotsschildern findet sich am verschlossenen Tor zum Eingang des Areals.

Obgleich ich die Erfahrungen der Visionäre nicht durch persönliche Erfahrungen bereichern kann, so vermag ich doch unterirdisch fließendes Wasser während meiner Spaziergänge in der freien Natur zu fühlen und ihre Strahlungsqualität zu bewerten. So erscheint es mir völlig glaubhaft, dass unsere naturverbunden lebenden Altvorderen die heilsamen Quellen ganz einfach über ihr Gefühlsvermögen auffinden konnten, auch ohne Zuhilfenahme jeglichen Hilfsmittels wie Rute, Stab oder Pendel. Überschreite ich eine „normale" Wasserführung (Wasserader), also kein „heiliges" Wasser, so verlässt eine Kraft meinen Körper, was sich spontan darin äußert, dass mir die Knie vor Kraftlosigkeit einknicken und ich bewusst einen Fall verhindern muß. Längerer Aufenthalt auf diesen Zonen führt je nach Art

4 Heilige Quellen, Niederösterreich S. 8

des Wassers zu ausgeprägter körperlicher und geistiger Schwächung, was mitunter zum spontanen Einschlafen führt, ähnlich, wie es auch Schauberger beobachtete, nur bei mir wesentlich rascher einsetzend. Die in diesem Schlaf auftretenden intensiven Träume sind sehr interessant, aber schwer zu bewerten. Andere Energieformen des Wassers führen zu Anspannungs- und Erregungszuständen, die mit Angstzuständen und Herzrasen oder Herzrhythmusstörungen einhergehen können oder mit Kopfschmerzen und mir einen längeren Aufenthalt auf diesen Zonen ebenfalls unmöglich machen. Wieder andere Wasserzonen führen einerseits zu körperlicher Beruhigung, aber extremer geistiger Anspannung mit fortwährendem Gedankendrängen, was mir bereits zu vielen Ideen verholfen hat. Schlafen ist in diesem Zustand nahezu unmöglich. Und wenn ein sehr oberflächlicher und kurzer Schlaf erfolgt, dann hängt es wieder von der Art der Energien im Wasser ab, ob angenehme oder wilde, mitunter sogar gewalttätige Träume auftreten. Menschen, die auf solchen Zonen leben, sind unausgeglichen, werden leicht krank, verhalten sich aggressiv und sind mit sich und der Welt unzufrieden.

Ganz anders verlaufen die Erlebnisse und stellen sich die Gefühle dar, wenn ich mich auf Zonen mit heiligem Wasser aufhalte. Hier empfinde ich als erstes eine tiefe Beruhigung. Der Herzschlag wird ruhig und gleichmäßig, die Bewegungen des Körpers werden langsamer und harmonischer, die Gedanken werden klarer und überschaubarer. Im Körper breitet sich das Gefühl des Wohlbehagens aus. Die Aura des Körpers scheint weiter zu werden, die Empfindungsfähigkeit ist dadurch verschärft. Den Körper durchzieht ein schwer zu beschreibendes Gefühl einer Art von Elektrisierung, das von den Füßen zur Schädeldecke heraufzieht und dort reflektiert wird, so dass der Körper sich in einem ganz eigenartigen Spannungszustand befindet. Der hier erfolgende Schlaf ist tief und erholsam, die Träume seltener, aber klar und bewusster erlebbar. Personen, die auf solchen Zonen leben, sind stets freundlich, ruhig, ausgeglichen und kennen keinen Stress.

Die heiligen Quellen der Römerzeit

Aus römischer Zeit sind eine Reihe von Techniken überliefert, um heiliges Wasser sinnvoll zu nutzen. Insbesondere in Italien finden sich Kanalisierungssysteme, in denen zahlreiche Quellen mit heiligem Wasser zu einem einzigen Strang vereint sind, um die Ortschaften mit Wasser zu versorgen. Wenn Kanäle mit einer Länge von bis zu 210 Kilometern in einer

Region gebaut wurden, die zur Römerzeit eher ein Sumpfgebiet darstellte, so zeugt das von einer besonders hohen Wertschätzung, die dem heiligen Wasser entgegengebracht wurde. Auch in Deutschland, der Schweiz und Österreich finden sich zahlreiche Brunnen und Kanalisierungssysteme aus römischer Zeit, die noch heute ein heiliges Wasser führen.

Radiästhetische Untersuchungen an diesen Kanälen zeigen, dass sie mit einem besonderen Zement mit „rechtsdrehenden" Eigenschaften ausgekleidet wurden, um das Wasser noch weiter zu verbessern und auf den langen Strecken für Haltbarkeit zu sorgen. Das Wasser nimmt beim Lauf über dieses „Opus Caementinum" die heiligen Energien der Erden auf, aus denen dieser Zement besteht, und baut es in die eigene Struktur dauerhaft ein. Auf diese Weise konnten aus einem Basiswasser mehrere Wässer mit unterschiedlichen Heilindikationen hergestellt werden. Sammelbecken in bestimmten Abmessungen wirken dabei als „Kastenresonatoren", die Wellenlängen, die ihren Abmessungen entsprechen, in das Wasser einbringen.

Die Brunnen der Römerzeit bilden den Ursprung bekannter Heilbäder. Viele dieser Brunnen werden heute noch aktiv genutzt. Wo der Wasserbedarf nicht ausreichte, wurden neue Brunnen gebohrt, die aber kein heiliges Wasser mehr förderten mit der Folge, dass der Kurerfolg in diesen Bädern zurückging. Dic Römerbrunnen, die nicht zu industriellen Zwecken ausgebeutet wurden, fließen heute noch reichlich. Ihr Wasser ist nach wie vor von bester energetischer Qualität und erfüllt alle Kriterien eines Heil- und heiligen Wassers.

Das kirchliche Weihwasser

Wenn von einem „heiligen" Wasser gesprochen wird, werden viele Menschen dieses Wort in einen Zusammenhang mit den christlich-katholischen Ritualen der Anwendung von Weihwasser in Verbindung bringen. Sollte doch Weihwasser ein Musterbeispiel für ein heiliges Wasser darstellen, wenn es heute noch in so vielfältiger Weise Verwendung findet. Um es gleich vorwegzunehmen: Die meisten Weihwässer, die ich untersuchte, wiesen keine oder nur sehr schwache heilige Wellenlängen auf. Nur wenige machten hier eine Ausnahme.

Die Verwendung von Wasser in sakralen Kulten ist älter als das Christentum. Keltische, römische und germanische Kultstätten wiesen stets am Ort oder in unmittelbarer Nähe heilige Quelle auf; wir finden sie heute noch im Zusammenhang mit alten Wallfahrtskirchen. Mit dem Quellwasser benetzte sich der Priester, um in einen intensiveren Kontakt mit der Gottheit des Ortes zu treten. Die gleiche Methode verwendet auch der Radiästhet, wenn er den Verlauf einer unterirdischen Wasserführung verfolgen will: Er nimmt eine Probe des Wassers, trinkt einen Schluck davon und verfolgt mit dieser Probe in der Hand mittels seines Detektionsinstrumentes die Wasserführung. Auf diese Weise kommt er mit dem gesuchten Objekt in eine stärkere Resonanz und wird fühliger für die speziellen Wellenlängen dieses Wassers, das sich auf diese Weise von anderen Wässern sicher unterscheiden lässt. Diese Methode der Benetzung wendet auch der Kirchgänger an, wenn er beim Betreten des Gotteshauses mit dem Weihwasser ein Kreuz an seine Stirn zeichnet. Von einer speziellen Weihe einmal abgesehen, nimmt das im Gotteshaus gelagerte Weihwasser die Energien des Ortes auf und stellt über den Anwender eine Resonanzbeziehung zu den Energien des Ortes her.

Als Weihwasser in Kirchen diente, wo vorhanden, das Wasser der bei oder in der Kirche anzutreffenden heiligen Quelle. Dieses Wasser wurde einer zusätzlichen Segnung durch den Priester unterzogen, bevor es an die Gläubigen gelangte. Ein speziell geweihtes Wasser wurde abgesondert zur Verwendung bei der Taufe, Krankensalbung usw., also für Rituale, bei denen Exorzismen erforderlich waren. Nachdem die Quellen versiegten oder nicht mehr beachtet wurden oder neue Kirchen gebaut wurden ohne einen Zusammenhang mit heiligem Wasser, wurde dazu übergegangen, Leitungswasser als Basis für die Herstellung von Weihwasser zu verwenden. Leitungswasser ist aber meist „linksdrehendes“ Wasser, also von energetisch minderwertiger Qualität.

Die Wirksamkeit der Weihe des Wassers ist abhängig von der Art und Konsequenz in der Durchführung des Rituals und den persönlichen Fähigkeiten des Priesters. Mehrfach musste ich feststellen, dass selbst die Wasserweihe in der Osternacht mit seinem beeindruckenden Ritual häufig nicht mehr richtig, das heißt den alten Vorschriften entsprechend durchgeführt wird. Das hat unterschiedliche Gründe: Die „Ausgangsmaterialien“ (Wasser, Kerze, Salz, Chrisam) haben nicht mehr die erforderliche Qualität, das Ritual wird aus Unkenntnis der Wirkungsmechanismen heraus verkürzt und vereinfacht, der Priester selbst hat nur noch in seltenen Fällen die Fähigkeit, eine wirksame Weihe durchzuführen.

Ich untersuchte mehrere von unterschiedlichen Priestern geweihte Objekte im Sinne von Devotionalien, die ich selber kaufte und daher auch vor und nach dem Weiheritual untersuchen konnte. In den meisten Fällen wurden über das Ritual keinerlei Weihe-Energien übertragen; in einigen Fällen fanden sie sich in schwacher Form im geweihten Objekt, und nur

Ein nicht mehr genutztes Weihwasserbecken in der Franziskanerkirche zu Berchtesgaden. Wenn ein Engel über dem Becken angebracht ist, kann davon ausgegangen werden, dass die spezielle Energie der Engel sich im Weihwasser befindet.

sehr wenige alte Priester waren in der Lage, in wirksamer Weise die Energien einer Weihe zu übertragen. So ist verständlich, dass das heute in den Kirchen verwendete Weihwasser keine positive Wirkung mehr auf den Menschen überträgt und die gekauften Devotionalien zumindest auf der physischen Ebene keine gute Ausstrahlung aufweisen.

Mustergültig: Ein bereits „heiliges" Wasser wird als Basis zur Herstellung von Weihwasser genommen.

In einigen Fällen fand ich ein sehr gutes Weihwasser in den Weihwasserbecken vor. Das waren hauptsächlich die Kirchen, die noch eine funktionierende heilige Quelle aufwiesen. Hier wurde das Wasser der heiligen Quelle für die Herstellung von Weihwasser herangezogen. Allerdings fand ich auch mehrere Kirchen, die über eine wohl nicht mehr in Anwendung befindliche heilige Quelle verfügten. Das Wasser der Quellen war einwandfrei und als „heilig“ zu bezeichnen, wurde aber kirchlicherseits nicht genutzt. Das Wasser in den Weihwasserbecken war „linksdrehend“. Ein Gegenbeispiel: In einer österreichischen Kirche (Gemeinde Achenkirch) stand der Vorratsbehälter für Weihwasser am Fuße einer Säule mit breitem Gesims. Auf diesem Absatz standen Fläschchen unterschiedlichster Art und Größe, angefüllt mit Weihwasser und ordentlich beschriftet. Daneben ein schriftlicher Hinweis, sich gegen eine kleine Spende ein Fläschchen mit dem Weihwasser mitzunehmen. Ich habe diesen Rat beherzigt, ein Fläschchen mitgenommen und untersucht: es handelt sich um ein heiliges Wasser von guter Qualität. Das muß jemand aus einer heiligen Quelle herbeigeschafft haben, der sich auf die Untersuchung von heiligen Wässern versteht, denn bei der Kirche befindet sich keine heilige Quelle. Dass diese Energien lediglich durch eine Weihe in das Wasser gekommen sind, halte ich für ausgeschlossen, denn wer Energien in dieser Intensität übertragen kann, weist bereits die energetischen Qualitäten eines Geistheilers auf.

Auf technischem Wege hergestellte heilige Wässer

Zur Zeit wird das reichliche Trinken von gutem Wasser aus gesundheitlichen Gründen sehr empfohlen. Größere Mengen gutes Trinkwasser regelmäßig zu kaufen, ist umständlich und nicht gerade preiswert. So hat die Industrie unterschiedliche Möglichkeiten zur Verfügung gestellt, auch Leitungswasser energetisch aufzuwerten, zum Teil mit Hilfe sehr teurer Systeme zur Reinigung, Entmineralisierung, zur energetischen Aufladung. Soweit mir diese Systeme bekannt sind, liefern sie zwar sauberes und teilweise aktiviertes Wasser, doch haben die so aufbereiteten Wässer nicht im entferntesten die Eigenschaften eines naturbelassenen „heiligen“ Wassers. Sie sind weder rechtsdrehend, noch haben sie kapazitive (elektrische) Eigenschaften, auch fehlen die spezifischen Heil-Wellenlängen.

Es existieren aber auch eine Reihe von handlichen und preiswerteren Systemen, die über „aufgeladene“ Produkte (Scheiben, Rührstäbe, Untersetzer, Karten usw.) bestimmte Energien auf das Wasser übertragen. Bei diesen Verfahren kann teilweise von vornherein festgelegt werden, welche Eigenschaften die Systeme vermitteln sollen. Sie befreien das Wasser von negativen Begleitinformationen, machen das Wasser rechtsdrehend, bringen teilweise auch kapazitive Eigenschaften hinzu und decken einen großen Teil der Wellenlängen ab, die in natürlichem heiligen Wasser vorkommen. Ein gewisser Nachteil vieler Systeme dieser Art ist, dass sie relativ langsam wirken, so dass sie für die Mitnahme in Gaststätten usw. weniger geeignet sind. Es existieren aber auch Produkte, die sehr schnell arbeiten, die mit kosmischen Energien arbeiten und solche, die vom Anwender selbst hergestellt werden können. Ihre Herstellungs- und Handhabungsweise ist jedoch recht aufwendig, erfordert technisches sowie spirituelles Verständnis und vor allen Dingen die Fähigkeit, die Wirkung der Systeme zu überprüfen.

Wenn ich ein dergestalt aufgeladenes Leitungswasser mit einem natürlichen heiligen Wasser vergleiche, finden sich auf energetischer Basis kaum Unterschiede. Wenn überhaupt ein Unterschied festzustellen ist, dann über die spezifischen Materialschwingungen, die vom benutzten System auf das Wasser mit übertragen werden. Viele Karten zum Unterlegen enthalten informierte Mikrochips, die (zum Teil toxische) Materialien enthalten, deren Schwingungen normalerweise nicht im Wasser zu finden sind. Die Energieanteile dieser Substanzen sind aber so gering, dass sie mir vernachlässigbar erscheinen. Wenn Leitungswasser mit diesen Systemen aufgeladen wird, bleibt der Geschmack des Leitungswassers erhalten, auch seine nicht immer erwünschten mineralischen Beimengungen. Dass von solchen selbst hergestellten Wässern wundersame Heilungen ausgehen, ist mir bislang nicht bekannt geworden. Irgendwo müssen doch Unterschiede sein. Ein natürliches heiliges Wasser verbindet den Anwender mit den spezifischen Energien des Ortes der Abfüllung und den geistigen Wesenheiten, die an diesem Ort wirksam sind. Das ist insbesondere dann der Fall, wenn sich der Anwender das Wasser selbst geholt hat, vielleicht an der Quelle betet und damit eine besondere Beziehung zu der heiligen Quelle aufbaut. Ein natürliches heiliges Wasser ist eben durch nichts zu ersetzen.

Die radiästhetischen Erkennungs- und Nachweismethoden

Bereits im Altertum bediente man sich radiästhetischer Nachweismethoden, um heiliges Wasser aufzufinden. Stäbe, Pendel und Gabelruten sind Detektionsinstrumente, die zu allen Zeiten angewendet wurden. In ägyptischen Gräbern wurden als Grabbeilagen zahlreiche Pendel und Schwingstäbe gefunden.

Pendel (Vertikalpendel) und Schwingstab (Horizontalpendel) zeigen durch die Art ihrer Rotationsbewegung an, ob „rechtsdrehendes“ oder „linksdrehendes“ Wasser vorliegt. Führt ein energetisch normal polarisierter männlicher Pendler das Pendel mit der rechten Hand zwischen Daumen und Zeigefinger, so zeigt das Pendel bei Rechtsdrehung im Aufblick (Uhrzeigersinn) rechtsdrehend polarisiertes Wasser an; dreht das Pendel linksherum, ist das Wasser linksdrehend polarisiert. In Wahrheit reagiert das Pendel nicht auf die Zirkularpolarisation der Strahlung eines Objektes, sondern auf seine Polarität, so dass Verwechslungen möglich sind. Die Begriffe werden weiter unten erklärt.

Der Lituus als möglicher Vorläufer des Bischofstabes wird zwischen Daumen und Zeigefinger aufrecht gehalten. Er ist aus sehr dünnem Material hergestellt (dünn gehämmertes Metall), das in Schwingung gerät, wenn der Lituus in eine Strahlungszone gehalten wird. Je nach „Abgriffpunkt“ können mit diesem Instrument unterschiedliche Wellenlängen erfasst werden. Solche „Abgriffstellen“ finden sich als Knoten noch an den Krümmen der Bischofstäbe. Die Haltung der Spirale entscheidet darüber, ob der Lituus auf rechtsdrehende oder linksdrehende Strahlung reagiert.

Links: Lituus aus einem römischen Grab bei Brigetio (Szöny, Ungarn). (Bildquelle: Katalog zur Severin-Ausstellung, Linz 1982).
Mitte: Abtstab des seligen Utto auf einer Grabplatte von ca. 1450 (Archiv Kloster Metten)
Rechts: Lituus auf römischer Münze. Rekonstruktion einer Aufnahme vom Turiner Grabtuch. Mit der Münze wurden die Augenlieder des Verstorbenen beschwert. (Bildquelle: Andreas Resch, IMAGO MUNDI Bd. XV)

Historische Aufnahme: Rutengänger mit hölzerner Gabelrute im Iglauer Berghäuerzug (Mähren) 1799. (Bildquelle: Klinckowstroem, Maltzahn)

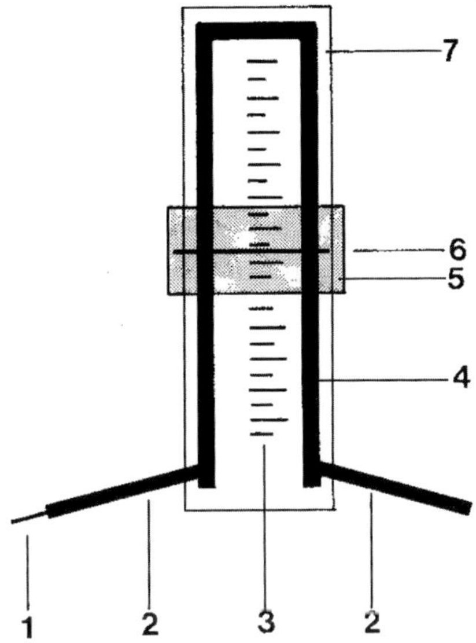

Die nebenstehende Abbildung zeigt das Konstruktionsprinzip der Lecherantenne (patentiertes System nach Reinhard Schneider). Platine und Metall sind danach ausgesucht, dass die gesundheitliche Belastung für den Anwender so gering wie möglich ist, da auch die Materialschwingungen auf den Rutengänger übergehen.
1 = Magnetstäbchen zur Bestimmung der Zirkularpolarisation einer Strahlung (linksdrehend / rechtsdrehend)
2 = Handgriff aus Messing, vergoldet
3 = Skala mit Millimetereinteilung zur Bestimmung der Wellenlänge bzw. des „Rutenabgriffs" (Grifflänge, Einstellwert). Die Einstellungen können mit einen Genauigkeit von ½ Millimeter vorgenommen werden.
4 = Lecherleitung zur Erzeugung der Resonanz; Messing, vergoldet
5 = Wechselbarer Schieber mit eingelegtem Material zur „Überbrückung" der Lecherleitung. Es existieren Schieber zur Messung induktiver (magnetischer) und kapazitiver (elektrischer) Strahlung sowie ein Halbleiterschieber zur Messung elektromagnetischer Strahlung. Mit Hilfe eines zusätzlich angewendeten Yin/Yang-Schiebers kann die Polarität einer Strahlung bestimmt werden.
6 = „Kurzschlussbügel" zur „Überbrückung" der Lecherleitung aus unterschiedlichen Materialien
7 = Kunststoffplatine als Trägerbasis für Lecherleitung und Schieber
(Bildquelle: Schweitzer/Kraft, Haug-Verlag)

Das wohl bekannteste radiästhetische Detektionsinstrument ist die Gabelrute. Die klassische Rute ist eine frisch geschnittene Holzgabel, doch jedes andere Material funktioniert ebenso. Bei einem geeichten Gabelrutensystem entscheidet die Länge der Rutenschenkel darüber, was gefunden werden soll. Die klassische Holzrute wird aber meist unter Verwendung einer Mentaltechnik eingesetzt (Einstimmung und Einübung auf das gesuchte Objekt, ggf. unter Verwendung von Materialproben). Im mittelalterlichen Bergbau fand diese Rute zur Auffindung von Erzen eine verbreitete Anwendung. Viel Zunftobjekte (Gläser, Krüge, Münzen, Bilder, Porzellanfiguren, Arbeitsanweisungen) zeigen einen Bergmann als Rutengänger mit gespannter Gabelrute. Die heute verwendeten Gabelruten sind meist aus Kunststoff oder Metall. Je nach Arbeitstechnik tragen die Ruten Abgriffmarkierungen oder auch nicht.

Die moderne „physikalische Radiästhesie" verwendet Rutensysteme auf dem vom österreichischen Physiker Lecher (1856-1926) basierenden Parallelleiter-System zur Bestimmung elektromagnetischer Wellen. Diese Technik wurde von Dobler erstmalig in die Radiästhesie eingeführt und durch den deutschen Physiker Reinhard Schneider (1925-2001) in der praktikableren Form der „Lecherantenne" eingesetzt. Mit Hilfe der Lecherantenne können Wellenlänge, Zirkularpolarisation und Polarität einer Strahlung bestimmt werden, was detaillierte Untersuchungen überhaupt erst ermöglicht.

Die radiästhetischen Untersuchungstechniken

Wenn ich einen Ort mit einer (angeblich) heiligen Quelle aufsuche, so teste ich zunächst aus, ob es sich auch wirklich um rechtsdrehendes Wasser handelt. Auch einstmals gute Quellen können sich verändert haben: Die Wassermenge wird gering, es wird gegraben und neues Wasser eingespeist, das vielleicht nicht mehr die Eigenschaften der ursprünglichen Quelle aufweist. Wenn das Wasser in Ordnung ist, fülle ich eine Probe ab, um sie zu Hause detailliert zu untersuchen. Als nächstes schaue ich mir den Ort näher an, stimme mich auf die Schwingung des Wassers ein, indem ich etwas davon trinke, und lasse die Umgebung auf mich wirken. Dabei kommen mir oft Einfälle, die mir spezifische Informationen für die an diesem Ort wirksamen Energien liefern. Manche Informationen kann ich radiästhetisch überprüfen, andere gehen über das Gefühl und sind schwer verbal zu beschreiben.

Ich schaue mir die Umgebung der Quelle an: Liegt sie im Wald oder auf einer Wiese? Wie sehen die Bäume aus? Wachsen sie normal, stehen sie auf Wachstumszonen, sind sie rechts- oder linksgedreht, zeigen sie Wuchsanomalien, Efeu- oder Mistelbefall? Das sind alles Faktoren, die Hinweise auf bestimmte Bodenanomalien liefern, deren Energien dann auch in dem Quellwasser zu finden sind. Steht neben oder über der Quelle bereits eine Kapelle, so kann davon ausgegangen werden, dass die heilsame Wirkung dieses Wasser schon lange Zeit bekannt ist. In der Regel ist hier auch ein gutes Wasser zu erwarten. Wie gepflegt ist die Umgebung der Quelle? Für ein wirklich gutes Wasser sind die Anwender so dankbar, dass sie die Umgebung der Quelle sauberhalten, Trinkgefäße aufstellen, die Quelle eventuell schmücken usw. Der Schmuck ist nicht immer schön, zeugt aber doch von Verehrung und Liebe, die diesem Wasser oder diesem Ort entgegengebracht wird. Wie stark wird die Quelle genutzt? Kommen regelmäßig Personen hierher, die sich Wasser abfüllen, oder ist die Quelle verwaist? Ich kenne Quellen, an denen die Leute Schlange stehen, um ihre Kanister, Glasballone, Flaschen abzufüllen. Andere heilige Quellen liegen einsam im Wald und werden selten besucht, obgleich ihr Wasser nicht weniger wertvoll ist.

Wird eine Quelle geschmückt, kann dies stets als Hinweis auf ein gutes Wasser gewertet werden. Links: Quelle bei Maria Elend im Rosental, Kärnten. – Rechts: Die Quelle bei der Falkensteinkirche zwischen St. Gilgen und St. Wolfgang am Abersee (Wolfgangsee) ist nur noch in der feuchten Jahreszeit besonders aktiv, was auf Oberflächenwasser verweist. Dennoch ist dieses Wasser rein und trinkbar.

Einige Quellen sind nicht in einem Sammelbecken gefasst, weisen keinen verunreinigungsfreien Auslauf auf. Bei anderen ist der Wasserfluss witterungs- oder jahreszeitlich abhängig, was auf oberflächennahes Wasser verweist. Hier ist beim Genuss Vorsicht geboten, ebenso wie bei Wiesenquellen, die in landwirtschaftlich genutzter Gegend liegen. Nicht alle heiligen Quellen liefern auch sauberes, schadstofffreies Wasser. Rechtsdrehendes Wasser aufzufinden ist keine Garantie für unbelastetes Trinkwasser. Ich habe zahlreiche Karstquellen untersucht, die zwar sauberes, rechtsdrehendes Wasser aufweisen, mir beim Trinken nicht geschadet haben, die aber doch bereits nach einigen Tagen Ablagerungen zeigten und zu riechen begannen. Auch die energetischen Werte gingen hier zurück. Erfahrungsgemäß ist das Wasser um so sauberer und besser, je länger es ohne Wertverluste gelagert werden kann. Auch fand ich Brunnen mit Handpumpen, die ein bekanntermaßen heiliges Wasser aufweisen sollten, aber nur eine trübe, schwarze Brühe lieferten. Viele ehemalige Taufbrunnen an und in Kirchen weisen entweder kein oder verdorbenes Wasser auf. Wenn heilige Quellen in Brunnen gefasst werden, ist es außerordentlich wichtig, für einen regen Wasserfluss zu sorgen, wenn nicht durch Überlauf, dann durch regelmäßiges Abpumpen. Sonst versandet der Brunnen, und die Wasserqualität verschlechtert sich. Viele gutes Heilwasser führende Brunnen sind nach meinem Erkenntnisstand nur deshalb versiegt, weil sie von der Bevölkerung nicht mehr genutzt werden oder sich in Kirchen unter Verschluss befinden und so ebenfalls verkümmern.

An vielen etwas einsamer gelegenen heiligen Quellen fand ich Schilder vor, die behördlicherseits vor dem Trinken dieses Wassers warnen, da es nicht regelmäßig auf Schadstoffe und Keimzahlen untersucht würde. Ob sich hier wirklich Schadstoffe im Wasser befinden, ist nicht angegeben. Solche Schilder werden nach meiner Erfahrung immer dann angebracht, wenn eine bislang unbeachtete Quelle sich eines regeren Zuspruchs erfreut und die Gemeinden auf die häufige Entnahme aufmerksam werden. Wie weit diese Warnschilder gerechtfertigt sind, vermag ich nicht zu beurteilen. Ich befragte in der Nähe wohnende Personen, die sich, so lange sie denken können, immer schon dieses Wasser zum Trinken geholt haben und auch nach dem Aufstellen des Warnschildes weiter dieses Wasser trinken, ohne jegliche bekannt gewordene gesundheitliche Beeinträchtigung. Vorsicht ist trotzdem geboten, denn die Qualität einer Quelle kann sich verändern. Kleinere Mengen von solchem Wasser zu trinken, ist gesundheitlich sicher nicht von negativer Bedeutung. Es gibt aber auch den anderen Fall, dass an Quellen auf Tafeln die Analysenergebnisse der Trinkwasseruntersuchung angebracht werden, so dass von diesem Wasser bedenkenlos genommen werden kann.

Dieser Hinweis, einer heiligen Quelle Ehrfurcht entgegenzubringen, hat heute mehr seine Berechtigung als jemals zuvor. Ohne die sich im Gebet oder in der Hingabe ausgedrückte Ehrfurcht kann keine Resonanz zu den Energien an einem heiligen Ort aufgebaut und keine Hilfe erwartet werden. („Heilig Kammerl" bei Unterirnprechting in Oberösterreich.)

Nachdem ich soweit mit meinen Sinnen die Umgebung der Quelle erfasst habe, untersuche ich das Areal mit radiästhetischen Methoden. Diese Untersuchung gibt mir Hinweise auf besondere Energien, die ich routinemäßig nicht im Wasser suche. An heiligen Orten kommen unterschiedliche Energien zusammen, einmal aus dem Bodenbereich kommend und zum anderen „von oben". Das heißt, dass mitunter eine Resonanz aufgebaut wird zwischen den Bodenenergien und kosmischen Energien, planetaren Kräften, geistigen Wesenheiten usw. Diese besonderen Energien, die sich radiästhetisch nicht immer fassen lassen, basieren nicht nur auf kapazitiven Einstrahlungskräften, sondern bilden darüber hinaus eine „Information", die dem Wasser mitgeteilt wird. „Information" ist so etwas wie der Wille zu einer Tat. Der Wille lässt sich in unserem physikalischen Untersuchungssystem nicht fassen, dennoch ist er die unabdingbare Voraussetzung, dass auf der materiellen Ebene etwas Geschaffenes entsteht. Information ist die zwingende Kraft dafür, ob diese Quelle im Zusammenhang mit einer Wunderheilung gesehen werden kann, die jedoch nur bei den Menschen geschieht, die zur richtigen Zeit mit der richtigen Quelle in Kontakt kommen. Das bedeutet, nicht nur von diesem Wasser zu trinken, sondern eine Resonanz zu den geistigen Kräften aufzubauen, die hier an diesem Ort wirksam geworden sind. Heilung ist ein vielschichtiges Problem, das keiner uns bekannten Systematik folgt.

Das Quellwasser selbst untersuche ich (meist zu Hause) auf alle hier im Text genannten Kriterien routinemäßig: Zirkularpolarisation (rechts-/linksdrehend), Polarität (Yin/Yang), Energiequalität (induktiv/kapazitiv), Schadstoffe (mit radiästhetischen Methoden), natürliche Radioaktivität (mit radiästhetischen Methoden), in bezug auf zahlreiche Wellenlängen und deren Intensitäten, auf die Farbfrequenzen. Die Intensität der Strahlung drücke ich durch ihre Reichweite aus. Die „einfachen" heiligen Wässer haben Strahlungsreichweiten zwischen etwa 70 Zentimetern und 1-2 Metern radial. Dann kommt eine Gruppe von Wässern, die etwa 5-8 Meter Reichweite aufweisen und sogenannte Superwässer, deren Strahlungsreichweiten teilweise weit über 10 Metern liegen. Solche starken Wässer können bei empfindlichen Personen Probleme bereiten, wenn sie im Haus aufbewahrt werden, in der Nähe des Schlafplatzes oder in der Nähe zur Elektroleitung. Die hohe Energie führt leicht zu einer energetischen Übererregung, die erkannt wird an Unruhezuständen, Händezittern, Gegenstände fallen einem aus der Hand, Schlafstörungen usw. So wertvoll diese Wässer zum Trinken sind, um so stärker können sie die Nachtruhe stören, wenn ihre Strahlung in zu hoher Intensität über längere Zeit hinweg von außen an den Körper herangetragen wird. Das betrifft eigentlich nicht die Wasserstrahlung an sich, sondern eher ihre Wechselwirkung mit Strahlungen der technischen Installation in den Häusern. Unser Organismus benötigt offenbar ein gewisses Strahlungsgleichgewicht: ein Zuviel an negativer Strahlung ist belastend, aber auch ein Zuviel an positiver Strahlung.

Begriffsbestimmungen

Es ist erforderlich, auf einige Begriffe hinzuweisen, die im direkten Zusammenhang mit meinen Untersuchungen an den heiligen Quellen stehen und die ich bei der Diskussion der Untersuchungsergebnisse immer wieder verwende. Diese Begriffe stammen aus der Technik und finden auch im radiästhetischen Sinne Anwendung, da die radiästhetische Strahlung sich in weiten Bereichen wie eine elektromagnetische Strahlung verhält, ohne aber mit ihr wirklich identisch zu sein.

Zirkularpolarisation – rechtsdrehendes oder linksdrehendes Wasser

Wenn von „rechtsdrehendem“ oder „linksdrehendem“ Wasser oder anderen Objekten mit diesen Strahlungseigenschaften gesprochen wird, so herrscht mitunter Unverständnis darüber, was eigentlich gemeint ist, da wir diese Begriffe, wenn überhaupt, nur aus anderen Zusammenhängen kennen. Es handelt sich hierbei um technische Begriffe aus der Strahlenoptik. Eine kohärente (polarisierte, in einer Ebene schwingende) elektromagnetische Strahlung (z. B. Lichtstrahlung) kann durch Einfluss bestimmter Substanzen in eine Rotationsbewegung versetzt werden, wobei die Strahlung sich dann wie bei einer Schraube rechtsherum oder linksherum drehend ausbreitet. Diese Eigenschaft des Drehungsvermögens wird als Zirkularpolarisation bezeichnet.

Wir kennen die Begriffe „rechtsdrehend“ und „linksdrehend“ inzwischen alle vom Aufdruck auf den Joghurtdosen. Da wird damit geworben, dass die hier zugesetzten Joghurtbakterien vorwiegend rechtsdrehende Milchsäure (+-Milchsäure) erzeugen. Das Beispiel mit der Milchsäure wird gern zur Erklärung auch des radiästhetischen Phänomens der Rechtsdrehung oder Linksdrehung herangezogen. Dieser Vergleich ist nicht zutreffend. Bei der Milchsäure handelt es sich um eine chemische Substanz, die aufgrund ihres räumlichen Molekülbaus (Stereochemie) die Drehungsebene der Lichtstrahlung (auch anderer elektromagnetischer Strahlung) beeinflusst. Wasser enthält keine Substanzen mit diesen Eigenschaften; auch das Wassermolekül selbst ist nicht befähigt, eine Strahlung zu polarisieren. Der Grund für die Strahlungspolarisation muß auf einer anderen Ebene gesucht werden.

Manche Autoren suchen den Grund für die Zirkularpolarisation in der Eigenrotation der (Außen-)Elektronen eines Moleküls, die sich rechtsherum oder linksherum drehen (Elektronenspin). Auch dieser Vergleich kann nicht zutreffen, da die Elektronenbesetzung der Atome bzw. Moleküle fast ausnahmslos diamagnetische Eigenschaften zeigt, das heißt, die Elektronen sind gepaart, so dass die magnetischen Felder ihrer Eigenrotationen sich ausgleichen mit der Folge, dass das Atom oder Molekül nach außen hin elektrisch und magnetisch neutral erscheint.

Wir müssen deshalb annehmen, dass die Ursache für die radiästhetisch gemessene Strahlungspolarisation im subatomaren Bereich zu finden ist, dort, wo Materie und Energie ineinander übergehen. Diese Annahme wird durch die Beobachtung gestärkt, dass mentale Einflüsse die Strahlungspolarisation und auch andere physikalische Eigenschaften der Substanzen – nicht nur des Wassers, sondern der Materie überhaupt – zu beeinflussen vermögen. Da unser Gehirn und auch der Mensch generell nach außen hin keine elektromagnetische Strahlung solch hoher Intensität abgibt, dass dadurch andere energetische Strahlung verändert wird, muß die Erklärung für den Einfluss des Menschen auf die Eigenschaften der Materie in einem durch geistige Kräfte hervorgerufenen bzw. bewirkten „Informationsfeld" gesucht werden.

Uns braucht diese Diskussion um die Ursprünge des Polarisationsverhaltens nicht weiter zu berühren. Es genügt zu wissen, dass „rechtsdrehend" und „linksdrehend" mit radiästhetischen Methoden klar unterschieden werden kann, und dass alle Kulturen stets davon ausgegangen sind, dass die rechtsdrehenden Eigenschaften von Wasser, Nahrungsmitteln, Baumaterialien, Objekten des täglichen Umgangs usw. als lebenspositiv zu bewerten sind und die linksdrehenden als gesundheitlich belastend. Jeder etwas fühlige Mensch spürt ohnehin die positiven oder negativen Wirkungen rechtsdrehender oder linksdrehender Objekte am eigenen Leibe, sofern die Strahlung eine bestimmt Stärke überschreitet.

Induktive und kapazitive Strahlungseigenschaften – Gnadenbrunnen

Wir kennen den Begriff „Elektromagnetismus", der sich aus den Wortbestandteilen „elektrisch" und „magnetisch" zusammensetzt. „Elektrisch" heißt in der Fachsprache der Physiker „kapazitiv", „magnetisch" heißt „induktiv". Die Untersuchung auf diese Eigenschaften ist bei einem heiligen Wasser erforderlich, weil sich daraus Rückschlüsse für die Art der gesundheitlichen Anwendung ableiten lassen. Es gibt also Wasser mit induktiv-magnetischen Eigenschaften (beide Begriffe bedeuten dasselbe) und Wasser mit kapazitiv-elektrischen Eigenschaften. Der Normalfall ist, dass das Wasser lediglich mehr oder minder starke magnetische Eigenschaften aufweist. Das ist unabhängig davon, ob wir ein rechtsdrehendes oder linksdrehendes Wasser vorliegen haben. Die induktiven Strahlungseigenschaften beeinflussen die Physis unseres Körpers, das heißt, bei der Einnahme eines solchen Wassers wird eine direkte Resonanzbeziehung zum magnetischen Schwingungssystem der Organzellen, der Organe, also der stofflichen Bestandteile des Körpers aufgebaut. Solche Heilwässer wirken also in direkter Weise auf organische Energiedefizite oder organisch bedingte Befindlichkeitsstörungen überhaupt. Auf diese Weise wirken auch die meisten Heilquellen in den Kurorten, indem vom Wasser und den gelösten Mineralien Kräfte ausgehen, die den Organismus direkt beeinflussen.

In der Literatur über heilige Quellen, meist im Zusammenhang mit einst bedeutenden Wallfahrtsorten, wird mitunter von einem „Gnadenbrunnen" gesprochen. Die Seltenheit dieser Begriffsbezeichnung verweist schon darauf, dass hier eine besondere Eigenschaft des Wassers vorliegen muß; nicht jede Quelle und nicht jeder Brunnen mit heiligem Wasser ist zugleich auch ein Gnadenbrunnen. Der Begriff kennzeichnet also eine besonders hohe Wertschätzung für das jeweilige Wasser, von dem besondere Gnaden ausgehen sollen. „Gnade" ist ja etwas , das nicht dem körperlichen, sondern dem geistigen Bereich des Menschen zugeordnet werden muß; der Mensch kann *am* Gnadenbrunnen oder *durch* den Gnadenbrunnen etwas empfangen, das auf der körperlichen Ebene eigentlich unverdient ist, zu seinem körperlichen Befinden im Widerspruch steht. Wir können also am Gnadenbrunnen auf geistigem Wege eine Heilung oder Besserung geistiger und auch körperlicher Mängel erwarten, sofern wir bereit und in der Lage sind, die mit dem Gnadenbrunnen übertragene Wirkung des Wassers in uns aufzunehmen und unsere geistigen „Strukturen" neu auszurichten.

Gnadenbrunnen führen das seltener anzutreffende kapazitive Wasser, natürlich ebenfalls rechtsdrehend. Alle bedeutenden Wallfahrtsorte der Welt führen ein kapazitives Wasser, sind also Gnadenbrunnen, auch wenn sie nicht als solche bezeichnet werden. Kapazitives Wasser hat den Effekt, dass der Geist des Menschen mit dem des Ortes in eine Verbindung gebracht wird, denn es sind ja Naturkräfte, die hier heilsam wirken. An solchen Quellen wird in den Gründungsgeschichten der Wallfahrtsorte immer wieder von Erscheinungen berichtet, dem Auftreten blendender Lichter, weißer Gestalten, Marienerscheinungen. Kapazitives Wasser wäre also das ideale Weihwasser, um mit dem Geist des Ortes an einer Wallfahrtskirche oder Kultstätte überhaupt in Verbindung zu kommen. Das muß keine fühlbare Verbindung sein, keine sensationelle Erscheinung, die heilsamen Effekte gehen meist ohne auffällige Sensationen vonstatten. Rechtsdrehendes Wasser mit kapazitiven Eigenschaften ist also besonders zu bevorzugen, nicht nur am Ort der Quelle, sondern zum Trinken oder anderen Anwendungen auch zu Hause.

Yin- und Yang-Eigenschaften der Quellen – Frauenbrunnen

Es gibt eine eher geringe Anzahl von Quellen, die im Volksmund als Frauenbrunnen, Frauenbrünnel oder Frauenbründl bezeichnet werden. Das sind Quellen mit Eigenschaften, die dem energetischen Potential von Frauen besonders zugute kommen. Man kann nicht generell sagen, dass diese Brunnen speziell bei Frauenkrankheiten besonders wirksam wären, doch stärken sie das spezifische Energiefeld von Frauen, so dass über diesen Weg positive gesundheitliche Wirkungen erwartet werden können. Entsprechende „Männerbründl“ sind übrigens nicht bekannt. Hier verbirgt sich noch eine radiästhetische Forschungsaufgabe.

Die Bezeichnungen Yin und Yang kennzeichnen energetische Potentiale aus dem Bereich der ostasiatischen Energiemedizin. Vergleicht man diese Begriffe mit Bezeichnungen aus der Elektrostatik, so würde man von einem Pluspol (Yang) und einem Minuspol (Yin) sprechen. Es handelt sich also um polare Gegensätze, die ein Kraftfeld kennzeichnen, in dem sich das Leben entwickelt hat. Am menschlichen Körper sind nach außen hin stets beide Potentiale nachweisbar, wobei Frauen eine etwas höhere Yin-Gewichtung aufweisen und Männer eine etwas höhere Yang-Gewichtung. Es gibt spezielle Yin-Organe (Hohl-Organe) und spezielle Yang-Organe in den Organismen. Die Anziehungskräfte zwischen Männern und Frauen scheinen mit den mehr oder weniger hohen energetischen Potentialen von Yin und Yang bei Frauen und Männern zu tun zu haben.

Namhafte Heiler und Homöopathen haben bei der Zubereitung und Abgabe ihrer Mittel stets darauf geachtet, dass Frauen mit Yin-Wasser angesetzte Mittel bekamen und Männer solche mit Yang-Wasser. Das Wasser dient ja als Trägermaterial für die homöopathischen Substanzschwingungen. Es hat den Anschein, dass die geschlechtsspezifisch ausgewählten Wässer die individuelle Aufnahme der Wirkstoffe und ihrer Energien fördern.

Liegt bei einem Menschen allerdings ein energetisches Ungleichgewicht zwischen den beiden Potentialen vor, so kann auch für den Mann das Trinken von Yin-Wasser hilfreich sein. Einen Mangel an Yang-Energien scheint es nicht zu geben, denn praktisch alle unsere Leitungswässer weisen ein Yang-Potential auf. Yin und Yang scheint auch etwas mit unserem Zeitgeist zu tun zu haben. Unsere nach außen gerichtete Lebensweise sowie die von außen auf uns einströmenden Energien weisen Yang-Potentiale auf, der Ausgleich durch einen nach innen gerichteten Geisteszustand, der auf die innere Stimme ausgerichtet ist, erfolgt nur noch bei wenigen Menschen. Deshalb scheint es gerade in unsere heutigen Zeit besonders wünschenswert zu sein, die Quellen mit Yin-Wasser, also die Frauenbrunnen, wieder mehr zu schätzen.

Wellenlängen des Heils und der Gesundheit

Der Begriff „heilig“ wird von den meisten Menschen mit einem kirchlichen Rahmen in einen Zusammenhang gebracht, kennzeichnet aber generell alles, was im Sinne von „Heil“ der körperlichen und geistigen Gesundheit dient. Ein heiliger Platz weist eine heilsame Wirkung auf, ein geheiligtes Objekt überträgt heilsame Energien. Dementsprechend weist heiliges Wasser Energien auf, die wir einerseits im Rahmen kirchlicher Kulte finden, und die andererseits über eine heilsame Wirkung verfügen bzw. heilsame Prozesse einleiten.

Heiliges Wasser ist rechtsdrehendes Wasser und weist eine Reihe von speziellen Energien auf, die wir in normalem Leitungswasser gewöhnlich nicht finden. Hier stehen einige Wellenlängen (Basis-Energien) besonders im Vordergrund, deren Begriffsbezeichnungen dem kirchlichen Sprachgebrauch entnommen wurden, weil diese Energien zuerst im sakralen Bereich entdeckt und wellenlängenspezifisch untersucht wurden. Dabei handelt es sich um folgende Energien:

Haftung: Diese Energieform kennzeichnet einerseits die innere Stabilität des molekularen Aufbaus der Wasserstrukturen mit positiven Auswirkungen auf Lagerfähigkeit und Temperaturbeständigkeit des Wassers, und gibt andererseits einen Hinweis darauf, dass alle Schwingungen, die dieses Wasser enthält, an die Körperflüssigkeiten übertragen werden. Das Körperwasser wird durch die Energien des getrunkenen heiligen Wassers neu informiert. Das bewirkt, dass der Organismus für eine gewisse Zeit wieder in eine bessere Resonanzbeziehung zu den Schöpfungsenergien kommt und erklärt die daraus resultierende Heilwirkung des Wassers. Darüber hinaus scheint die Energie der „Haftung“ dafür verantwortlich zu sein, dass das Wasser befähigt ist, über sein normales Lösungsmittelverhalten hinaus auch schwerlösliche Fremdstoffe (zum Beispiel Schwermetalle und schwer wasserlösliche Substanzen) aus dem Organismus zu schleusen, da die Haftungseigenschaft das Wasser befähigt, mit Fremdkörpern kolloidale Strukturen aufzubauen, die ein besseres Lösungsverhalten aufweisen als nicht-kolloidal vorliegende Belastungsstoffe.

Magie, Zauberei: Denken Sie einmal daran, dass kirchliches Weihwasser in den Kulthandlungen dazu dient, um ungute (böse, zauberhafte, schwarzmagische) Energien auszutreiben – nicht nur aus dem menschlichen oder tierischen Organismus, sondern auch aus „verzauberten“ oder „bezauberten“ Objekten. Das Weihwasser dient also gewissermaßen einer spirituellen Reinigung. Diesem Zweck dient auch das (nicht kirchlicherseits geweihte) natürliche heilige Wasser. Der Mensch wird durch seine eigenen Gedanken und äußere energetische Kontakte täglich immer wieder aufs Neue mit Energien belastet, die im geistigen Bereich Auswirkungen zeigen, unsere Stimmungslage verändern und uns in weitere Resonanzbeziehungen zu unguten Energien kommen lassen. Diese Energien können durch Einnahme eines heiligen Wassers teilweise wieder aus dem Organismus entfernt werden im Sinne eines geistigen Reinigungs- oder Läuterungsprogramms. Wenn diese spezielle Energie für Zauberei in einem guten heiligen Wasser vorhanden ist, kann davon ausgegangen werden, dass höhere geistige Potentiale mit diesem Wasser in Verbindung stehen.

Göttliche Universalkraft: Diese spezielle Energie macht das eigentliche Wesen des heiligen Wassers aus. Es ist die Energie für die „Heiligkeit“, für die göttliche Energie, die in allen Kulturen auf allen Erdteilen für die höchste Schöpferkraft steht. Im kirchlichen Rahmen weisen die Gottvater-Darstellungen diese Energie auf. Ohne Übertragung dieser Kräfte sind keine Heilungen möglich; das gilt für eine Behandlung durch einen Heiler ebenso wie für Wunderheilungen. Auf physikalischer Ebene ist es die kosmische Grundfrequenz des Elementes Wasserstoff.

Gottes Segen: Diese Energieform hat etwas zu tun mit der Intensität, mit der die heilsamen Schwingungen des Wassers übertragen werden. Sie bewirkt eine „energetische Aufladung“ im Menschen. Das gilt in psychischer Hinsicht (bei kapazitiven Wässern) ebenso wie in physischer. Experimente zeigen, dass die Strahlungskraft des Körpers nach Einnahme eines heiligen Wassers, das diese Energie enthält, stark ansteigt und über mehrere Stunden erhalten bleibt. Orte, die „Gottes Segen“ aufweisen, lassen uns ein tiefes Wohlbefinden spüren, das kräftigend und beruhigend zugleich wirkt. Diese spezielle Energie findet sich in der Natur besonders in Auenlandschaften und wird durch sogenannte Kieswasseradern hervorgerufen, wie sie begleitend an großen Flussläufen auftreten. In diesem Fall spricht man davon, dass Gottes Segen über der Landschaft läge.

Lebenskraft: Lebenskraft hat etwas zu tun mit Fortpflanzung, Wachstum und Gedeihen, eine unverzichtbare Energieform für jegliche biologische Entwicklung. Alle Lebewesen verkümmern, wenn diese Energie fehlt oder in belastender (linksdrehender) Form vorliegt, wie es in unseren technisierten Wohnräumen so häufig der Fall ist. Wo von „heiliger Erde“ oder „heiligem Wasser“ gesprochen wird, ist die Lebenskraft eine der dominierenden Energien. Diese spezielle Wellenlänge steht in einem Zusammenhang mit den Erdgottheiten in allen Kulturen, meist in weiblicher Form (Diana, Demeter, Maria).

Riss/Zerstörung, heilig: Diese der Erde entstammende Energieform entstammt geologischen Verwerfungs- oder Spaltensystemen, also gewissen Zerstörungsmechanismen in der Struktur der Erd- oder Gesteinsschichtungen. Die Energie hat an sich nichts mit heiligem Wasser zu tun, wohl aber mit der Heiligkeit eines Ortes. Voraussetzung für die Heiligkeit dieser Strahlung ist natürlich, dass es sich hier um rechtsdrehend abstrahlende Systeme handelt. Kultorte, die auf rechtsdrehend strahlenden Verwerfungen oder Spaltensystemen stehen, gehören zu den stärksten Kultorten überhaupt, da Verwerfungen nahezu alle Wellenlängen enthalten (sog. Multiwellenzonen), die für die menschliche Entwicklung von Bedeutung sind, sei es in geistiger oder in körperlicher Hinsicht. Das fließende Wasser in der Erde benutzt diese Verwerfungs- und Spaltensysteme zur Fortbewegung und nimmt ihre speziellen Energien auf. Der Radiästhet kann unterscheiden, ob es sich um eine Spaltenquelle handelt oder um Wasser, das einer Verwerfungsstruktur entspringt. Aus kirchlicher Sichtweise würde diese Energie dem Christus Jesus auf einer irdischen Ebene entsprechen. Spaltensysteme haben oft kapazitive Eigenschaften und führen darüber zu Bewusstseinsveränderungen. Orakelplätze und Erscheinungsorte finden sich auf solchen Strukturen, Orte für den Heilschlaf und Hexentanzplätze.

Beredsamkeit, Heiliger Geist: Hierbei handelt es sich um eine Energieform, die besonders die Psyche des Menschen anspricht. Innerhalb des menschlichen Körpers wird über diese Energieform ein Bezug zwischen Intellekt und Geist hergestellt. Die geistigen Potentiale des Menschen können also hierüber zum Ausdruck gebracht werden. Andererseits wird auch eine Beziehung zu höherem kosmischen Wissen hergestellt, was die Fähigkeit beinhaltet, intuitiv erlangte Eindrücke sinnvoll zu verarbeiten und zu äußern. Im kirchlichen Rahmen sind es die Heilig-Geist-Tauben bzw. andere Darstellungen des Heiligen Geistes, die diese Energieform abstrahlen bzw. vermitteln, sofern die Objekte richtig geweiht wurden. Beredsamkeit wird diese Energie deshalb genannt, weil einem an solchen Plätzen pausenlos Eingebungen zukommen, die wortreich wiedergegeben werden. In allen alten Kirchen stehen die Kanzeln für die Prediger auf Zonen der Beredsamkeit. Die Etrusker empfingen an diesen Orten die Botschaften der Gottheiten. Dabei handelt es sich auch um Plätze, an denen gern Blitze einschlagen. Ein Wasser, das die Energien der Beredsamkeit beinhaltet, könnte auch als „Wasser der Wahrheit" bezeichnet werden, weil es dazu verleitet, die Dinge, mit denen wir uns emotional beschäftigen, zum sprachlichen Ausdruck zu bringen.

Guter Geist, Engel: Die Energie der Engel bzw. „guten Geister“ entspricht den Naturwesenheiten, die am Quellort vorhanden sind, sofern das (möglichst naturbelassene) Umfeld der Quelle ihren Aufenthalt hier ermöglicht. In erster Linie handelt es sich also um „Wassergeister“, aber auch um höhere Wesenheiten, wenn über die Quelle ein besonderer Bezug zu den Menschen hergestellt werden soll, zum Beispiel bei bedeutenden Wallfahrtsorten wie Lourdes, Fatima, Heroldsbach, Ephesus usw. Hier stehen die Erscheinungen der Wesenheiten in einem eindeutigen Zusammenhang mit der Quelle, weisen darauf hin, befehlen, hier nach Wasser zu graben, empfehlen, das Wasser für Heilungszwecke zu verwenden usw. Sind die Energien der Engel vorhanden, so handelt es sich stets um Wasser mit kapazitiven Eigenschaften, denn Engel gehören zu den geistigen Potentialen. Der Genuss eines solchen Wassers stellt von jedem Aufenthaltsort des Anwenders ausgehend eine Beziehung zu den Energien und Wesenheiten am Ort der Quelle her. Deshalb ist diese Energie von großer Bedeutung für Heilungszwecke.

Bewusstseinserweiterung: Auch diese Energieform findet sich ausschließlich in Wässern mit kapazitiven Eigenschaften, ist aber noch seltener anzutreffen als die Energie der Engel. Normalerweise findet sich diese Energie in vielen Heilpflanzen. Von dort ausgehend wirkt sie im Menschen bei Einnahme der Pflanze oder eines Pflanzenextraktes (Tee) dergestalt, dass der Geist des Menschen in sich selbst zu ruhen beginnt und aus diesem Zustand heraus in Resonanz mit der kosmischen (göttlichen) Ordnung kommt, was die tiefgreifendste Grundlage aller Heilungsvorgänge darstellt. Es ist nicht geklärt, woher diese Energie kommt, wenn sie sich im Wasser findet. Sie kann durch Pflanzenbewuchs in das Wasser geraten sein, sie kann aber auch aus der Direktive einer höheren Ordnung heraus in das Wasser gelangt sein. Auf jeden Fall macht diese Energie das Wasser zu etwas ganz Besonderem.

Lichtfrequenzen: Auf die sogenannten „Lichtwässer“ wurde bereits weiter oben hingewiesen. Auch sie gehören zu den Wässern mit großem Seltenheitswert. Die Energien der Lichtwellenlängen bzw. Lichtfarben liegen im Wasser stets in induktiver Form vor, woraus ein gewisser Bezug zum physischen Körper abgeleitet werden kann. Die Wässer selbst, in denen sich die Energien der Lichtfrequenzen finden, haben nach meiner bisherigen Erfahrung aber stets auch kapazitive Eigenschaften in anderen Wellenlängenbereichen. Auch weisen die Lichtwässer die meisten energetischen Besonderheiten auf. Wie weit auch hier Beziehungen des Wassers zu höheren Ordnungssystemen vorliegen, ist bislang nicht geklärt. Es scheint aber so, dass Lichtwässer zu den wertvollsten Wässern überhaupt gehören, da sie erfahrungsgemäß auch alle bislang erwähnten Energieformen mit einschließen. Im hier dargestellten Untersuchungsgebiet des Bayerischen Waldes fand ich nur *ein* Lichtwasser (Hochholzbrünnel bei Birnbrunn).

Heilige Plätze – Besondere energetische Strukturen

Heilige Plätze sind durch das Vorhandensein besonderer Energien gekennzeichnet. Diese stehen im Zusammenhang mit der Bodenstrahlung, mit der Ausstrahlung des Gebäudes selbst (der Kirche, Steele, Gedenktafel, Martersäule usw.), den geweihten Objekten innerhalb des Gebäudes, den Einstrahlungen, die von „oben“ kommen, aus dem kosmischen Bereich, dem Einwirken von Naturgeistern, die sich zu diesem Ort hingezogen fühlen und den Resonanzeffekten, die sich aus Überlagerungen der Strahlungen unterschiedlichster Art ergeben. Die Strahlung ist am Ort für empfindliche Personen zu fühlen und mit radiästhetischen Nachweismethoden sicher zu erfassen und zu bewerten. Der Ursprung der Strahlung kann teilweise bestimmten „Erzeugungssystemen“ sicher zugeordnet werden (zum Beispiel bei der Erdstrahlung oder bei geweihten Objekten), bleibt teilweise aber noch im Ungewissen.

Für die Untersuchung der Ortsstrahlung an den Standorten der Kirchen oder Kapellen verwende ich die gleiche Technik wie bei der Untersuchung des heiligen Wassers. Die Energien werden in einigen Fällen hier mit anderen Namen gekennzeichnet, weil sie ihrer Eigenart gemäß mit der Wasserstrahlung nicht identisch sind und teilweise auch nicht definierten Objekten zugeordnet werden können. In den meisten Fällen gehe ich hier so vor, dass ich die Zentren der heiligen Plätze mit Hilfe meines Instrumentes anpeile und dann entweder eine Rutenreaktion erhalte oder auch nicht. Zur Sicherheit verwende ich in diesem Bereich für die meisten Peilungen sogenannte Testobjekte, also Materialproben mit entsprechenden Energien, die eine sichere Aussage über das Vorhandensein bestimmter Energien ermöglichen. Viele der in diesem Zusammenhang im Text verwendeten Begriffe erklären sich aus der Bezeichnung von selbst, auf einige Begriffe möchte ich aber doch besonders hinweisen, weil sie mir im Zusammenhang mit der Gesundheit des Menschen und seinem Bestreben, eben an diesem heiligen Ort in eine intensivere Verbindung mit der Gottheit zu gelangen, besonders bedeutsam erscheinen.

Die Energien der Elemente

Nach der Lehre des griechischen Arztes und Philosophen Empedokles (5. Jh. vor Chr.) besteht der menschliche Körper aus vier energetischen Grundbausteinen, die er als „Elemente“ bezeichnete. Diese Einteilung nach Elementen bezieht sich aber nicht nur auf den menschlichen (oder tierischen) Körper allein, sondern kennzeichnet gleichsam die Energien der gesamten Schöpfung. Treffen die elementaren Energien des Kultortes (sofern überhaupt vorhanden) mit dem Energiefeld des Menschen zusammen, so vollziehen sich im Organismus des Anwesenden Ausgleichseffekte, die auf die elementaren Energien im Organismus von weitreichender Bedeutung sein können bezüglich des Gefühlslebens bzw. der Gesundheit generell.

Jegliche Materie auf dieser Erde und damit auch jegliches Leben ist in Polaritäten aufgebaut. Die elementaren Polaritäten sind durch die konträren Elemente Feuer und Erde gekennzeichnet, wobei das Element Feuer den rein geistigen Pol kennzeichnet und das Element Erde den Gegenpol der intensivsten Fixierung in der Materie. Luft und Wasser sind Elemente des Ausgleichs zwischen den extremen Polen. Auf den menschlichen Organismus wirken sie ausgleichend und vermittelnd, wenn starke Polarisierungstendenzen zu den Extremen hin vorliegen. Dem stark in der Materie verhafteten Menschen, dem vernunftbetonten Materialisten, hilft es nicht, sich am Kultort dem geistigen Element Feuer (als seinem Gegenpol) zu öffnen. Er benötigt die elementare Energie des Wassers und vielleicht auch noch der Luft, um sein Verhaftetsein in der Materie zu lockern und auch geistige Potentiale und Kräfte gelten zu lasen. Dem „abgehobenen Esoteriker“ dagegen mag es gut tun, sich mit den Elementen Luft, Wasser und Erde zu beschäftigen, um nicht die Bodenhaftung zu verlieren bzw. nicht die Realität seines irdischen Daseins aus den Augen zu verlieren.

Als „kapazitiv-elektrische“ Energie kennzeichnet das Element Feuer im menschlichen Organismus über das Ziel hinausschießende, leidenschaftliche Charaktere, während Wasser als „induktiv-magnetisches“ Element Unentschlossenheit, Ängstlichkeit und Unterwürfigkeit, eben Wandelbarkeit des menschlichen Charakters repräsentiert. Das ebenfalls „kapazitiv-elektrische“ Element Luft (Leichtigkeit, Oberflächlichkeit, Nachlässigkeit) vermittelt zwischen Feuer und Wasser. So kann die spezielle elementare Energie des Ortes dabei helfen, die energetischen Strukturen, die in einem Menschen in ein Ungleichgewicht geraten sind (Charakterschwächen), aneinander anzugleichen, wenn der Betreffende es zulässt. Diese Angleichungsmöglichkeit der elementaren Energie ist *ein* Aspekt, der bei Heilungsvorgängen an Wallfahrtsorten eine Rolle spielt. Wenn Tränen fließen, sich Reue oder Ergriffenheit an einem Kultort einstellt, sich eine starre geistige Haltung aufzulösen beginnt oder Denkstrukturen in Frage gestellt werden, so ist dies ein wünschenswerter, heilsamer Effekt, mit dem an Wallfahrtsorten gerechnet werden kann, so die elementaren Energien des Ortes im Menschen Wirkung zeigen. Die „induktiv-magnetische“ Energie des Erdelementes vereinigt alle drei genannten Elemente auf der materiellen Ebene und verschafft ihnen dadurch eine Wirkungsstruktur im Sinne von Tatkraft und Durchsetzungsvermögen. Übermäßige Erdcharaktere sind schwermütig, pedantisch, kleinlich, starrsinnig usw. Viele Menschen tendieren heute in diese Richtung. Ihnen können Wallfahrtsorte helfen, an denen die vermittelnden Elemente vorherrschen.

Die elementaren Energien im Menschen stehen in definiertem Zusammenhang mit seinem Charakter und seinem Temperament. Die Charaktereigenschaften des Menschen entsprechen den vier Temperamenten: cholerisch, sanguinisch, melancholisch und phlegmatisch. Wenn eine dieser Charaktereigenschaften im Menschen überbetont ist, so bedeutet dies eine Überbetonung der ihm zugeordneten elementaren Kraft. So kann auch aus diesem Gesichtspunkt heraus ein Zugang zu den elementaren Energien am jeweiligen Kultort ermöglicht werden.

Die Energien der Planeten

Die Untersuchung eines Kultortes auf das Vorhandensein planetarer Energien gehörte im Zusammenhang mit den hier erwähnten Quellen-Kultstätten ebenfalls zu dem routinemäßig durchgeführten Untersuchungsprogramm, wie die Untersuchung auf elementare Energien. Seit alter Zeit werden die Einwirkungen der Planeten mit der Entwicklung der Lebewesen auf der Erde in Zusammenhang gebracht, nicht nur der Lebewesen, sondern auch der Materie generell. Insbesondere in der römischen Epoche der Geschichte gehörte die Verehrung der planetaren Gottheiten zu den bedeutendsten Kulthandlungen. Viele ehemalige Tempel der Planetengottheiten wurden in späteren Zeiten mit christlichen Kirchen überbaut. Gerade an diesen Orten sind die planetaren Energien besonders stark nachweisbar.

Die Wirkung planetarer Energien auf den Menschen ist mit der Wirkungsweise der elementaren Energien vergleichbar. Auch hier erfolgt eine Beeinflussung der Charaktereigenschaften. Die Wirkungsweise der Planetenstrahlung ist aber wesentlich subtiler und differenzierter als die der elementaren Strahlung. Ich beziehe mich hier auf die Energien der sieben klassischen Planeten: Sonne, Mond, Mars, Merkur, Jupiter, Venus und Saturn. Diese Planeten werden mit folgenden Metallen in Zusammenhang gebracht: Sonne (Gold), Mond (Silber), Mars (Eisen), Merkur (Quecksilber) Jupiter (Zinn), Venus (Kupfer) und Saturn (Blei). Zur Ermittlung der planetaren Energien verwende ich die bezeichneten Metalle in homöopathisierter Form bei kapazitiver Ruteneinstellung, um nicht durch das Vorhandensein der Metalle falsch-positive Reaktionen zu erhalten. Wer sich ein wenig in der Homöopathie auskennt, vermag nachzuschlagen, wie die betreffenden Elemente die Charaktereigenschaften des Menschen beeinflussen und in welchen Bereichen sie heilsame Wirkung zeigen. Es ist hier nicht der Raum, um auf diese Zusammenhänge näher einzugehen.

Im Zusammenhang mit den hier durchgeführten Untersuchungen war auffällig, dass fast alle Kultstätten, an denen vermutlich schon in vorchristlicher Zeit Kulthandlungen stattfanden, einen Bezug zum Planeten Venus aufwiesen bzw. zu dem ihm zugeordneten Element Kupfer. Keltisch initiierte Kultstätten sind ja Stätten, die einer Erdgottheit huldigten, also einer "weiblichen" Gottheit, wenn man das einmal so bezeichnen darf. An diesem Beispiel zeigt sich sehr deutlich, wie stark sich die am Ort wirksame planetare Energie auf die Art der Gottheit bzw. der Naturkraft auswirkt, die an dieser Stätte verehrt wurde. Hinzu kommt, dass diese Kultstätten der Venus eine Yin-Polarität aufwiesen, wie es in Übereinstimmung mit dem weiblichen Energiefeld gefunden wird. Auf weitere Zusammenhänge mit den Planeten wird bei der Besprechung der einzelnen Kultorte hingewiesen.

Die Resonanzen zu den Energiezentren im Menschen (Chakren)

Chakren sind Zentren feinstofflicher Energien im Energiekörper (Aura) des Menschen. Sie sammeln, transformieren und verteilen die Energie, die sie aufnehmen. Mit den entsprechenden Organen oder Organsystemen, mit denen ihre Lage normalerweise bezeichnet wird, sind sie nicht identisch, weil sie nicht der stofflichen Ebene angehören. Wohl aber ist ihre „Lage" im Bereich der Wirbelsäule zu finden, eingebettet in den Bereich materieller Strukturen mit entsprechenden Auswirkungen auf naheliegende Organsysteme. Die Energie der Chakren befindet sich in kreisender Bewegung, wodurch nach außen hin bei Hellsichtigen der Eindruck eines (feurigen) Rades entsteht. Auch mit radiästhetischen Messungen kann die Lage der Chakren lokalisiert und ihre Größe festgestellt werden. Seelisches und körperliches Empfinden gehen im Bereich der Chakren ineinander über und durchdringen sich gegenseitig.

Das menschliche Energiefeld wird durch das Zusammenwirken von sieben Haupt-Energiezentren aufgebaut, die allgemein als Chakren bezeichnet werden. Diese Energiefelder weisen eine kapazitiv-elektrische Ausstrahlung auf. Das harmonische Zusammenwirken der Chakren ist für die menschliche Gesundheit eine unabdingbare Voraussetzung. Ungleichgewichte in der energetischen Verteilung und Blockaden der Regulationsfähigkeit der Chakren führen zwangsläufig zu psychischen und organischen Befindlichkeitsstörungen und Erkrankungen. An den untersuchten Kultorten waren in einigen Fällen Wellenlängen nachzuweisen, die mit den vom Menschen abgestrahlten Energien der Chakren identisch sind. Deshalb kann angenommen werden, dass die spezifische Ortsstrahlung hier einen Einfluss auf die menschlichen Chakren nimmt mit der möglichen Folge des Auflösens von Blockaden und Regulationsstörungen, ein weiterer Aspekt also zur Erklärung wundersamer Heilungsphänomene, wie sie immer wieder an Kultorten beobachtet werden können.

Ich habe die Kultorte untersucht in Bezug auf Energiefelder, die folgende Chakren ansprechen: Wurzelchakra (1. Chakra, Sakralchakra), Bauch-Chakra (2. Chakra, Sexualchakra), Nabelchakra, (3. Chakra, Solarplexus), Herzchakra (4. Chakra), Kehlkopfchakra (5. Chakra, Halschakra), Stirnchakra (6. Chakra, „drittes Auge") und Scheitelchakra (7. Chakra). Mir scheint die Beeinflussung der Chakren durch die Energien eines Kultortes der direkteste Weg zur körperlichen und seelischen Heilung darzustellen. Ich habe diese Energien bei meinen zahlreichen Untersuchungen an Kultstätten nicht sehr häufig angetroffen, aber wenn es der Fall war, dann standen sie stets in einem sinnvollen Zusammenhang mit den Energiefeldern der Planeten sowie der Elemente. Offenbar müssen ganze „Pakete" an aufeinander abgestimmten Energien an einem Kultort anzutreffen sein, wenn von ihm Hilfe erwartet werden kann. Doch selbst wenn alles stimmig ist, benötigen wir immer noch eine Art Eintrittskarte, wenn wir an einem Gnadenort Hilfen erlangen wollen, nämlich die Befähigung, uns für die Energien des Ortes öffnen zu können. Zu dieser Befähigung mag uns das Gebet in vielen Fällen hilfreich sein, zwingend erforderlich ist es allerdings nicht. Die energetische Öffnung des Menschen kann auch durch andere „meditative Techniken" erfolgen. Doch auch dazu sind wieder bestimmte Energien hilfreich, die an speziellen Kultorten angetroffen werden können.

Viele Gnadenorte stehen im Zusammenhang mit heiligen Quellen. Das Wasser dieser Quellen erleichtert in der Regel den Kontakt zu den am Ort wirkenden Energien, sofern es in relativer Nähe zum Gnadenort entspringt und damit zumindest einen Teil der Energien aufgenommen hat, die am Ort selbst wirksam sind. Das Trinken des Wassers (besser noch als bloßes sich damit Benetzen) bringt einen Teil der hier anzutreffenden Kräfte direkt in den Organismus und „informiert“ das Zellwasser bzw. die Körperflüssigkeiten. Auf diese Weise wird ein enger Bezug zwischen dem Energiekörper des Menschen, repräsentiert durch die Funktion seiner Chakren, und den kosmischen oder lokalen Energien hergestellt, die am Gnadenort wirksam sind. Aus diesem Zusammenwirken des Wassers mit den Körperenergien resultiert eine wesentlich gesteigertere Aufnahmefähigkeit bezüglich der am Gnadenort wirksamen Heilungsenergien bzw. Energien für die geistige Beeinflussung.

Energien zur meditativen Öffnung

Zusätzlich zu den Angaben, die ich im Zusammenhang mit der Wasseruntersuchung gemacht habe, möchte ich an dieser Stelle noch einige Begriffe erklären, die eher in Verbindung mit Energien *des Ortes* stehen, aber mitunter auch im Wasser angetroffen werden. Die Erklärungen mögen dem Leser hilfreich sein, die zum Teil gewaltigen Wirkungsaspekte ein wenig besser verstehen zu können, die an Kultorten wirksam sind bzw. wirksam werden können, wenn zu ihnen ein Zugang erlangt wird. Alle hier genannten Energien sind kapazitiv-elektrischer Natur, wirken also bevorzugt auf das Gemüt, auf den Geist des Menschen ein, denn es geht ja hier darum, durch geistige Öffnung einen Zugang zu den Heilungsenergien des Ortes zu bekommen.

Meditation: Diese Energieform scheint im Bereich des Gehirns wirksam zu werden, weil sie unsere Gedanken beeinflusst. Das ständige Gedankendrängen, Grübeln, Bewerten usw. erlischt. Die Gedanken werden ruhig, überschaubar, bleiben auf Wesentliches beschränkt, ziehen sich zurück. Der „äußere“ Gedankenstrom erlischt und ermöglicht damit dem am Ort Weilenden, die Gedanken auf sein Inneres zu konzentrieren, auf Gefühle, die vielleicht auftreten, auf Erkenntnisse, die spontan „einfallen“. Das kann zu einer Art von Selbstfindung führen, in der der Meditierende die Bedeutung seines eigenen Ich auf einer energetischen, gefühlsmäßigen Basis erkennen lernt. Dieses Ich tritt dann in eine Interaktion mit den am Ort weilenden Energien. Wir spüren den energetischen Austausch, das Nehmen und Geben von Energien und empfinden es als wohltuend und stärkend. So wir es vermögen, diesen Energieaustausch innerlich zu „beobachten“, wird uns vielleicht klarer werden, wie sehr wir mit der Basis unseres Lebens in die energetischen Prozesse eingebunden sind, die uns umgeben. Das kann zu einer neuen Sichtweise führen, mit der wir unser Leben auf dieser Erde begründen. Das kann hilfreich sein, uns wieder mit den Wandlungsprozessen in der Natur zu verbrüdern, woraus wir wertvollen Gewinn für unser Leben auf jeglicher Ebene zu ziehen vermögen.

Kontaktaufnahme: Diese besondere Energieform ermöglicht es dem Menschen, mit geistigen Potentialen in der Natur in Verbindung zu kommen. Diese geistigen Potentiale können personifiziert werden und dann als Engel, Naturgeister, Gottheiten usw. angesprochen werden. Bei den meisten Menschen bleibt dieser Kontakt auf eine gefühlsmäßige Kommunikationsebene beschränkt, sofern überhaupt ein Kontakt empfunden werden kann. Es gibt eine Reihe von Plätzen in der Natur, bei denen aufgrund günstiger Strahlungsresonanzen eine Verbindung zwischen kosmischer Strahlung und Erdstrahlung erfolgt. Dies sind die Plätze, die weise Personen („Hexen", „Zauberer", Heilkundige) sich einst für ihre Kulthandlungen ausgesucht haben und hier ihre Rituale zelebrierten, wie sie auch heute noch von Priestern angewandt werden.

Höhere Erkenntnis (Schwebe-Grifflänge): Mit dieser Energieform hat es eine ganz eigenartige Bewandtnis: sie vermag den Menschen in einen anderen Erkenntniszustand zu versetzen. Vielleicht wird der Effekt am besten verständlich, wenn ich beschreibe, wie diese Energie in unserem radiästhetischen Arbeitskreis entdeckt wurde. Es war während einer Exkursion zu den Maya-Pyramiden auf der Halbinsel Yucatán (Mittelamerika). Eine Teilnehmerin setzte sich, ein wenig erschöpft von der Hitze, auf eine der Steinsäulen. Dort muß sie ein wenig hinweggedämmert sein, denn sie berichtete kurz darauf: „Als ich erwachte, befand ich mich hoch über euch und sah euch da unten arbeiten." Dieses Phänomen ist vergleichbar mit der Beobachtung einer „Seelenexkursion", einer außerkörperlichen Erfahrung, in der das Bewusstsein den menschlichen Körper zu verlassen scheint und außerhalb dessen Erkenntnisse wahrzunehmen vermag, die vermittels der bekannten Sinnesorgane nicht erlangt werden können.

„Keltisch" geprägte Heilenergien

Es ist nicht ganz leicht, aufgrund des Vorhandenseins definierter Wellenlängen auf eine ehemals keltische Kultstätte zu schließen, wenn andere Hinweise fehlen. So können auch die in diesem Buch diesbezüglich gegebenen Hinweise keine absolute Sicherheit bieten. Es ist ja auch möglich, in der Natur einen (neuen) Ort aufzufinden, der mit den wesentlichen Energien keltischer Kultstätten in Übereinstimmung ist. Letztendlich geht es auch hier nicht um die Frage, ob an einem Ort bereits in der keltischen

Epoche Kulthandlungen stattgefunden haben oder nicht, sondern es geht darum, aufzuzeigen, dass bestimmte Kultorte Energien aufweisen, die im Einklang mit jenen stehen, die einst der Verehrung der Erdgottheit gedient haben. Ob es ein historischer Platz ist oder ein neu gefundener, wenn die Energien übereinstimmen, sind von beiden Plätzen die gleichen Heilwirkungen zu erwarten.

Worin bestehen die besonderen Hinweise auf eine mit keltischen Energien geprägte Kultstätte? Es ist der Nachweis von Energien, die auf die Verehrung einer Erdgottheit hinweisen, sowie der Nachweis von bestimmten Wellenlängen im kapazitiv-energetischen Bereich, wie sie auch im christlichen Kulturkreis vorkommen, wenn es um Orte der Marienverehrung geht oder bestimmter weiblicher Heiligenfiguren (Anna, Margareta, Barbara, Katharina). Eine kapazitiv und Yin-polarisierte Strahlung ist nur an relativ wenigen Kultorten anzutreffen und verweist damit eindeutig auf einen Ort, an dem Erdgottheiten wirksam sind. Kommen nun Wellenlängen hinzu, die im Zusammenhang stehen mit an keltischen Stätten gefundenen Heilenergien, Energien der Erdkräfte (Vril), Energien, die der Verehrung bestimmter Heiligenfiguren entsprechen, die im Zusammenhang stehen mit Geburt bzw. Wiedergeburt, mit Lebenskraft und Tod im Sinne eines Wandlungsvorganges, so ist das ein weiterer wertvoller Hinweis auf eine ehemals keltisch geprägte Kultstätte. Ergänzend müssen nun noch Energien hinzukommen, die in der Natur an sich kaum vorkommen und in speziellem Zusammenhang mit Kulthandlungen stehen, wie sie auch im christlichen Kulturkreis auftreten, wo zum Beispiel Messen gelesen werden, Weihen durchgeführt werden usw. Es sind das die Energien der Gottheiten, kosmische Energien, Energien der Engel bzw. guten Geister usw., die einen Naturstandort von einem Kultort unterscheiden. Nur wenn alle die genannten Faktoren an einem Ort nachzuweisen sind, kann mit großer Wahrscheinlichkeit davon ausgegangen werden, dass es sich hier um eine Stätte handelt, an der die Erdgottheiten verehrt wurden, sei es bereits zu keltischen Zeiten, in der Römerzeit oder auch in den zwei Jahrtausenden des Christentums.

Oberviechtach / Bleichangerkapelle

Spielende Kinder finden ein Marienbild

Oberviechtach in der Oberpfalz liegt in den nordwestlichen Ausläufern des Böhmerwaldes, dem Oberpfälzer Wald. Die Kapelle „Zu Unserer Lieben Frau“ auf dem Bleichanger gehört zum Bistum Regensburg, Stadtpfarrei Oberviechtach, Dekanat Neunburg-Oberviechtach. Sie liegt etwas oberhalb des Ortszentrums zu Beginn des Wohngebietes „Sandradl“ bei den ersten Hausnummern der Kardinal-Bengsch-Straße auf einer kleinen Wiesenfläche. Links vor dem Eingangsbereich plätschert das „Frauenbrünnl“ in ein Granitbecken mit der eingemeißelten Datierung 1954. Die Anlage ist liebevoll gestaltet und wird sorgfältig gepflegt. Einst wurde auf diesem Areal die Wäsche gebleicht, der Name blieb erhalten. Später grasten Rinder auf dieser Wiese, von Kindern gehütet. Im Zusammenhang mit den hier spielenden Kindern steht auch die Ursprungslegende der Wallfahrt, die mit der Entdeckung einer heilkräftigen Quelle beginnt:

Spielende Kinder fanden hier ein Marienbild „voller Anmut und Liebreiz“. Das Bild (eine Darstellung der Gottesmutter von Altötting) wurde feierlich in die Pfarrkirche überführt und erhielt dort einen ehrenvollen Platz. Am anderen Tag fand man es wieder bei der Quelle. Dreimal brachte man das Bild in die Kirche zurück, doch es kehrte immer wieder auf den Anger zurück. Man sah darin einen Wink des Himmels und errichtete dem Bilde dort eine hölzerne Feldkapelle. Dieses Ereignis mag um 1700 datiert werden oder noch davor, denn bereits 1727 wurde ein fester Kapellenbau errichtet. Einst gab es hier viele Votivbilder und Hinterglasmalereien, insbesondere aus der zweiten Hälfte des 19. Jahrhunderts, sie befinden sich heute im Oberviechtacher Heimatmuseum.

Das Brünnlein vor der Kirche muß um die Zeit der Bildauffindung schon bekannt gewesen sein, denn in einem stimmungsvollen Gedicht von Andreas Bauer über den Ursprung der Wallfahrt, das auf einer Tafel in der Kapelle hängt, wird ausgesagt, dass das Bild dreimal zum Brünnlein zurückkehrte. Es ist denkbar, dass hier weidende Tiere die Quelle entdeckten oder das Wasser bereits zuvor schon für die Bleiche verwendet worden war. Wie die Quelle die Bezeichnungen „Marienquelle“ oder „Frauenbrünnl“ erhielt, ist nicht überliefert.

Oben: Die Bleichangerkapelle zu Oberviechtach mit dem „Frauenbrünnl“.
Unten: Der Brunnen führt leider heute linksdrehendes Wasser ohne radiästhetisch erkennbare Heilwirkung.

Untersuchungen am Standort der Kapelle

Unter dem Längsschiff der Kapelle befindet sich in weniger als 20 Metern Tiefe eine Wasserführung mit induktiven (magnetischen) Strahlungseigenschaften. Die Zirkularpolarisation der Wasserführung ist oberhalb der Kapelle linksdrehend, in der Kapelle selbst rechtsdrehend, vor dem Eingangsbereich wird sie wieder linksdrehend. Der Kirchenbesucher betritt also zuerst einen abladenden Platz, auf dem er belastende Energien abgeben kann, und dann im Innern der Kirche eine energetisch aufladende Region. Die besondere Atmosphäre, die hier erzeugt wird, findet sich nur im Innern der Kirche, obgleich auch die Außenregion durchaus zum Verweilen einlädt. Die Wasserführung unter der Kirche wird durch mehrere quer dazu verlaufende Strömungen gekreuzt, insbesondere in der Kirchenmitte und am Standort des Altares. Im Zentrum der Kirche dominiert die „Göttliche Universalkraft" mit einer stark kapazitiven (elektrischen) Atmosphäre. An elementaren Energien ist hier das Element Luft nachweisbar, das den Geist des Menschen anspricht. Der planetare Regent ist Mars. Diese Kombination steht für die Umsetzung geistiger Informationen in die praktische Ausführung. Das Innere der Kapelle ist ein Ort für körperliche und seelische Hilfen. Auf der Männerseite (rechte Bankreihen) sind die Heilungsenergien für dic Prostata nachweisbar, auf der Frauenseite (linke Seite) die Heilungsenergien für die Eierstöcke und die Gebärmutter. Darüber hinaus ist die Kapelle ein Platz zur körperlichen Regeneration. In der „führenden" Wasserader befinden sich die Energien der Gottesmutter bzw. der Erdgottheiten; die Kapelle ist also zu recht dcr Gottesmutter geweiht. Es liegen hier keine Energien vor, die auf einen älteren (zum Beispiel vorchristlichen) Kultort verweisen könnten, auch keine Energien vom keltischen Typus.

Untersuchung des Brunnenwassers der Bleichangerkapelle

Von Ortsansässigen wurde mir berichtet, dass das Wasser gern bei Augenleiden und anderen Heilzwecken verwendet wird. Es muß einst von Bedeutung gewesen sein, wie es die alten Votivtafeln bezeugen. Das Wasser, das ich hier im Juni 2011 angetroffen habe, kommt von einer Wasserführung, die einige hundert Meter oberhalb der Kapelle gefasst und hierher abgeleitet wurde. Allein diese Tatsache ist bereits ein Hinweis darauf, dass es sich hier nicht mehr um die ursprüngliche Heilquelle handeln kann, denn Kapellen wurden früher stets über oder zumindest unmittelbar bei der Quelle errichtet. Das Wasser, das ich hier entnahm, ist bezüglich seiner Zirkularpolarisation linksdrehend (!) und weist auch nicht die für Frauenbrunnen erforderlichen Yin-Energien auf. Auch beinhaltet dieses Wasser keinerlei heilsame Energien. Möglicherweise war die alte Quelle versiegt, und eine neue Wasserführung wurde im Zusammenhang mit dem Straßenbau eingerichtet. Leider wurde hierbei kein Rutengänger zu Rate gezogen, der möglicherweise ein geeigneteres Wasser hätte finden können. Das ist bedauerlich, denn der gute Standort der Kapelle verdient ein echtes Heilwasser. Häufig passiert es auch, dass im Zusammenhang mit Bauarbeiten (Ausschachtungen für Häuser) flacher verlaufende Wasserführungen angeschnitten werden. Das Wasser findet dann nicht mehr den alten Weg zurück und muß anderweitig abgeleitet werden. Hier am Ort sind oberhalb der Kapelle mehrere Neubaumaßnahmen erfolgt, wie es mir Anwohner berichteten. Es trat Wasser in der Baugrube auf, das abgeleitet werden musste. Vielleicht war auch das Wasser der ehemals heiligen Quelle dabei.

Hannesried / Schönbrunnenkapelle

Frauenbrünnl in idyllischer Waldeinsamkeit

Die kleine Ortschaft Hannesried liegt unweit der böhmischen Grenze im Oberpfälzer Wald östlich von Oberviechtach. Der nächst größere Ort ist Tiefenbach. Die Schönbrunnenkapelle mit der Wallfahrt „Zu Unserer Lieben Frau“ gehört zum Bistum Regensburg, Pfarrei Weidach, Dekanat Oberviechtach. Auf der Straße von Schönsee nach Tiefenbach über Kagern zweigt am Ortsende von Hannesried rechts ein Sträßchen zum Ortsteil Trath ab mit der Beschilderung (Wegweiser für Wanderer) zur Schönbrunnenkapelle. Hier folgt man zunächst einer schmalen, asphaltierten Straße bis zu einem Wanderparkplatz im Wald mit Bänken und einem Tischchen. Dann geht es einer scharfen Linkskurve folgend eine Forststrasse bergauf, die nach etwa 20 Gehminuten zu einer kleinen Lichtung führt, auf der die Schönangerkapelle gelegen ist, ein schlichter Blocksteinbau, flankiert von zwei Ahornbäumen. Den Weg begleiten seit 1987 fünfzehn Granitstelen mit eingemeißelten Bildern, die 15 Rosenkranzgeheimnisse darstellen. Der Platz wird von der einheimischen Bevölkerung gern besucht, von Radfahrern scheinbar häufiger als von Wanderern.

Hinter der Kapelle befindet sich die gefasste Quelle, die auch bei langanhaltender Trockenheit kühles Wasser in ausreichender Menge liefert. Zum Abfüllen größerer Gebinde ist die Anlage allerdings nicht geeignet. Das abfließende Wasser verteilt sich auf mehrere kleine Becken in der Erde und wird vor der Kapelle in einen runden, ausgehöhlten Granittrog geleitet. Eine unter der Forststraße durchgeführte Röhre sammelt das Wasser und leitet es jenseits der Straße in einem Bächlein ab. Ein Teil des Wassers wird direkt in die Kapelle geleitet und fließt hier im Bodenbereich in ein kleines, bemoostes Becken (in der Abbildung hinter dem Blumenstrauß. Die gesamte Anlage ist liebvoll eingerichtet und wirkt gepflegt. Das Innere der Kapelle ist sauber und stets mit frischen Blumen geschmückt. Eine Reihe neuerer Votivgaben zeugt von der Beliebtheit der Kapelle und von hier erfolgenden Hilfen.

Über den Ursprung der Kapellenbegründung ist leider nicht viel überliefert. Die Kapelle wurde im Jahr 1746 erbaut. Als am 13. Juni (Antonistag) 1848 die Gemeindefluren Hannesried und Schönau stark verhagelt wurden, gelobten die Anwohner, an diesem Tag jährlich eine Bittprozession zur Schönbrunnenkapelle durchzuführen. Aber auch von anderen Orten und zu anderen Zeiten ziehen Bittprozessionen zum Schönen Brunnen.

Die Schönbrunnenkapelle mit dem Frauenbrünnl bei Hannesried ist ein beliebter Gnadenort bei der regional ansässigen Bevölkerung. Das Wasser hat die Qualität eines echten Frauenbrunnens.

Eine Sage über die Entstehung der Kapelle gibt es aber doch: „In der Hammersricht (Hannesried), eine halbe Stunde von Tiefenbach entfernt, lebte ein armer, aber frommer Mann. Nun trat einmal eine rechte Teuerung ein, und dem Manne verblieben zuletzt nur mehr drei Kartoffeln, die er in den Wald mitnahm, wo er Holz zu fällen hatte. Nachdem er eine Zeitlang Holz zusammengerichtet hatte, bekam er Hunger. Er zündete daher ein Feuer an und wollte seine drei Kartoffeln auf einem breiten Stein braten, welcher sich neben einem Brunnen, der Schöne Brunnen genannt, befand. Wie er nun so beschäftigt war, kam ein Mann daher, welcher ganz ausgehungert schien und bat, ihn mitessen zu lassen. ‚Du kannst schon mitessen', meinte der Holzhauer, ‚laß sie nur erst braten, sie sind schon zum Essen'. Als sie gebraten waren, teilte er gewissenhaft mit dem hungrigen Mann, und nachdem sie gegessen hatten, verrichteten sie zusammen ein Gebet. Da fing der Fremde zu niesen an, und zwar dreimal hintereinander, und jedesmal sagte der Holzhauer: ‚Helf Gott!' Das dritte Mal setzt er noch hinzu: ‚in den Himmel hinauf!' Sowie er dies aber gesagt hatte, vermeinte er einen Engel Gottes vor sich zu sehen, so strahlend und glänzend war der Fremde geworden. Dieser begann folgendes zu ihm zu reden: ‚Vergelt es dir Gott! Du hast mich erlöst. Siehe, ich bin der Bauer gewesen, dem dieser Wald gehörte und habe bei Lebzeiten bei einer Viehseuche gelobt, über diesem Brunnen hier eine Kapelle zu bauen. Was ich versprochen habe, habe ich nicht getan, obwohl ich Mittel hierzu genug besaß. Ich hatte die Meinung, mit erbetteltem Geld die Kapelle zu bauen. Darüber bin ich krank geworden und gestorben. Ich bitte dich nun, statt meiner das Geld bei guten Leuten zusammenzubringen und die Kapelle zu bauen. Nach dem Bauen wirst du bald werden, was ich bin. Dein Weib aber wird dich überleben und von Sinnen kommen.' Damit verschwand er. Der Holzhauer tat so, wie ihm geheißen worden war. Bald darauf starb er. Und sein Weib verlor darüber den Verstand."

Untersuchung des Kapellenstandortes

Die elementare Energie des Ortes entspricht dem Element Erde. Dementsprechend sind auch die Energien für die Erdgottheiten hier anzutreffen und eine energetische Beeinflussung des Wurzelchakras. Darüber hinaus finden sich hier die Energien der Engel. Es ist ein Ort für körperliche, seelische und geistige Hilfen, der auch eine allgemeine Regeneration bewirkt. Der planetare Regent ist Venus, eine gute Übereinstimmung mit dem hier anzutreffenden Frauenbrunnen. Für einen ehemals keltischen Kultort gibt es kein Hinweise.

Untersuchung des Brunnenwassers

Das Wasser ist bezüglich der Zirkularpolarisation rechtsdrehend, mit induktiv-magnetischen und kapazitiv-elektrischen Strahlungseigenschaften, die Polarität ist Yin. Es handelt sich also um einen echten Frauenbrunnen. Die Strahlungsreichweiten der Wasserschwingung liegen bei etwa vier Metern. Es handelt sich um eine typische Verwerfungswasserader. Alle für Heil und Gesundheit bedeutsamen Energien sind in diesem Wasser enthalten. Ein energetisch sehr gutes Wasser, zumal es sich um einen der selten gewordenen echten Frauenbrunnen handelt.

Besondere Energien (Bezeichnung / Strahlungsreichweite)

dauerhafte Heilung	3,8 m	heiliger Geist, kap.	3,9 m
Beredsamkeit	3,7 m	Engelsbrunnen, kap.	3,5 m
universelle Heilkraft	4,4 m	geistige Vollendung	4,5 m
Gottes Segen	4,7 m	Riss / Spalte (heilig)	1,4 m
Lebenskraft	4,0 m	Augenquelle	4,5 m
Bewusstseinserweiterung	4,2 m		

Ast bei Waldmünchen

Frauenbrunnenkapelle mit Brunnen in der Kirche

Im Oberpfälzer Wald, an der Straße von Rötz nach Waldmünchen, liegt die kleine Ortschaft Ast mit ihrer bedeutsamen Wallfahrtskirche „Zu Unserer Lieben Frau“ aus dem 13. Jahrhundert. Einer Gräfin von Schwarzenberg gingen die Pferde durch. In Lebensgefahr gelobte sie, dort eine Kirche errichten zu lassen, wo die Pferde stillstehen würden. In die Kirche wurde später ein Marienbild gebracht, das man beim Fällen von Bäumen an einem Ast gefunden hatte. Zur Erinnerung an diesen Vorgang wurde der Schalldeckel der Kanzel mit einem Astwerk gekrönt, in dem das Gnadenbild hängt. Am Kanzelkorb ist dementsprechend Wurzelwerk angebracht. Ast war einst eine bedeutende Wallfahrt; die Pilger kamen einst bis aus dem Böhmischen heraus. Noch heute werden Bittgänge nach Ast von den Nachbargemeinden durchgeführt, auch Busse mit Pilgern suchen Ast auf.

An der Umgehungsstraße des Ortes, weithin sichtbar, liegt auf einer kleinen Anhöhe die Frauenbrünnlkapelle. Sie gehört, wie auch die Wallfahrtskirche, zum Bistum Regensburg, Landkreis Cham, Pfarrei Ast. Die erhöhte Lage in freier Landschaf bietet einen schönen Blick über Ast und seine Wallfahrtskirche.

Der heilende Frauenbrunnen ist uralt; schon um 1500 dürfte hier eine Kapelle gestanden haben, die in den 1550er Jahren abgebrochen wurde. Der jetzt vorzufindende Kapellenbau wurde 1802 errichtet und um 1900 mit einer Lourdesgrotte aus natürlichem Muschelkalkstein ausgestattet. Auf dem gemauerten Altar steht eine Lourdes-Madonna. Die Anlage ist sehr schön gestaltet und gepflegt, Bänke laden zum Rasten ein. Es ist ein Ort, an dem man sich wohlfühlt. Als ich die Kapelle besuchte, herrschte hier auf dem freien Feld allerdings solch ein Sturm, dass ich froh war, mich ins Innere der Mauern zurückziehen zu können. Man betritt die Kapelle durch eine massive Tür und steht erstaunt vor einem großen Brunnenschacht mit über einem Meter Durchmesser, umgeben von einem schmiedeeisernen Geländer. Im Hintergrund ein eisernes Gitter, das den Raum für die Lourdesgrotte vollkommen abschließt.

Dieser Brunnen war verschüttet gewesen und wurde dankenswerterweise wieder freigeräumt. Es heißt, er sei von Ketzern angefüllt worden. Auch soll ein Hussit das alte Gnadenbild aus der Pfarrkirche geraubt und

Die Frauenbrünnlkapelle oberhalb Ast bei Waldmünchen beherbergt in ihrem Innern eine Lourdesgrotte sowie einen offen Brunnen.

Der offene Brunnen in der Bründlkapelle oberhalb Ast und das Kesselchen für die Wasserentnahme – ein echter Frauenbrunnen mit guten Energien.

in diesen Brunnen geworfen haben, wohl eine Nacherzählung der Gründungslegende von Neukirchen Hl. Blut. Wie dem auch sei, das heilsame Wasser ist wieder zugänglich und wird gerne gebraucht, wie es viele aktuelle Dankesbezeugungen an den Kapellenwänden berichten. Der Schöpfmechanismus für dieses Wasser ist sehr originell. An einer Kette hängt ein kleines Kupferkesselchen auf einer Haltevorrichtung. Das Kesselchen kann in das Wasser hinabgelassen und wieder aufgezogen werden. Daraus kann man dann trinken oder das Wasser abfüllen. Zum Abfüllen größerer Gebinde ist diese Vorrichtung allerdings nicht geeignet.

Untersuchung des Kapellenstandortes

Wird eine Kapelle um einen Brunnen herum gebaut, ergeben sich daraus besondere energetische Effekte. Der Brunnenschacht, auf einer Wasserführung gelegen, ergibt eine weit nach oben und in die Umgebung strahlende Energiesäule, die den Raum um die Kapelle herum auf mindestens einhundert Meter Radius energetisch beeinflusst. In diese Energiesäule werden die speziellen Energien des Altares, der Devotionalien, der Gebete, des von „oben" kommenden Segens usw. mit eingespeist und weit in die Umgebung getragen. Es ist deshalb nicht möglich, die Energien des Kapellenstandortes von denen des Wassers an diesem Ort zu unterscheiden. Beide wirken in einträchtiger Weise zusammen und begründen die wunderbare Atmosphäre, die den Besucher in der Umgebung der Kapelle anspricht und zum Verweilen einlädt. Eine Energielinie (Leyline) führt von der Kapelle zur Wallfahrtskirche nach Ast und liefert jener die speziellen Energien dieses Standortes.

Die für die Energien des Standortes maßgebliche Wasserführung tritt von der Altarseite in den Kirchenbereich ein; sie enthält die Energien für die Gottesmutter, Gottvater, die Engel und den Heiligen Geist. Es ist ein Ort zur Kontaktaufnahme mit höheren Energien. Der planetare Regent des Ortes ist Jupiter. Der unter diesem Stern Geborene entwickelt meist eine tiefe Religiosität. Die elementaren Energien betreffen Luft und Erde. Wind-Energien sind nachweisbar, sogar Windgottheiten. Möglicherweise könnte es sich hier einst um den Standort eines Wetterkreuzes oder einer Glocke zur Wetterbeeinflussung gehandelt haben. Die Erd-Energien gehen einher mit Beeinflussungen des Wurzelchakras sowie des Bauch-Chakras (Sexualchakra). An gesundheitsfördernden Energien konnte ich die Wellenlängen für Gebärmutter und Ovarien nachweisen (Frauenbrunnen), sowie Regeneration und Sexualkraft. Aufgrund der stark kapazitiven Energien der Wasserführung ist es nicht nur ein Ort für körperliche und seelische, sondern auch für geistige Hilfen und Heilungen. Auch die Energie für „Wunderheilung“ konnte ich hier nachweisen. Doch Wunderheilung ist ein sehr komplexes Phänomen, bei dem Ort und Zeit sowie spezielle kosmische und individuelle Faktoren zusammentreffen müssen. Energien für einen keltisch beeinflussten Standort oder für eine vorchristliche Kultstätte konnten hier nicht nachgewiesen werden.

Untersuchung des Brunnenwassers

Das Wasser ist bezüglich der Zirkularpolarisation rechtsdrehend mit induktiven (magnetischen) und kapazitiven (elektrischen) Strahlungseigenschaften. Die Polarität ist Yin, es handelt sich also um einen echten Frauenbrunnen. Die Strahlungsreichweite der entnommenen Wasserprobe betrug zwischen drei und vier Metern, ein hochenergetisches Heilwasser mit besten Strahlungsqualitäten.

Besondere Energien (Bezeichnung / Strahlungsreichweite)

dauerhafte Heilung	3,3 m	heiliger Geist, kap.	4,1 m
Beredsamkeit	4,6 m	Engelsbrunnen, kap.	4,6 m
universelle Heilkraft	3,6 m	geistige Vollendung	5,1 m
Gottes Segen	4,0 m	Verwerfung	3,8 m
Lebenskraft	4,1 m	Augenquelle	4,3 m
Bewusstseinserweiterung	4,8m		

Neukirchen / Hl. Blut

Gnadenbild kehrt aus dem Brunnen zurück

Die Pfarrei Neukirchen beim Hl. Blut gehört zum Dekanat Cham im Bistum Regensburg. Die Wallfahrtskirche „Zu Unserer Lieben Frau“ bzw. „Mariä Geburt“ liegt an der Grenze des Böhmerwaldes zum Oberpfälzer Wald, unweit der tschechischen Grenze, in einem breiten, sich nach Norden zur Further Senke weitenden Tal, begrenzt durch den Höhenrücken des Hohen Bogen im Osten. Schon von weitem ist der mächtige Turm der Wallfahrtskirche sichtbar. Eine Handelsstraße führte einst durch das Tal von Bayern nach Prag. Oberhalb der Kirche, inmitten der Felder, die ebenfalls gern besuchte Annakapelle.

Die Wallfahrtskirche

Die Wallfahrt zum Heiligen Blut zählte einst zu den bedeutendsten des Landes und bildete Jahrhunderte hindurch eine Brücke zwischen Bayern und Böhmen, eine der wenigen Wallfahrten, die auf eine ununterbrochene Tradition vom Mittelalter bis in die Gegenwart zurückblicken können. Die Wallfahrt entstand zur Zeit der Hussitenkriege. Die an diesem Ort zunächst erfolgende Christusverehrung basierte auf einem Hostienwunder, sie wurde später von einer Marienverehrung abgelöst. Geschlossene Prozessionen kamen aus einem Umkreis von hundert Kilometern. Neben Naturalien bestanden die Votive besonders aus nachgebildeten menschlichen Gliedmaßen, Tieren aus Wachs, Eisen oder Silber, Votivtafeln, Schmuck und Amuletten. Das Ziel der Wallfahrer zur Zeit der Blüte der Wallfahrt im 18. Jahrhundert war das bekleidete Gnadenbild der Madonna.

Die Gründungslegenden und der Ursprung des Namens

In der Ortschaft Neukirchen stand im bereits Mittelalter (1379) eine Kirche, die dem heiligen Nikolaus geweiht war; ihr Standort ist nicht identisch mit dem der Wallfahrtskirche. Die Wallfahrt begann erst später mit dem Einsetzen wundersamer Ereignisse.

Um 1400 fand ein Bürger eine Hostie auf einem Baumstumpf, die auf wundersame Weise immer wieder an den Ort ihrer Auffindung zurückkehrte. Über diesem Baumstumpf wurde die erste, hölzerne Kapelle errichtet. Die Hostie mit der damit zusammenhängenden Christusverehrung war Gegenstand der beginnenden Wallfahrt.

Nach einer zweiten Gründungslegende zeigte der Fundort der Hostie gleichzeitig die Stelle an, wo ein Marienbild vergraben war. Diese Statue soll aus dem benachbarten Ort Lautschim bei Klattau in Böhmen stammen und hier während der Hussitenkriege (1419-1436) versteckt worden sein, indem man sie in der Feldkapelle aufstellte, die über einem Baumstumpf errichtet worden war oder nach einer anderen Version in einer hohlen Linde. Der Ursprung des Marienbildes aus Böhmen erklärt die besonderen Beziehungen der Böhmen zum Wallfahrtsort Neukirchen. Der Legende nach warf ein Hussit die Figur dreimal vergebens in einen nahegelegenen Brunnen (der Brunnen, der heute in die Sakristei einbezogen ist) und spaltete ihr schließlich mit dem Schwert das Haupt bis in die Stirn, aus Verärgerung darüber, dass sie immer wieder auf ihren Platz zurückkehrte. Aus dem verwundeten Haupte der Madonna floss sofort rosenfarbenes Blut (Ursprung der Namensgebung „beim Hl. Blut"), worüber der Frevler so erschrak, dass er fliehen wollte. Aber er brachte sein Pferd nicht von der Stelle. „In dem Wahne, verzaubert zu sein, und im Glauben, es wären die Hufeisen an der Festbannung des Pferdes schuld, riss er ihm die vier Eisen vom Hufe; aber auch das half nichts, es konnte nicht von der Stelle. Endlich erkannte er die Größe seines Frevels." Er bereute seine Sünden und opferte die eisernen Hufeisen, welche noch heute oberhalb der Sakristeitüre auf einer Votivtafel angenagelt sind. Sie enthält die Beschreibung dieser Situation und eine bildliche Darstellung des Reiters am Brunnen neben einer kleinen Kapelle mit einer Marienfigur über dem Baumstumpf.

Die ehemalige Holzkapelle über dem Baumstumpf wurde noch vor der Reformation durch eine steinerne Kirche ersetzt, die aufgrund der zunehmenden Wallfahrt bald erweitert werden musste. Während ursprünglich die Hostie Gegenstand einer Christuswallfahrt war, änderte sich das Wallfahrtsziel mit der Zunahme der Marienverehrung; deshalb die unterschiedlichen Gründungslegenden.

1650 berief man Franziskaner hierher, die 1721 an die Wallfahrtskirche eine Klosterkirche anbauten. So kam es zur Gestaltung des heutigen Hochaltares, der einen Doppelaltar darstellt mit je einer Mensa für die Wallfahrts- und die Klosterkirche. Der Hochaltar wurde an der Stelle errichtet, an der die hl. Hostie gefunden worden war. Ein Rokokoschrein über dem Tabernakel trägt das Gnadenbild, eine Holzstatue der Madonna mit Kind. Das Gnadenbild trägt eine Binde um das Haupt im Sinne eines Verbandes. Am Karfreitag war es hier (wie in Altötting) früher der Brauch,

Oben: Neukirchen Hl. Blut – Blick von der Annakapelle zur Wallfahrtskirche Unten: Ein Hussit spaltet den Schädel der Gnadenmadonna, worauf Blut aus der Wunde fließt. – Figurengruppe in der Wallfahrtskirche und Begründung des Namens Hl. Blut.

das Gnadenbild mit einem schwarzen Schleier zu überdecken, den man dann in kleine Läppchen zerschnitt und den Wallfahrtsbildern aufklebte.

Besonderheiten der Wallfahrtskirche

Betreten wir die Wallfahrtskirche, so zeigt sich hinter dem Hochaltar eine durchbrochene Apsis mit Durchblick zur Klosterkirche, die aber auch von der Südseite der Kirche her separat zugänglich ist. Die beiden Kirchenbereiche sind lediglich durch ein eisernes Gitter mit zwei (meist abgeschlossenen) Türen getrennt. Der Heilbrunnen befindet sich neben dem rechten Seitenaltar (Kreuzaltar) der Wallfahrtskirche in einer Art Doppelwand, die den rechten Kapellenraum von der Sakristei abgrenzt. (Weder die doppelte Wandung noch der Brunnen selbst sind in den Grundrissen der Kirche eingezeichnet.) Unmittelbar hinter der auffälligen Tür in der Seitenkapelle befindet sich der Brunnen. Von hier floss das Wasser einst in ein Schaff, das in der Seitenkapelle aufgestellt war. Nur eine Tafel über der Tür zum Brunnen erinnert heute in der Kirche an das heilige Wasser, das sich dahinter befindet. Eine Entnahme des Wassers ist nur in der Sakristei möglich. Der Brunnen ist die einzige Wasserversorgung der Kirche. So ist sichergestellt, dass das Wasser auch regelmäßig abgepumpt wird und der Brunnen sauber und fließfähig bleibt. Ob es der richtigen Verwendung dieses heiligen Wassers entspricht, zum Händewaschen und Putzen verwendet zu werden? Eigentlich ist es zu schade dazu und sollte den Kirchenbesuchern wieder zugänglich gemacht werden. Es ist zu begrüßen, dass dieses Wasser auch zur Herstellung des Weihwassers verwendet wird, denn in den Weihwasserbecken an den Kircheneingängen ist heiliges Wasser nachzuweisen.

Vor dem linken Seitenaltar (Abendmahlaltar) befindet sich eine Holzfigurengruppe, die ein Detail aus der Gründungsgeschichte wiedergibt, die dann zur Namensgebung führte: ein Hussit spaltet der Marienfigur den Kopf, worauf aus diesem Blut fließt. Die Figurengruppe ist über und über mit Rosenkränzen behängt, Votivgaben der Wallfahrer. Mit jedem Rosenkranz, der auch wirklich zum Beten genutzt wurde, wird ein wenig von der Kraft des Spendenden auf die Figurengruppe übertragen, so dass diese selbst mit der Zeit zu einem heilenden Kultobjekt geworden ist. Interessanterweise weisen sowohl die Marienfigur als auch das Kind eine rotbraune Hautfarbe auf, die zwischen dem Typus der „weißen" und „schwarzen" Madonna eingeordnet werden kann. Der Hussit dagegen ist – und das ist in diesem Zusammenhang wirklich ungewöhnlich – mit einer deutlich helleren Hautfarbe dargestellt. Ist hier der Künstler unbewusst vom Typus der

Hinter dieser Tür neben dem Altar der rechten Seitenkapelle befindet sich der Heilbrunnen der Wallfahrtskirche.

Votivtafel über der Tür von 1880: „Allhir ist inerhalb der Sakristei ein brunen in welchen das allhiesige gnadenbild zum 3ten mal von den Hussiten ist geworfen worden, vill haben bei diesen brunen ihr Heil geschöpft."

vorchristlichen dreifachen Muttergottheit beeinflusst worden, wie es noch der keltischen und der römischen Tradition entsprach, der „nährenden“ (in roter Farbe dargestellten) Muttergottheit als Spenderin aller Lebenskraft?

Untersuchungen in der Wallfahrtskirche

Der Bereich des Hochaltares ist das eigentliche geomantische Zentrum der Anlage, nicht der Brunnenstandort. Die Kirche liegt über Kreuzungssystemen von Wasserführungen, die einerseits vom Bereich des Hohen Bogen herunterströmen und andererseits unter dem Längsschiff der Kirche verlaufen. Solche Kreuzungssysteme geben einem Ort besondere Kräfte, die hier vom Standort des Altares weit in den Kirchenraum hinein ausgestrahlt werden. Hier sind alle vier Elemente nachweisbar, Feuer, Luft, Wasser und Erde. So werden hier alle emotionalen Ebenen des Menschen angesprochen und im Idealfall in Einklang gebracht. Der planetare Regent des Ortes ist Mars, die zur Tat führende Aktivität. Es ist ein Ort für körperliche, seelische und geistige Hilfen. Auch die Energien für Wunderheilungen finden sich hier, ferner Energien zur Stärkung des Immunsystems und allgemeiner Regeneration. Es ist ein Ort mit den gemütsbeeinflussenden Energien der Engel, der Meditation, der Kontaktaufnahme zu höheren Mächten. Es finden sich die Energien für eine übergeordnete geistige Sichtweise („schweben“) für Glückseligkeit und Paradies. Es fanden sich hier keine Energien, die auf einen vorchristlichen Kultort hinweisen könnten. In den linken Bankreihen (Frauenseite) sind die Energien für Ovarien und Gebärmutter nachweisbar, in den rechten Bankreihen (Männerseite) die Energien für die Prostata. In der Kirche werden die oberen Chakren angesprochen: Scheitelchakra, Kehlkopfchakra und Herzchakra. Der Standort der Wallfahrtskirche ist also insbesondere dafür zweckdienlich, einen Kontakt zu höheren Mächten und Kräften aufzubauen und diese Einflussnahme auch für das tägliche Leben umzusetzen.

Untersuchung des Heilwassers aus dem Brunnen bei der Sakristei

Dank der regelmäßigen Entnahme ist dieses Wasser sehr sauber, frisch und sicher auch als Trinkwasser für Wallfahrer geeignet. Von der Zirkularpolarisation her ist das Wasser rechtsdrehend und induktiv (magnetisch); die Polarität ist Yang. Die Strahlungsreichweiten der einzelnen Energien liegen zwischen drei und vier Metern. Kapazitive (elektrische) Energien fehlen in diesem Wasser.

Besondere Energien (Bezeichnung / Strahlungsreichweite)

dauerhafte Heilung	4,0 m	universelle Heilkraft	3,2 m
Verwerfung	3,9 m	Heilquelle	3,7 m
Gottes Segen	3,5 m	Lebenskraft	3,4 m
Augenquelle	3,8 m	Beredsamkeit	3,1 m

Die Annakapelle oberhalb der Wallfahrtskirche

Einige hundert Meter oberhalb der Kirche liegt die Annakapelle „Zum Heiligenbrunn“. Ein Kreuzweg führt von der Wallfahrtskirche ausgehend zwischen den Feldern hinauf. Die heilsame Quelle wurde 1610 einem wallfahrenden Mädchen aus Böhmen geoffenbart, das durch den Genuss des Wassers Gesundheit erlangte. Über der Quelle wurde später die Kapelle errichtet. Der eiserne Brunnendeckel befindet sich in der Mitte des Fußbodens des achteckigen Zentralbaus. Der Wasserspiegel liegt in einer Tiefe von etwa fünf Metern (ich habe es nicht nachgeprüft). Außerhalb der Kapelle befindet sich ein großer Granittrog mit einer Handpumpe, über die das heilsame Wasser abgepumpt werden kann. Die Kapelle liegt in aussichtsreicher Höhenlage mit schönem Blick auf die Wallfahrtskirche und die umliegenden Anhöhen. Der Eingangsbereich wird flankiert von einer rechtsdrehend gewachsenen Kastanie und einer Winterlinde. Bänke laden zum Verweilen ein. Es ist ein tief beruhigender Platz, der eine meditative Stimmungslage erzeugt. Da der Ort Energien entziehend wirkt, sollte der Aufenthalt hier individuell begrenzt werden.

Die Gründungsgeschichte der Annakapelle lautet folgendermaßen: Anno 1610 kommt eine Jungfrau aus Böhmen nach Neukirchen, ihr Name ist Barbara. Sie ist jung an Jahren, aber an den Händen lahm und an den Gliedern schwach. Voll tiefstem Vertauen zur Gottesmutter kommt sie nach Neukirchen und betet eifrig vor dem Gnadenbild. Da überfällt sie ein Schlaf, und es dünkt sie, dass eine Stimme zu ihr redet: „Gehe hin zu dem nahen Feld, grabe in der Erde und forsche dem Wasser nach.“ Sie begibt sich an den angegebenen Ort,

Eingangsbereich der Annakapelle. Links die Handpumpe zum Abpumpen des Brunnenwassers. Die Brunnenfassung befindet sich in der Mitte der Achteckkapelle. Der Brunnen führt ein gutes Heilwasser.

fängt an, den Rasen zu heben, und alsbald quillt Wasser hervor. Mit diesem Wasser wäscht sich Barbara ihre lahmen Glieder, trinkt davon jeden Tag, und ihre Glieder gesunden wieder. Sie bleibt daraufhin noch etliche Jahre in Neukirchen, hält sich am Brunnen auf und gibt den Wallfahrern zu trinken. Sie ist überall bekannt und wird die Brunnen-Bärbel genannt. Als sie das Wasser nur noch gegen ein Entgelt abgeben will, versiegt die Quelle. Barbara erhält die Botschaft: sollte das Wasser wieder fließen, so dürfe sie es nicht verkaufen. Das Wasser kommt wieder. Sie bleibt noch einige Jahre beim Brunnen und will in verschiedenen Anliegen ihr Heil gefunden haben.

Untersuchungen am Kapellenstandort

Starke Wasserströme fließen über den Hang, auf dem die Kapelle steht, zum Tal hinunter in Richtung der Wallfahrtskirche. Sie kommen von der Anhöhe des Hohen Bogen. Die Kapelle selbst steht auf einer Wasserführung mit rechtsdrehenden Strahlungseigenschaften, die ebenfalls in Richtung Wallfahrtskirche abfließt. Das Wasser, das hier bei der Kapelle entnommen werden kann, ist jedoch ein anderes Wasser als jenes aus dem Brunnen der Wallfahrtskirche. Es hat aber zu jenem verwandte energetische Eigenschaften.

Von den Sendeanlagen des Hohen Bogen kommen linksdrehende Strahlungsenergien, die an und auch innerhalb der Kapelle nachweisbar sind. Sie befinden sich aber nicht in der Wasserführung, die in Richtung Wallfahrtskirche abfließt, und über der die Kapelle steht. Auch in der Energielinie (Leyline), über die Energie von der Kapelle zur Wallfahrtskirche geführt wird, ist diese belastende Energie der Sender nicht nachweisbar. Die Anordnung der Kapelle mit dem Brunnen im Zentrum führt zu einer starken Abstrahlung der örtlichen Energie in die Umgebung. Die Kapelle wirkt hier wie ein Feldsegen. Ich habe die Strahlung des heiligen Wassers noch bis zu einer Entfernung von 100 Metern radial von der Kapelle nachweisen können. Die Wasserführung, auf der die Kapelle steht, enthält die Energien der Gottesmutter (Lebenskraft), Gottvater, Christus sowie dem Hl. Geist. Außerhalb der Kapelle sind diese Energien lediglich induktiv vorhanden, im Innern der Kapelle auch kapazitiv.

Am Standort der Kapelle spricht das Element Wasser an, das die seelische Natur des Menschen beeinflusst (Gemüt). Die planetaren Energien betreffen Mars und Merkur, diese Energien erleichtern das Empfangen und Umsetzen von Eingebungen. Es ist ein Ort für körperliche, seelische und geistige Hilfen. Auch die Energien für Wunderheilung sind hier nachweisbar. An bewusstseinserweiternden Energien fand ich die Wellenlängen für Hellsehen, Telepathie bzw. Kommunikation mit Gottheiten, Magie und Zauberei, sowie die Energien der Engel, die sich auch schon vor der Kapelle in der Wasserführung befanden, und die magische Energie für das Gefühl zu schweben bzw. über den Dingen zu stehen. Stark vertreten sind an diesem Ort die Energien vom keltischen Typus als Huldigung an die Erdgottheiten. Sie sind kapazitiv (elektrisch, das Gemüt betreffend), von der Polarität her Yin, und verweisen deshalb auf Kulte für weibliche Gottheiten. An speziellen Gesundheitsenergien fand ich Wellenlängen zur Stärkung des Immunsystems, allgemeine Regeneration und Sexualkraft. An diesem Ort werden die vier unteren Chakren angesprochen: Wurzelchakra, Bauch-Chakra (Sexualchakra), Nabelchakra (Solarplexus) und das Herzchakra.

Interessant im Zusammenhang mit dem Standort der Kapelle erscheinen mir die Personennamen: Eine Barbara (eine Jungfrau) entdeckt die Quelle, einer Anna wird die Kapelle geweiht. Die heilige Barbara (mit dem Turm) symbolisiert nämlich das Leben im Jenseits. Sie ist ja auch die Patronin der Bergleute, der in Höhlen Lebenden und Wirkenden, wobei die Höhlen als Symbol für die jenseitige Welt stehen, für die Anderswelt. Die heilige Anna ist die Urmutter, die Nährmutter und Erhalterin des Lebens. Die Jungfrau symbolisiert das neu geborene Leben, die Reinheit, das Werden. Damit stehen die Figuren in der Tradition des Wissens von Geborenwerden, Leben, Tod und Wiedergeburt entsprechend der keltischen Tradition, deren Energien hier am Ort nachweisbar sind. Im Wasser werden die Seelen der Verstorbenen gereinigt, und aus dem Brunnen wird das neu werdende Leben wieder der Erde zugeführt. (Der Storch bringt die Kinder aus dem Brunnen.)

Die Energien am Kapellenstandort unterscheiden sich deutlich von denen in der Wallfahrtskirche. Bei der Annakapelle dominieren die erdgebundenen Kräfte zur Abgabe von belastenden Energien und zur Aktivierung der Gefühle über die unteren Chakren. Die Wallfahrtskirche dagegen ist ein Ort der Aktivierung geistiger, von „oben“ kommender Kräfte. So scheint es mir sinnvoll, im Zusammenhang mit Bitten um Hilfe, zuerst lange genug an der Annakapelle zu verweilen und sich dann erst in die Wallfahrtskirche zu begeben.

Untersuchung des Heilwassers aus dem Brunnen der Annakapelle

Das Wasser ist bezüglich der Zirkularpolarisation rechtsdrehend, induktiv (magnetisch) und von der Polarität her Yang. Kapazitive (elektrische) Energien, wie ich sie am Standort der Kapelle fand, fehlen im Wasser. Die Strahlungsintensitäten des Wassers liegen bei Reichweiten von etwa drei Metern. Bei der guten Qualität des Wassers wäre es wünschenswert, wenn das Wasser kontinuierlich abgepumpt werden könnte, damit der Brunnen sauber bleibt und das Wasser auch wirklich als Trinkwasser genutzt werden kann.

Besondere Energien (Bezeichnung / Strahlungsreichweite)

dauerhafte Heilung	2,5 m	universelle Heilkraft	3,0 m
Verwerfung	2,7 m	Heilquelle	2,6 m
Gottes Segen	2,8 m	Lebenskraft	2,5 m
Augenquelle	3,0 m	Beredsamkeit	2,9 m

Roding / Heilbrünnelkirche

Hirte findet Marienbild in einer Heilquelle

...Und der Priester naht der Quelle,
nimmt das Himmelsbild heraus
und sie bauten an der Stelle
fromm das schöne Gotteshaus
(Auszug aus der Gründungslegende, Tafel in der Kirche. Text Ludwig Aurbacher.)

Die Wallfahrtskirche „Zu Unserer Lieben Frau Heilbrünnel" liegt westlich von Roding (Landkreis Cham, Bistum Regensburg) am Uferhang des Regen auf einer Anhöhe inmitten eines Waldgebietes gegenüber der Burg Regenpeilstein. Die Quelle, an der die Kirche erbaut wurde, soll bereits seit vorchristlichen Zeiten als Heilquelle bzw. heilige Quelle bekannt gewesen sein. An der Heilquelle stand zuerst ein Bildstock (Martersäule) mit einem christlichen Kreuzbild. Bereits zu diesem Zeitpunkt entwickelte sich eine Wallfahrt zum heiligen Kreuz. Als dann 1668 die erste Wallfahrtskirche erbaut wurde, änderte sich der Gegenstand der Wallfahrt; aus

Heilbrünnelkirche bei Roding.

der Kreuzwallfahrt entwickelte sich eine Marienwallfahrt. Die heute zu sehende Rokokokirche wurde 1732 eingeweiht. Das Gnadenbild auf dem Hochaltar stammt aus dem 17. Jahrhundert, eine Kopie der Marienikone aus der Alten Kapelle zu Regensburg vom Typus Santa Maria Maggiore in Rom. In der Mitte des Kirchenschiffs, vor dem Altarraum, befindet sich ein ovales, geripptes Marmorbecken aus dem 18. Jahrhundert, in welches ein Teil des Wassers vom Marienbrunnen abgeleitet wird, der sich an der Nordseite der Kirche befindet. Eine Bildergalerie an der westlichen Emporenbrüstung zeigt die Entwicklung der Wallfahrt: Ein Hirte fand ein Marienbild, das zum Gegenstand der Verehrung wurde. Ein Emporengemälde zeigt Lahme und Blinde, die auf die Heilkraft des Wassers vertrauen. Einige der Pilger benetzen sich mit dem Wasser die Augen, ein Geheilter wirft seine Krücken fort. Wallfahrten zum Heilbrünnl werden insbesondere zu den „Frauentagen" durchgeführt, also den Sonntagen um Mariä Heimsuchung, Maria Magdalena, Maria Aufnahme in den Himmel sowie Mariä Geburt.

Geschichten zur Begründung der Wallfahrt

„Unfern Roding, im Regentale, liegt ein Berg, auf dem eine Kirche steht, ‚zum Brünnlein' genannt. Schon in uralten Zeiten floss dort eine frische, klare Quelle, deren Wasser sich fernab in einem Becken sammelte. Der Rasen umher war so üppig und

Links: Der Rotmarmorbrunnen befindet sich im Mittelschiff der Kirche vor dem Zelebrationsaltar. Ein Musterbeispiel für die moderne Integration einer Heilquelle in ein Kirche. Rechts: Der Marienbrunnen vor der Kirche

der Born so erquicklich, dass der Hirt gern seine Herde dahin trieb, wo sie sattsame Nahrung fand und Kühlung unter Buchen und Tannen. Eines Abends, als die Dämmerung ihn zur Rückkehr mahnte, wollte er noch vorerst seinen Durst stillen am Brunnen. Da, wie er an den Rand des Beckens tritt, sieht er auf dem Wasser ein schönes Marienbild schwimmen. Mit freudiger Begierde will er es haschen; aber je länger er darnach greift, desto tiefer sinkt das Bild, bis es zuletzt seinen Augen ganz entschwindet. Als er nach Hause gekommen, erzählte er die wundersame Erscheinung dem Pfarrer. Dieser zog des anderen Tages, von vielen Gläubigen begleitet, zur Stelle, und siehe da! das Marienbild erschien wieder, wie er der Hirte berichtet, auf der Oberfläche des Wassers. Der Priester hob es ohne Mühe heraus und trug es in die Kirche des Ortes. Von der Zeit an geschahen große Wunder an der Quelle. Viele, die an den Augen litten oder lahme Glieder hatten oder sonst von Kräften gekommen waren, erlangten wieder ihre Gesundheit. Es ward daher zu Ehren Mariä ein Gotteshaus zur Stelle erbaut, und das Bildnis dahin übertragen. Noch am heutigen Tage fließt die Quelle inmitten der Kirche, und es finden immer noch viele Kranke Linderung und Genesung am Gnadenorte ‚zum Brünnlein'".[5]

Untersuchungen am Kirchenstandort

An der Heilbrünnelkirche fand ich eine gepflegte Anlage vor, gern besucht von Pilgern oder sonstigen Besuchern, insbesondere von Radfahrern. Dass sich jemand hier Wasser abgefüllt hat, konnte ich nicht feststellen. Der schöne Biergarten neben der Kirche, beschattet von Kastanien, ist als Anziehungsort offenbar beliebter als die Kirche. Im Biergarten herrschen auch gute Energien vor, zum Beispiel die Energien eines Paradieses. Kein Wunder, dass man sich hier so gerne aufhält. Auch das Essen schmeckte hier ganz ausgezeichnet. Aber diese Energien fand ich auch in der Kirche. Davor der Marienbrunnen mit Forellen darin. Wenn sie aus einem guten Wasser kommen, schmecken sie auch besonders angenehm. In der Kirche untersuchte ich zuerst das Wasser in den Weihwasserbecken – es war linksdrehend! Wird hier nicht das heilige Wasser verwendet, oder existieren hier andere Faktoren, die das Wasser qualitativ verändert haben?

Die Kirche steht über einer Verwerfungswasserader von etwa 50 Metern Tiefe. Bereits diese Wasserführung enthält die Energien für die Gottesmutter, Gottvater, Christus und den Heiligen Geist, allerdings in der Kirche gemessen. Kapazitive (elektrische) Energien fehlen in dieser Was-

5 Schöppner, Alexander: Sagenbuch der bayerischen Lande. – München 1852

serführung. Der Kirchturm steht auf einem Ort zur Wetterbeeinflussung mit den Energien für Wind, Blitz und Windgottheiten. In den rechten Bankreihen (Männerseite) die Energien für Prostata, in den linken (Frauenseite) die Energien für Ovarien und Gebärmutter. Generell auf beiden Seiten auch die Energien für Sexualkraft und körperliche Regeneration.

Der Altarbereich, der seine Energien weit in die Umgebung hin abstrahlt, enthält noch eine Reihe weiterer, interessanter Heilungsenergien: Hier sprechen alle vier Elemente an; Feuer, Luft, Wasser und Erde. Es ist selten, dass eine Kirche auf einem solch interessanten Standort steht. An solchen Plätzen gelingen Element-Umwandlungen leichter. Für die Gesundheit der Kirchenbesucher bedeutet dies, dass hier die elementaren seelischen Eigenschaften des Menschen, sein Charakter usw., wieder in ein harmonisches Gleichgewicht gebracht werden können. Auf jeden Fall ist es ein Ort für körperliche, seelische und geistige Hilfen und Heilungen, aber nicht direkt prädestiniert für Wunderheilungen. An speziellen kapazitiven Energien sind hier nachzuweisen die Wellenlängen für Telepathie, die Kräfte der Engel, meditative Kräfte, Glückseligkeit, Kontaktaufnahme zu höheren Mächten und eine Wellenlänge, die wir als „Schwebegrifflänge“ bezeichnen, sie verleiht den Menschen die Eigenschaft, über den Dingen zu stehen und vermittelt das Gefühl, im Raum zu schweben. Die Energien des Ortes beeinflussen die vier unteren Chakren: Wurzel-, Bauch-, Nabel- und Herzchakra. Insgesamt ein hervorragender Standort für Heilungsvorgänge auch auf seelischer Ebene, kombiniert mit einem guten Heilwasser.

Untersuchung des Brunnenwassers aus dem Brunnen in der Kirche

Das Wasser ist bezüglich der Zirkularpolarisation rechtsdrehend, induktiv (magnetisch) und von der Polarität her Yang. Kapazitive (elektrische) Energien liegen im Wasser nicht vor. Die Reichweite der Wasserstrahlung liegt bei etwa drei Metern. Kleine Wassermengen lassen sich in der Kirche entnehmen, für die Entnahme größerer Mengen ist keine Möglichkeit vorgesehen.

Besondere Energien (Bezeichnung / Strahlungsreichweite)

dauerhafte Heilung	3,8 m	universelle Heilkraft	3,0 m
Verwerfung	3,4 m	heilig / Leben	2,9 m
Gottes Segen	3,2 m	Riss / Spalte (heilig)	1,8 m
Lebenskraft	3,7 m	Beredsamkeit	2,6 m
Heilquelle	3,3 m	Augenquelle	3,3 m

Untertraubenbach / Streicherröhren

Blindenheilung begründet die Wallfahrt

STRÄUCHERRÖHREN
In friedlicher Waldesstille, verschont vom Lärm der Zeit,
steht einsam eine Kapelle, der Gottesmutter geweiht.
Umrahmt von Waldesstimmen, grüßt still im Buchenhain
das wunderschöne Bildnis, es soll mir Hilf verleihn.
Ihre gütigen Mutteraugen, sehen mit soviel Lieb mich an,
und ohne um uns zu bitten, weiß sie schon warum ich kam.
So steh ich und bet und opfere, vertraut auf ihre Macht,
sie hat mir immer geholfen, sie hat mir Hilf gebracht.
(Tafel in der Kapelle; Emilie Neuhierl, 1928-1994)

Auf dem Wege von Cham nach Roding (B 85) verlässt man die Straße auf der Höhe von Untertraubenbach. Die Zufahrt zur Wallfahrtskapelle Streicherröhren (Sträucherröhren) ist ausgeschildert. Kurz vor der Kapelle befindet sich ein Parkplatz. Die vielbesuchte Wallfahrt „Zu Unserer Lieben

Kapelle Streicherröhren im Wald bei Untertraubenbach.

Frau“ mit dem Frauenbrünnl am Traubenberg gehört zum Bistum Regensburg, Dekanat Cham, Pfarrei Untertraubenbach. Die Kapelle ist in eine kleine buchenbestandene Waldschlucht hineingestellt mit Blick hinaus auf das Regental. Bereits 1715 stand hier eine Holzkapelle. 1860 errichtete man einen Steinbau aus Granitblöcken.

Man trifft hier auf einen gepflasterten Kapellenplatz mit beidseitig steil ansteigenden Bankreihen, die Zeugnis geben von der Vielzahl der Besucher, die hier zu den Messen anzutreffen sind. Weitere Bänke sind auf dem Vorplatz aufgestellt. Etwas unterhalb der Kapelle wurde eine Lourdesgrotte errichtet, in die das Brünnlein hineinsprudelt. Noch etwas weiter unten findet sich ein Becken, das auch die Entnahme größerer Wassermengen aus dem Brunnen ermöglicht. Das Wasser fließt stets in reichhaltigem Strahl, auch bei lang anhaltender Trockenheit. Trotz der Abgeschiedenheit ist man hier selten allein, stets kommen Wanderer und verweilen, zünden eine Kerze an,

Stets brennende Kerzen und viele Votivgaben zeugen von einer großen Verehrung dieser Pilgerstätte. Der Frauenbrunnen spendet gutes Heilwasser, das gern abgefüllt wird.

oder es kommen Leute mit dem Auto vorgefahren, um das beliebte Wasser in Flaschen abzufüllen. Der Ort lädt zum Verweilen ein, denn die Atmosphäre ist sehr harmonisch und wirkt ausgleichend auf den Organismus. Das Wasser plätschert, die Vögel zwitschern, die Sonne zieht ihre Strahlen durch das Buchenlaub, die Äste bilden eine Krone, die in der Mitte einen Raum freilässt, wie das Heiliggeistloch in alten Kirchen. Alle Last fällt hier ab. Man möchte immer hier sitzenbleiben. Der Vorraum der Kapelle ist stets offen und enthält viele Votivtafeln neuerer Art. Das Gnadenbild auf dem Altärchen ist durch ein eisernes Gitter geschützt, dicke Kerzen stehen dahinter, Gaben älterer Wallfahrten.

Der Ursprung der Wallfahrt ist wohl auf einen Bildstock zurückzuführen. Eine Tafel in der Kapelle hat die Legende festgehalten: Eine adlige Dame aus Böhmen, die blind war, hatte 1715 auf ihr Beten hin mehrfach ein Traumgesicht, in der ihr die Muttergottes erschien und ihr die Weisung gab, ein Bild malen zu lassen, so wie sie die Gottesmutter im Traum gesehen habe. Das Bild solle sie nach Sträucherröhren bringen. Aus dem Jahre 1661 wird dann berichtet, dass die Traumerscheinung sie anwies, sich in der dort befindlichen Quelle die Augen zu waschen, um das Augenlicht wiederzubekommen. Die Frau wusch sich die Augen in der Quelle und wurde von ihrer Blindheit geheilt. Nachdem dies geschehen war, errichtete sie hier eine einfache Kapelle aus Holz und stellte das Bild darin auf. Gegner der neuen Wallfahrt zerstörten jedoch alles und schleppten die Weihegeschenke fort. Aber die Wallfahrt ließ sich nicht mehr unterdrücken. Auch aus neuerer Zeit werden Heilungen von Augenerkrankungen und anderen Leiden berichtet.

Die hier aufblühende Wallfahrt stellte eine Konkurrenz für das Heilbrünnel bei Roding dar. So beschwerte sich der zuständige Pfarrer beim Konsistorium (Bischöfliches Ordinariat) in Regensburg über die „unerlaubten Zusammenkünfte“ und den „Aberglaubens“ der Pilger bei Sträucherröhren. Man erlaubte dem Pfarrer mit Einverständnis des Gutsherrn von Thierlstein die Wallfahrt aufzuheben. Um dieses Einverständnis suchte er allerdings nicht nach, sondern ließ die Kapelle abbrechen und das Opfergeld, das Gnadenbild und die Votivtafeln nach Roding bringen. Der Gutsherr wandte sich an den Kurfürsten Max Emmanuel von Bayern, mit dessen Erlaubnis die Kapelle wieder aufgebaut und 1718 ein neues Gnadenbild übertragen wurde. So konnte die Wallfahrt wieder aufleben.

Untersuchung des Kapellenstandortes Streicherröhren

Die Kapelle steht auf dem Grund einer Waldschlucht, ein natürlicher Abfluss für unterirdisches Wasser. Die Wasserführungen weisen gute energetischen Eigenschaften auf, so die Energien für Erdgottheiten (Gottesmutter), Christus und den Heiligen Geist. Das Wasser weist bereits außerhalb der Kapelle rechtsdrehende Eigenschaften auf und hat Yang-Polarität im Gegensatz zum Yin-Wasser (Frauenbrunnen), das an der Quelle austritt. Das an der Quelle austretende Wasser kommt rechts oben vom Hang herunter. Eine Energielinie (Leyline) geht von der Kapelle aus zur Burg Regenpeilstein und nicht zu dem vom Kapellenstandort sichtbaren Kirchturm.

Am Standort der Kapelle findet sich die Energie für das Element Erde. Die planetaren Regenten sind Merkur und Saturn. Merkur, der Götterbote, kann uns eine Botschaft vermitteln, Saturn verfestigt sie. An diesem Ort besteht die Möglichkeit, einen Kontakt zu höheren Energien aufzubauen. Dafür spricht das Vorhandensein der Energien für Telepathie, Engel und Meditation, bewirkend die Erlangung des entsprechenden Bewusstseinszustandes. Hinzu kommt die Energie für Glückseligkeit, die für das Glücksgefühl an diesem Ort verantwortlich ist. Aber auch die Erdkräfte sind hier deutlich repräsentiert. Für den Menschen bedeutet dies, dass er hier höhere Eingebungen erfahren kann, und dass diese mit Hilfe der hier ebenfalls wirkenden Erdkräfte gefestigt, das heißt in den stofflichen, realitätsbezogenen Bereich überführt werden können. Insgesamt ein Ort für körperliche, seelische und geistige Hilfen und Heilungen. Die Energie für Wunderheilung war hier allerdings nicht nachzuweisen.

Bedeutsam ist hier das Vorhandensein wichtiger Heilenergien, zum Beispiel die Gesundheitsenergien für Sexualkraft, Gebärmutter, Ovarien und allgemeine körperliche Regeneration. Vier Chakren werden hier energetisch angesprochen: Wurzelchakra, Nabelchakra, Bauch-Chakra und Herzchakra. Das Herzchakra vermittelt zwischen den oberen und den unteren Chakren. Die energetische Normalisierung der Chakren für die unteren Körperregionen ist wichtig für die Fixierung der Gesundheit auf der körperlichen Ebene.

Untersuchung des Heilwassers von Streicherröhren

Das Wasser ist von der Zirkularpolarisation her rechtsdrehend, die Polarität ist Yin. Es handelt sich also um einen echten Frauenbrunnen. Das Wasser hat induktive (magnetische) und kapazitive (elektrische) Strahlungseigenschaften, es spricht also auch den Geist des Menschen an und kann entsprechende geistige Botschaften vermitteln. Die Reichweite der Wasserstrahlung ist mit Werten um 2,5 Meter herum ausreichend stark für ein gutes Heilwasser; die guten Energien sind wichtiger als die Intensität.

Besondere Energien (Bezeichnung / Strahlungsreichweite)

dauerhafte Heilung	1,9 m	heiliger Geist, kap.	3,2 m
Beredsamkeit	2,5 m	Engelsbrunnen, kap.	2,8 m
universelle Heilkraft	2,4 m	geistige Vollendung	3,0 m
Gottes Segen	2,2 m	Verwerfung	2,4 m
Lebenskraft	2,7 m	Augenquelle	2,4 m
Bewusstseinserweiterung	2,7 m		

Birnbrunn / Hochholzbrünnel

Heilquelle mit magischen Eigenschaften

Nur durch den Hinweis im Führer zum Bayerisch-Böhmischen Brünnl-Wallfahrtsweg (siehe Literaturverzeichnis) bin ich auf diese Quelle und Kapelle aufmerksam geworden, die noch nicht einmal in meiner Wanderkarte verzeichnet war. Dennoch sollte sich dieses Wasser als eines der Bedeutendsten erweisen, die ich für dieses Buch untersucht habe. Birnbrunn gehört zum Bistum Regensburg, Landkreis Cham in der Oberpfalz, Pfarrei St. Bartholomäus in Harrling-Zandt. Die Ortschaft Zandt liegt bei Miltach, nahe der B 85, südwestlich von Cham. Einige Kilometer südlich von Zandt, am Fuße des Himmelberges liegt Birnbrunn. Nähert man sich dem Ort von der Talseite her, so biegt unmittelbar hinter dem Ortseingangsschild rechts ein asphaltiertes Sträßchen ab, von dem bald links eine Forststraße in den Wald zum Hochholzbrünnel führt (Wegweiser).

Die Kapelle liegt auf einer kleinen Waldwiese, davor befindet sich eine Parkmöglichkeit. Bänke und ein Tischchen laden zum Verweilen ein. Besucher habe ich hier keine angetroffen. Hinter der Kapelle, etwas unter-

Das Hochholzbrünnel bei Birnbrunn mit seiner „magischen“ Quelle. Sie befindet sich hinter und unterhalb der Kapelle.

halb des Kapellenniveaus und des Wanderweges, befindet sich das Brünnlein, eine nicht gefasste Quelle, die aber reichhaltig Wasser führt, das in einen kleinen Teich abgeführt wird und weiter in einem Bach abfließt. Die Kapelle selbst ist verschlossen, das Fenster vergittert und mit einem engmaschigen Drahtnetz versehen, wohl, damit niemand eine Kerze hineinstellen kann, denn auf diese Weise sind schon viele Kapellen ein Raub der Flammen geworden. Praktisch denkende Menschen haben den Draht etwas aufgezwickt, so dass das Okular der Kamera hindurchpasst und man das Kapelleninnere wenigstens fotografieren kann. Im Zentrum befinde sich ein kleiner Altar mit einem Bild der Krönung Mariens in himmlischen Höhen.

Die Quelle im Hochholz wurde erstmals im Jahre 819 erwähnt und als Ganna-Quelle bezeichnet. Die Energien des Quellortes sprechen allerdings dafür, dass die Quelle bereits in vorchristlicher Zeit verehrt worden sein muß. Unmittelbar über der Quelle stand „seit urdenklichen Zeiten“ eine hölzerne Kapelle. Die jetzige, steinerne Kapelle wurde erst 1757 oberhalb der Quelle erbaut. Daneben stand noch eine Klause, in der ein Einsiedler die Wallfahrt betreute. Das Wasser der Quelle galt Jahrhunderte lang als heilkräftig. Noch in der Mitte des 20. Jahrhunderts hingen hölzerne Votivbeine und Votivtafeln an der Rückwand der Kapelle, die von Danksagungen nach erfolgter Heilung zeugten. Auch aus Böhmen kamen Wallfahrer hierher; eine Gräfin Schönborn wurde von ihrem schweren Augenleiden geheilt.

Über die Entdeckung der Quelle existiert eine Sage: Zwei Holzfäller hörten bei ihrer Arbeit im Forst beim Baumfällen plötzlich eine Stimme: „Schneid mi net, schneid mi net.“ Sie schlugen den Baum dennoch um.

Die Quelle des Hochholzbrünnels bei Birnbrunn entspringt unterhalb der Kapelle. Sie ist nicht gefasst und dementsprechend leicht verunreinigt, was der Qualität des Wassers allerdings nicht schadet.

Als der Baum umstürzte, kam unter seinem Wurzelstock eine Quelle hervor. Vom Wasser der Quelle wird gesagt, dass man es direkt an der Quelle trinken solle (also nicht mit nach Hause nehmen), weil die Brunnengeister sich angeblich nicht in Flaschen sperren lassen. Sie lassen sich aber doch einsperren. Doch sollte hier Vorsicht walten. Dieses Wasser verhält sich wie ein lebendes Wesen mit eigener Intelligenz. Wenn überhaupt, sollte man nur kleine Mengen davon mitnehmen und es ehrfurchtsvoll behandeln, weil es sich unter unglücklichen Umständen auch in einen Unsegen verwandeln kann. Ich möchte es noch einmal ausdrücklich betonen: Es handelt sich hier um kein normales Heilwasser, sondern um ein Wasser mit magischen Eigenschaften. Es ist hier nicht der Ort, um genauer über die Eigenschaften eines solchen Wassers zu berichten. Das Wasser der Quelle kommt von der Anhöhe des Berges, dem 819 m hohen Montem Bosun. Hier sollen sich auch mehrere Schalensteine befinden, die auf eine keltische Verehrungsstätte hinweisen. Ich habe sie in der mit zur Verfügung stehenden Zeit leider nicht aufsuchen können.

Untersuchungen am Standort der Kapelle

Als ich am späten Vormittag hier ankam, wurde ich von einem heftigen Gewitterregen überrascht, der meine Geduld ein wenig auf die Probe stellte. Als dann die Sonne wiederkam und dem Boden weiße Nebel entstiegen, herrschte auf dieser kleinen Waldwiese eine wahrhaft mystische Stimmung, die sich dann als voll im Einklang stehend mit den Ergebnissen meiner Untersuchungen erwies.

Die elementaren Energien des Ortes sind Wasser und Erde. Der planetare Regent des Ortes ist Saturn, der Herrscher über das Schicksal und Wächter über die Einhaltung der Lebensgesetze und des Lebenszieles. Es ist ein Ort für körperliche Hilfen. Die Gesundheitsenergien beziehen sich auf Lebenskraft, Immunsystem und allgemeine körperliche Regeneration. Dann kommen die Energien der Engel hinzu, der energetischen Aufladung und des Heiligen Geistes. Diese Energien befinden sich in der Wasserführung schon vor dem Eintritt in die Kapelle. Es ist ein Platz für den Kontakt mit den Erdkräften. Es sprechen Wurzelchakra und Bauch-Chakra (Sexualchakra) sowie das Nabelchakra (Solarplexus) an. Die Beeinflussung der unteren Chakren steht in voller Übereinstimmung mit den elementaren Energien. Über der Quelle selbst liegt ein Orakelplatz (Wasserorakel).

Untersuchung des Quellwassers

Das Wasser ist von der Zirkularpolarisation her rechtsdrehend und hat induktive (magnetische) und kapazitive (elektrische) Eigenschaften. Die Reichweite der Wasserstrahlung beträgt fünf bis sechs Meter, die Polarität ist Yin. Es handelt sich also um einen Frauenbrunnen gemäß der keltischen Tradition, als noch die (weisen) Frauen die priesterlichen Funktionen ausübten. Die Energien der dreifachen keltischen Muttergottheit sind in diesem Wasser vorhanden, und die Wellenlängen für Orakel und Magie bzw. Zauberei machen dieses Wasser zu etwas ganz Besonderem. In geringer Intensität (Strahlungsreichweite ca. 0,4 m) fanden sich in diesem Wasser sogar alle Farbfrequenzen, die es zu einem „Lichtwasser" (enthaltend alle 7 Lichtwellenlängen) machen mit ganz besonderen Heilungseigenschaften.

Besondere Energien (Bezeichnung / Strahlungsreichweite)

dauerhafte Heilung	4,3 m	universelle Heilkraft	5,1 m
Verwerfung	5,5 m	Heilquelle	5,2 m
Gottes Segen	4,7 m	Engel (kap.)	5,0 m
Lebenskraft	5,4 m	Beredsamkeit	4,0 m
Augenquelle	4,4 m	Heiliger Geist (kap.)	4,6 m
Orakelbrunnen (kap.)	4,0 m	Zauberbrunnen (kap.)	4,7 m
Vollendung (kap.)	5,0 m	Bewusstseinserweiterung	4,8 m

Igleinsberg bei Viechtach

Waldheiligtum Kesselbodenkapelle

Die Waldkapelle „Zur Schmerzhaften Muttergottes“ im Dekanat Viechtach (Bistum Regensburg) gehört zur Pfarrei Prackenbach. Sechs Kilometer nordwestlich von Viechtach liegt an der B 85 der Ort Prackenbach. Auf der Höhe der Ortsmitte zeigt ein Straßenschild in Richtung Klingelbach. Von dieser Straße aus geht es gleich rechts ab nach Igleinsberg (beschildert). Durch den Ort hindurch fahren den Berg hinauf, bis links an der Straße ein Wanderparklatz auftaucht mit einem Hinweisschild zur Kesselbodenkapelle. Die Kapelle ist schon von der Straße aus sichtbar und liegt nur wenige Meter entfernt im Wald unter mächtigen Tannen. Das Umfeld der Kapelle ist recht dunkel. Sie ist innen und außen mit Votivgaben und Tafeln neueren Datums bedeckt. Um sie herum zieht sich ein Umgang wie in Altötting. An den Wänden lehnen Sühnekreuze, die von Pilgern

Die Kesselbodenkapelle bei Igleinsberg. Unter dem Giebel hängt ein Hinweisschild zur Entstehung der Wallfahrt. Der Text lautet: „Ein Vorfahr des Bauern Alb. Baumgartner Igleinsberg 3 ließ in großen Anliegen 1790 eine Votivtafel machen und befestigte sie im Wald. Nach 30 Jahren wurde eine Kapelle gebaut und 1863 die jetzige errichtet. Der Kreuzweg wurde 1887 erstellt. Die Besitzer ließen die Kapelle und den Kreuzweg öfter restaurieren.“

um die Kirche herumgetragen werden. Auf dem Altar steht ein Muttergottesbild. Im hölzernen Schuppen hinter der Kapelle waren einst zahlreiche Votivgaben aufbewahrt, schwere Büßerkreuze, ungezählte Arme und Beine, Hände und Füße aus Holz, teilweise mit Bemalungen versehen, welche die Wunden andeuteten. Auch Tonköpfe wurden hier bei Kopfweh geopfert. Ein großer Teil der Votivgaben kam nach Straubing ins Museum und gehört zur Sammlung Kriss. Hinter der Kapelle fließt ein reichhaltiger Wasserstrom aus einem Kunststoffschlauch in ein Steinbecken. Die Quelle liegt weiter oben im Wald. Auffallend viele Besucher kommen hier zur Kapelle, doch sah ich niemanden, der von dem Wasser probierte oder es sich abfüllte.

Radiästhetische Untersuchung der Kesselbodenkapelle

Die Kapelle liegt auf einer Verwerfungskreuzung mit den Energien für Lebenskraft, „göttlicher Universalkraft" und Beredsamkeit und ist dementsprechend ein Ort für körperliche, seelische und in bedingtem Maße auch geistige Hilfen. Planetare Beeinflussungen erfolgen durch den Saturn, die elementare Energie entspricht dem Element Erde. An diesem Ort wird das Wurzelchakra beeinflusst. Hier dominieren die heilenden Erdkräfte und vermitteln eine körperliche und seelische Regeneration. Es ist kein Kraftort im allgemeinen Sinne. Aber ein altes Brauchtum ist hier

Links: Der Brunnen hinter der Kesselbodenkapelle führt gutes Heilwasser. Rechts: Pilger schichten Steine aufeinander als Sühnegabe.

wiederbelebt worden: Pilger bringen Steine mit und laden sie hier ab, stellvertretend für ihre Sünden. Das hier zu entnehmende Wasser hat nichts mit den Energien des Kapellenstandortes zu tun, es wird von einem anderen Platz abgeleitet. Irgendwie hatte ich den Eindruck, dass die Kapelle an einem falschen Ort steht.

Untersuchung des Heilwassers vom Brunnen bei der Kesselbodenkapelle

Wie weit dieses Wasser mit der ursprünglichen Kultstätte und mit den Hilfen und Heilungen in einem Zusammenhang steht, ist nicht bekannt. Zu den alten Baumheiligtümern, die in heiligen Hainen lagen, gehörte stets auch eine heilige Quelle. Ob es diese war, ist nicht bekannt. Doch ist dieses Wasser von so ausgezeichneter Qualität, dass es den Ruf einer Heilquelle rechtfertigt. Das Wasser ist bezüglich der Zirkularpolarisation rechtsdrehend, induktiv (magnetisch) und kapazitiv (elektrisch), die Polarität ist Yin. Es hat somit die Eigenschaften eines Gnadenbrunnens sowie eines Frauenbrunnens. Die Strahlungsreichweite auf der Wasserwellenlänge beträgt 7,9 m. Es scheint sich um eine Spaltenquelle zu handeln.

Aufgrund der kapazitiven Energien und des Yin-Charakters ist diese Quelle nicht nur als hervorragender Frauenbrunnen zu bewerten, sondern sie scheint in direktem Zusammenhang mit der keltischen Kultstätte zu stehen, wie es Böckl bereits vermutet hatte. Die Energien der dreifachen keltischen Muttergottheit sind in diesem Wasser vorhanden. Es ist eines der bedeutendsten Wässer, die ich im Zusammenhang mit diesem Buch untersucht habe.

Besondere Energien (Bezeichnung / Reichweite der Strahlung)

dauerhafte Heilung	6,5 m	universelle Heilkraft	7,4 m
Verwerfung	6,1 m	heilig / Leben	7,2 m
Gottes Segen	7,2 m	Riss / Spalte (heilig)	9,0 m
Lebenskraft	7,4 m	Beredsamkeit	8,0 m
Heilquelle	7,5 m	Augenquelle	7,4
Vollendung (kap.)	8,8 m	Engelsbrunnen (kap.)	8,3
mkeltische Gottheiten (kap.)	7,0 m	Bewusstseinserweiterung (kap.)	7,2 m

Der Keltenstein bei der Kesselbodenkapelle

Vom Parkplatz bei der Kesselbodenkapelle ausgehend ist ein Wanderweg ausgeschildert, der in wenigen Minuten den Hang hinauf zu einem wohl ehemals keltischen Steinheiligtum führt. Gleich links am Ende des Weges liegt ein gespaltener Stein mit einer sorgfältig ausgestalteten Schale darin, in der stets Wasser steht. Zu beiden Seiten der Schale sind Runen angebracht, links die Othil-Rune und rechts die Dorn-Rune. Dieser uralte Opferstein wird von den Einheimischen die „steinerne Schüssel" genannt. Schalensteine werden normalerweise der Jungsteinzeit zugeordnet, also vor 3000 bis 5000 Jahren. Das Amt für Denkmalspflege in Landshut hält diesen Schalenstein jedoch für keltisch und datiert ihn in das letzte Jahrtausend vor Christus. Die auf der Hinweistafel angegebene Bedeutung der Runen „fester Besitz" und „für Frauen verboten" konnte ich allerdings nicht nachvollziehen, denn Schalensteine befinden sich stets an Kultstätten der Erdgottheiten, also an weiblichen Kultstätten.

Der keltische Opferstein mit den Runen Othil und Thorn links und rechts der „Schüssel" enthält besondere Weihe-Energien in hoher Intensität.

Die Darstellung von Runen weist in ältere als keltische Zeiten zurück, möglicherweise bis in die Steinzeit. Die Othil-Rune (Odil-Rune, Os-Rune) ist eine Wotans-Rune (Odin), als Zeichen der höchsten germanischen Gottheit, eine Rune des geistigen Heils. Es ist eine Rune der odischen Strahlkraft und des Atems, sie weist auf das „Lebenswasser" und Nachkommenschaft hin. Es ist aber auch eine Schicksalsrune. Priester trugen einst die Othil-Rune auf ihrer Stirnbinde. Das Os symbolisiert den weiblichen Schoß und ist damit eine Rune des empfangenden Prinzips. Os ist die Rune der Fruchtbarkeitsgöttin Freya, sie symbolisiert das fruchtbringende Gedeihen von Mensch, Vieh und Feld. Der die Othil-Rune Übende ist der Empfänger hoher geistiger Ströme.

Stellt man sich vor den Stein und legt die Hände auf die Runen, durchläuft ein starker, pulsierender Energiestrom den Körper.

Die Rune Thorn (Dorn) entspricht dem Hammer Thors, es ist eine Rune der Tat, eine Rune der Gegenpole, Leben und Tod, der Todesdorn, der aber zur Wiedergeburt führt. Als Lebensdorn (Erweckung von Brünhilde und Dornröschen) ist Thorn aber auch ein Phallussymbol, die Zeugungsbereitschaft und der Wille zum Leben. Thorn aktiviert die kosmischen Wendekräfte und die Macht über das Leben. Thorn ist die Rune der od-magnetischen Übertragung, insbesondere im gegenseitigen Austausch zwischen Mann und Weib, eine „gegenseitige geistige und körperliche Umpolung" als tieferer Sinn der Ehe.

Zusammenfassend kann über die Kombination der beiden Runen ausgesagt werden, dass mit ihrer Hilfe der Priester (die Priesterin) hier am Stein die höchsten kosmischen Kräfte herabziehen konnte, um sie für die Anwesenden in die Tat umzusetzen, sei es im Sinne von Fruchtbarkeitsriten, der Weitergabe von geistigen Erkenntnissen oder der Übertragung von Lebenskraft zum Zwecke der Heilung.

Wir begegnen hier offenbar einem prähistorischen Waldheiligtum in der Kombination von Steinkultstätte und Quellenkult (die Quelle des Wassers von der Kesselbodenkapelle liegt in der Nähe des Steines), wohl geweiht der dreifachen keltischen Göttin Brigid, die wir wiederfinden in den drei keltisch-römischen Matronen, den griechischen Moiren (Klotho[6], Lachesis[7], Atropas[8]), den römischen Parzen (Parca, Nona, Decuma), den germanischen Nornen (Urd[9], Werdandi[10], Skuld[11]), den frühchristlichen drei Bethen (Ambeth, Barbeth, Wilbeth), den christlichen drei Marien (die Gottesmutter, Maria Magdalena, Annas Schwester Maria), den drei heiligen Madeln (Margareta, Barbara, Katharina) und im übertragenen Sinne auch den drei christlichen Tugenden Glaube (Phiges), Hoffnung (Spes) und Liebe (Caritas) mit ihrer Symbolik von Kreuz, Anker und Herz. Der Keltenforscher Manfred Böckl schreibt zu dieser Kultstätte: „Die Weiße Göttin der Kelten hütet aber gemeinsam mit ihren beiden Schwestern, der Roten und der Schwarzen Göttin, den heiligen Kessel des Lebens und der Wiedergeburt, weshalb der Kessel in der keltischen Mythologie [später der Gral im Christentum] auch eine herausragende Rolle spielt – und selbst das drückt sich bis heute an dem abgelegenen Platz aus, wo sich die Sakralfelsen erheben: im Flurnamen Kesselboden, dem Talboden mit dem Schalen- oder Kesselstein."[12]

Radiästhetische Untersuchungen am „Kesselstein"

Wenn ich mich einem in radiästhetischer Hinsicht interessanten Ort nähere, untersuche ich ihn zunächst in bezug auf die Bodenstrahlung, denn sie bildet in den meisten Fällen die stärkste Energiequelle des Ortes. Die Untersuchung zeigte hier, dass der Kesselfelsen auf keinem energetisch besonderen Ort liegt; weder Wasserader noch Verwerfung geben diesem Felsen seine Kraft. Eine sehr stake Energie kommt allerdings aus dem Spaltungsbereich des Felsens. Diese Spaltenstrahlung ist induktiv (magnetisch) und linksdrehend (!), weist also eher belastende Energien auf. Das Ergebnis dieser Voruntersuchungen ist von großer Bedeutung, denn es zeigt, dass die Weihe-Energien, die in dem rechten Teil des Felsens anzutreffen sind, weder aus der Bodenstrahlung resultieren, noch einen begleitenden Effekt des Felsenspaltes darstellen, sondern auf Weihe-Energien im Zusammenhang mit der Runensymbolik beruhen. Teilweise gelangen

6 die Spinnerin des Lebensfadens

7 die Zuteilerin des Lebensloses

8 das Unabwendbare; sie schneidet den Lebensfaden ab

9 das Gewordene

10 das Werdende

11 das Seinsollende

12 Böckl S. 198

diese Weihe-Energien auch in die Wellenlängen der Felsspalte, sind dort allerdings nur in induktiv-linksdrehender Form nachweisbar, während sie im Felsblock mit der Schale rechtsdrehend sowie induktiv und kapazitiv nachzuweisen sind.

Für eine keltische Zuordnung des Kultplatzes oder vielleicht eine noch weiter zurückgehende Datierung spricht eindeutig das Vorhandensein kapazitiver Energien für die drei keltischen Gottheiten in der Polarität Yin. Generell finden sich im Felsblock mit dem Schalenstein unter anderem folgende Energien: keltische Heilenergie, Energie der „göttlichen Universalkraft“, Energie der „irdischen Vollendung“, energetische Aufladung, Beredsamkeit bzw. „Hl. Geist“, Lebenskraft, Glück, Paradies, positive Machtausübung und andere mehr.

Untersuchung einer Wasserprobe aus der Schale des Steines

Das Wasser in der Schale ist durch hineinfallende Verunreinigungen einem raschen Verderb ausgesetzt, so dass sich aus diesem Grund Veränderungen im Energiefeld des Wassers ergeben können, die sich dann in negativem Sinne auf die Wasser-Energien auswirken können. Um den Prozess aufzuhalten, habe ich die Wasserprobe nach der Heimreise bis zur Untersuchung im Kühlschrank aufbewahrt und sieben Tage nach der Entnahme untersucht. Das Wasser ist von der Zirkularpolarisation her rechtsdrehend, induktiv (magnetisch), und bezüglich der Polarität Yang. Die Strahlungsreichweite auf der Wasserwellenlänge beträgt 3,1 Meter. Es ist wohl sicher, dass die Energien durch den Stein in das Wasser geraten. Der Leser könnte annehmen, es handle sich hier um Wasser der Kesselbodenquelle, das von Personen hier eingefüllt worden sein könnte. Jenes Wasser weist aber kapazitive Eigenschaften auf, die dem Wasser im Kessel fehlen. Vermutlich handelt es sich um Regenwasser oder zumindest doch um energetische Veränderungen des Quellwassers, die im Zusammenhang mit dem Verderb des im Kessel stehenden Wassers eingetreten sind.

Besondere Energien (Bezeichnung / Reichweite der Strahlung)

dauerhafte Heilung	1,1 m	universelle Heilkraft	1,3 m
Verwerfung	2,8 m	heilig / Leben	1,5 m

Gottes Segen	1,8 m	Riss / Spalte (heilig)	1,4 m
Lebenskraft	1,5 m	Beredsamkeit	1,1 m
Heilquelle	1,2 m	Augenquelle	2,3 m

Heilbrunn bei Wiesenfelden

Traumoffenbarung kündet von heilkräftiger Quelle

Die kleine Ortschaft Heilbrunn liegt am westlichen Rande des Bayerischen Waldes nahe bei Wiesenfelden, nördlich der Autobahn A 3 und ist von der Ausfahrt Straubing aus (auf der B 20) gut zu erreichen. Die Wallfahrt „Zu Unserer Lieben Frau vom Brünnl“ gehört zum Bistum Regensburg, Dekanat Pondorf, Pfarrei Wiesenfelden. Im Jahre 1648 wird vom Bischof von Regensburg ein Bericht über den Brunnen angefordert. Daraus ist zu entnehmen, dass schon zu dieser Zeit eine Verehrung der Quelle stattgefunden haben muß. 1654 wurde bereits die Gnadenkapelle errichtet. In ihr wird noch heute das Gnadenbild der Muttergottes mit dem Kinde verehrt. Weil die Gnadenkapelle aufgrund des großen Zuspruchs der Wallfahrer zu klein wurde, musste man bereits 1674 daneben die größere Kirche zu Ehren der hl. Maria Magdalena errichten.

Von weitem fällt die Pfarr- und Wallfahrtskirche St. Magdalena schon ins Auge, so dass für den Besucher das Ziel nicht zu verfehlen ist. Die Magdalenenkirche ist eine einfache Barockanlage mit Turm vor der Westfassade. Die Kirche besitzt einige gute Holzfiguren: die Heiligen Agnes und Katharina von 1675, den hl. Johannes Nepomuk, die hl. Barbara, den hl. Michael mit der Seelenwaage, die Heiligen Nikolaus und Sebastian um 1730. Bezüglich der Kirchenheiligen der Wallfahrtskirche zeigt sich hier wieder eine Besonderheit, die auf alte Zeiten zurückweist, in der das Wissen über Leben, Tod und Wiedergeburt noch zum Allgemeingut gehörte. Die heilige Barbara im abgeschlossenen Turm repräsentiert das Leben im Jenseits, Katharina erscheint mit dem Rad der Wiedergeburt als Symbol des ewigen Kreislaufs und Agnes repräsentiert den mütterlichen Aspekt, das Werden des neuen Lebens. Aber sie verweist auch durch ihr schwarzes Gewand oder ihren schwarzen Schleier auf den Tod. Maria Magdalena, eine Hübschlerin, steht dagegen für die Lebenskraft und Fruchtbarkeit.

Unweit der großen Magdalenenkirche steht eine kleine Kapelle, das eigentliche Wallfahrerziel, die Gnadenkapelle „Zu Unserer Lieben Frau“ mit Dachreiter und Pyramidenhelm, errichtet 1654. Das Gnadenbild ist eine spätbarocke kleine Holzfigur der Madonna mit Kind und Zepter, mit Gewändern und Kronen. Nahe der Gnadenkapelle befindet das Brunnenhaus mit dem Wunderbründl. Auf einer Säule steht eine spätbarocke Holzstatue der Madonna mit Kind. Vor der Brunnenkapelle ein neu errichtetes Granitbrünnlein, das eine leichtere Entnahme des Wassers ermöglicht; bis-

Wallfahrtskirche Maria Magdalena in Heilbrunn. Im Vordergrund die Gnadenkapelle, das energetische Zentrum der gesamten Anlage.

Rechts: Brunnenstube und Brunnenkapelle. Stufen führen hinab zum ehemaligen Quellaustritt. Im Vordergrund die neue Abfüllstation für das Wasser.

Unten rechts: Deckengemälde in der Wallfahrtskirche: Auffindung des Marienbildes in einer Quelle und Heilung eines Gichtkranken.

Unten links: Zahlreiche Votivtafeln in der Gnadenkapelle zeugen von einer aktuellen Verehrung.

lang konnte das Wasser nur am Boden der Brunnenkapelle entnommen werden.

Die gesamte Kirchenanlage, bestehend aus Wallfahrtskirche, Gnadenkapelle, Brunnenstube, Brunnenkapelle und Entnahmestelle liegt unmittelbar am „Magdalenplatz" im Zentrum des Ortes. Die Anlage ist sehr gepflegt, und Bänke laden zum Rasten ein: es ist ein Ort zum Wohlfühlen. Mit der Wallfahrtskirche selbst habe ich mich weniger beschäftigt, weil sie mir energetisch nicht bedeutsam erschien, ausgiebiger dagegen mit der Gnadenkapelle, die mir bei meinen Untersuchungen als das eigentliche Zentrum der Anlage erschien.

Über den Ursprung der Quelle existiert auch hier eine Legende: In den Wirren des Dreißigjährigen Krieges vergrub Adam Kurz das Gnadenbild bei einem nur wenig entfernten Weiher. Als die Kriegsgefahr vorüber war, wurde ihm in einem Traum geoffenbart, dass dort, wo das Bildnis vergraben sei, bei dessen Bergung eine heilkräftige Quelle entspringen werde. Der schwer an Gicht erkrankte Mann bat seine Frau, die Grabung vorzunehmen. Das, was ihm das Traumgesicht vorhergesagt hatte, trat ein. Er wusch sich mit dem Quellwasser und erlangte seine Gesundheit wieder, worauf sich die Wallfahrt entwickelte. Leider fehlen die alten Votivtafeln, die viel von der Geschichte der Heilungen berichten, doch sind schriftliche Hinweise darüber vorhanden. So soll das Wasser bei schweren körperlichen Leiden, bei Wöchnerinnen und Lungenkrankheiten, auch bei Augenkrankheiten angewendet worden sein. Ein Deckengemälde in der Wallfahrtskirche stellt den Ursprung der Wallfahrt dar: Ein gichtkranker Mann findet bei einer Quelle ein vergrabenes Marienbild und erlangt nach Anrufung Mariens und nach Gebrauch des Wassers Heilung.

Der Gnadenaltar, wie ich ihn noch 2002 vorfand (linkes Bild) und sein heutiger Zustand (2011).

Untersuchungen an der Gnadenkapelle

Als ich die Kapelle 2011 betrat, war ich zunächst etwas enttäuscht über die Nüchternheit, mit der die Kapelle geschmückt – oder eben nicht geschmückt ist. Als ich sie vor neun Jahren schon einmal betreten hatte, waren Altar und ein großer Nebentisch über und über mit Kerzen und anderen Votivgaben angefüllt. Das mag wohl zuviel geworden sein, doch brachte dieses Arrangement einen Eindruck von Aktualität in die Kapelle und wirkte viel stimmungsvoller, als es heute der Fall ist. Die Kerzen wurden hinter den Altar verbannt, in den eigentlichen Umgang des Altares, der aber wohl (leider) nicht mehr als solcher genutzt wird. Die besseren Votivtafeln wurden auf eigenen Tafeln angeordnet und an den Seitenbereichen des Einganges aufgehängt, viele andere Dinge wurden wohl verworfen. Eine ordentliche und saubere Gestaltung, gewiss, aber es fehlen damit die Zeichen einer aktuellen Verehrung.

Unter dem Kirchenschiff der Gnadenkapelle verläuft eine Verwerfungswasserader, die an der Kraft des Ortes beteiligt ist. Die flacher verlaufende Wasserführung, die in der Brunnenstube als Heilquelle zutage tritt, fließt unter der Wallfahrtskirche her (obere Region) und verlässt das Kirchenareal etwa beim Eingang in die Sakristei. Sie enthält die Energien für die Gottesmutter, Gottvater sowie den Heiligen Geist. Weiter verläuft sie über die Wiese und berührt die Gnadenkapelle an ihrer Kopfseite. Dann tritt sie als Quelle zutage. Der Überlauf wird in den nahen Bach abgeleitet. Zwischen der Wallfahrtskirche und der Gnadenkapelle hat sich eine Energielinie aufgebaut mit induktiven und kapazitiven Eigenschaften.

Das Weihwasser in der Gnadenkapelle ist rechtsdrehend. Offenbar wird hier das Heilwasser als Basis für die Wasserweihe hergenommen, was zu begrüßen ist, denn über das Benetzen mit Wasser wird der persönliche Kontakt zum Heiligtum hergestellt. Der Ort selbst weist die elementare Energie der Erde auf; der planetare Regent ist Mars; die Universelle Heilkraft ist lediglich induktiv vorhanden, also ein Ort für insbesondere körperliche Heilungen, aber auch für seelische Hilfen. Die Energien für Wunderheilungen liegen hier nicht vor. Die Männer- und Frauenseite ist in der Gnadenkapelle energetisch deutlich ausgeprägt bezüglich der Heilwirkungen für Prostata (rechts) sowie Ovarien und Gebärmutter (links). Weitere Gesundheitsenergien dienen der allgemeinen körperlichen Regeneration, Sexualkraft und Lebenskraft. Spezielle Energien der Erdgottheiten sind in induktiver (magnetischer, den Körper betreffend) und kapazitiver (elektrischer, das Gemüt betreffend) Form vorhanden. Hinweise auf einen vorchristlichen Kultort fehlen, doch bietet der Platz die Möglichkeit zur

Kontaktaufnahme mit höheren Wesenheiten. Hier werden das Wurzelchakra angesprochen, das Bauch- sowie das Nabelchakra, was in Übereinstimmung ist mit den Energien für die Erdgottheiten. Hier kann der Mensch zu seiner Basis zurückfinden (untere Chakren, Element Erde), aber auch höhere Energien empfangen (Kontaktaufnahme) und die Erkenntnisse für die Praxis umsetzen (Mars).

Untersuchung des Wassers von Heilbrunn

Der Platz an der Brunnenkapelle, umstanden von Winterlinden, lädt zum Verweilen ein. Man schaut in die Natur, die Vögel zwitschern, der Brunnen gluckert gemütlich vor sich hin, die Hühner krächzen und scharren im Sand, begleitet von einem stolzen Hahn. Das in reichhaltigem Strahl sauber austretende Wasser ist bezüglich der Zirkularpolarisation rechtsdrehend, induktiv (magnetisch) und bezüglich der Polarität Yin. Ein echter Frauenbrunnen also, allerdings ohne kapazitive (das Gemüt betreffende) Eigenschaften. Die Reichweite der Wasserstrahlung liegt zwischen drei und vier Metern. Es handelt sich um oberflächlich verlaufendes Wasser, das alle wesentlichen Heilwellenlängen enthält.

Besondere Energien (Bezeichnung / Strahlungsreichweite)

dauerhafte Heilung	2,5 m	universelle Heilkraft	3,1 m
Verwerfung	3,3 m	Heilquelle	4,2 m
Gottes Segen	3.9 m	Riss / Spalte (heilig)	1,6 m
Lebenskraft	3,5 m	Beredsamkeit	3,3 m
Augenquelle	3,7 m	Heilig / Leben	2,9 m

Ruhmannsfelden / Osterbrünnelkapelle

Gnadenbild schwimmt flussaufwärts

Ruhmannsfelden liegt nördlich von Deggendorf an der B 11. In anmutiger Umgebung liegt in einer Mulde am Hang des Teisnachtales die Osterbründlkapelle (Bistum Regensburg, Dekanat Viechtach). In Ruhmannsfelden folgt man der Straße zur „Pension Osterbrünnel".

Verschiedene Legendenmotive umranken das kleine Heiligtum. Das Gnadenbild soll aus dem Morgenland stammen und die Donau, den Regen und die Teisnach aufwärts geschwommen sein. Die Gründungsgeschichte ist auf einem Gemälde in der Kirche angeschrieben: Am Ostertag (daher der Name) des Jahres 1660 trieb der fußkranke Hütebub des Bruckhofbauern Kühe und Schafe auf die Teisnachwiese. Da sah er im Bach einen wunderbaren Glanz aufleuchten. Er lief hinzu und erblickte ein geschnitztes Bild der Gottesmutter, das die Teisnach aufwärts schwamm. Er holte das Bild aus dem Wasser und erzählte abends dem Bauern von diesem Wunder. Der Bauer ließ die Figur in der Pfarrkirche von Ruhmannsfelden aufstellen. Doch bereits in der folgenden Nacht kehrte das Bild an das Ufer der Teisnach zurück, wo es gefunden worden war. Daher befestigte man es hier an einem Baum. Als der Hüterbub einmal vor dem Bild gebetet hatte, verspürte er plötzlich einen starken Durst. Da sprudelte neben dem Baum eine Quelle hervor. Der Junge trank und wusch seinen kranken Fuß, an dem er schon jahrelang gelitten hatte. Seine Schmerzen ließen nach und allmählich verheilte das Bein.

Als sich der Ruf dieses Wunders verbreitet hatte, setzte der Zustrom zum Bründl ein. Die für das Gnadenbild aufgerichtete hölzerne Kapelle musste bald durch einen größeren Steinbau ersetzt werden. Nach einer anderen Legende wurde das Bild beim Tragen so schwer, dass der Hirte es auf den Boden stellen musste. Er lehnte das Bild an einen Baum, und aus dem Boden entsprang eine Quelle. Die Legende ist auf einem Bild im Innern der Kirche festgehalten. Das jetzige Gnadenbild ist nicht mehr das ursprüngliche. Es soll sich dabei um ein Muttergottesbild vom Typ Altötting gehandelt haben, das beim Kirchenbrand in Gotteszell vernichtet wurde. Das jetzige Gnadenbild wurde 1822 von Gotteszell hierher überführt; woher es stammt, lässt sich nicht sagen. Die Kirche besaß einst wertvolle Heiligenfiguren und seltene Votivgaben, die gestohlen wurden, so ist jetzt der Apsisbereich durch ein Gitter abgesperrt. Das Brünnel außerhalb der Kirche ist jederzeit frei zugänglich. Bei meinem Besuch 2010 war der Pumpbrunnen nicht in gebrauchsfertigem Zustand. Der Brunnendeckel

Oben links: Die Osterbründlkapelle bei Ruhmannsfelden liegt in einer anmutigen Landschaft.

Oben rechts: Totenbretter am Eingang der Kirche.

Nebenstehend: Der Pumpbrunnen neben der Kirche spendet immer noch ein gutes Heilwasser.

Ausschnitt aus einer Bildtafel: Ein Hirtenjunge findet das von der Teisnach angeschwemmte Marienbild.

ließ sich jedoch öffnen, so dass ich eine Wasserprobe entnehmen konnte. Das Wasser im Brunnen machte einen sehr sauberen Eindruck. Es ist schade, dass offenbar niemand Wert darauf legt, dieses Wasser zu nutzen. Wenn das Wasser nicht fließen kann, versandet die Quelle.

Untersuchung der Kirche beim Osterbründl

Die Kirche ist nach Ostnordost ausgerichtet und liegt über einer starken Kieswasserader, mit den Energien für energetische Aufladung und Lebenskraft. Der planetare Regent des Ortes ist Saturn, die Element-Energie ist Wasser. Die Energien der Engel sind hier nachweisbar sowie Beeinflussungsmöglichkeiten für das Wurzelchakra und das Herzchakra. Bezüglich der hier anzutreffenden Wellenlängen ist es ein Ort für körperliche und seelische Hilfen. Spezielle Heilungsenergien fehlen ebenso wie bewusstseinserweiternde Energien. Dennoch handelt es sich um einen in sich harmonischen Platz, an dem ich mich sehr wohl gefühlt habe.

Untersuchung des Brunnenwassers

Das Wasser ist bezüglich der Zirkularpolarisation rechtsdrehend, induktiv (magnetisch). Die Polarität ist Yang. Die Strahlungsintensität entspricht einer Reichweite von 5,4 m auf der Wasserwellenlänge. Die Energien verweisen auf eine Verwerfungswasserader. Das Wasser quillt im Brunnen aus einer Kiesschüttung empor und steht relativ hoch; es macht einen sehr sauberen Eindruck. Um es als Heilwasser zum Trinken verwenden zu können, sollte dafür gesorgt werden, dass das Wasser abfließen kann oder regelmäßig abgepumpt wird, damit immer frisches Wasser nachströmen kann, das Wasser nicht verdirbt und der Brunnen nicht versandet.

Besondere Energien (Bezeichnung / Strahlungsreichweite)

dauerhafte Heilung	5,4 m	universelle Heilkraft	6,2 m
Verwerfung	4,8 m	heilig / Leben	5,2 m
Gottes Segen	5,8 m	Riss / Spalte (heilig)	2,1 m
Lebenskraft	5,8 m	Beredsamkeit	4,9 m
Heilquelle	5,0 m	Augenquelle	5,3 m

Gehmannsberg bei Rinchnach

Frauenbrünnel am Guntherfelsen

Gehmannsberg gehört zum Bistum Passau und Dekanat Regen. Der Ort ist von Rinchnach aus zu erreichen, südöstlich von Regen an der B 85. Bei der Rinchnacher Kirche folgt man dem bergauf führenden Hinweisschild nach Gehmannsberg. Von der Zufahrt aus sieht man das Kirchlein Mariä Geburt schon von der Anhöhe (784 m) aus dem dichten Wald hervorlugen. Man gelangt zu einem beschilderten Parkplatz, von dem aus man in wenigen Minuten, steil ansteigend, entlang eines Kreuzweges das Kirchlein erreicht. Von hier aus bietet sich ein freier Blick ins Land. Auf dem Altar der Kirche steht eine gotische Holzfigur der Muttergottes mit Kind aus der Zeit um 1500. Die Heilquelle fließt aus einem Felsspalt hinter der Kirche hervor und wird von dort aus in einen vor der Kirche stehenden Granittrog gleitet, er trägt die Jahreszahl 1828 eingemeißelt. Die angenehmste Atmosphäre an dieser Stätte ist der enge Bereich zwischen Kirchenapsis und Felsen. Der zentrale Punkt, von dem die Energien des Ortes ausgehen, ist der Bereich hinter dem Altar der Kirche, also zwischen Altar und Felsen. Der Freialtar, der vor der Kirche aufgestellt wurde, steht auf keinem guten Platz bezüglich der Bodenenergien.

Ursprünglich handelte es sich hier um eine Wallfahrt zum seligen Gunther, dem Gründer des Klosters Rinchnach und Rodungsapostel des mittleren Bayerischen Waldes. Der thüringische Graf soll hier als Einsiedler gelebt haben. Seit der Zeit Gunthers stand hier eine hölzerne Kapelle, an deren Standort 1766 ein schlichter Barockbau errichtet wurde. Gunther soll sich hier ein Zelle erbaut und den lebensbedrohenden Winter 1011/1012 verbracht haben. Als er in seiner Einsiedelei zu sehr gestört wurde, zog er sich jenseits des „Goldenen Steiges“ (ein alter Handelsweg), dessen Anlage ihm zugeschrieben wird, nach Gutwasser (Dobra Voda, Böhmen) bei Hartmanice zurück. Dort ist er auch gestorben. Über seine wundertätige Statue, die dort an einem Baum gefunden wurde, ist Ende des 16. Jahrhunderts eine Kapelle und hernach eine Kirche erbaut worden. Mit der Grenzöffnung 1969 entstand eine völkerverbindende Zusammenarbeit zwischen den beiden bedeutenden Verehrungsstätten Gunthers.

Analog zur Wolfgang-Legende soll Gunther am Ort des Frauenbründls nachts auf einem Stein geschlafen haben; der Fels habe sich erweicht und solche Vertiefungen angenommen, dass er sich zu einem bequemen Ruhelager für den Leib gestaltete. In der Nähe der Kirche soll sich ein Granitblock mit vertieften Stellen befinden, die als Abdruck seines Körpers

Oben: Die Guntherkirche bei Gehmannsberg liegt in malerischer Lage am Berghang.

Rechts: Der Vorplatz der Kirche mit Freialtar. Im Vordergrund die Ableitung der Quelle Frauenbründl in einen Steintrog mit der Aufschrift 1828.

Links: Gunther baut die erste Klosterzelle zu Rinchnach. Bild in der Guntherkapelle der Rinchnacher Pfarrkirche.
Rechts: Der selige Gunther, Patron des Böhmerwaldes bei der Rodung mit der Hacke. Ausschnitt aus einem Deckenfresko der Pfarrkirche zu Rinchnach.

gelten. Leider konnte ich diesen Felsen nicht ausfindig machen, Hinweise am Ort fehlen.

Vom Kloster Rinchnach und Gunthers Wirkungsstätte der Einsiedelei ausgehend, begann die Kultivierung des Mittleren Bayerischen Waldes. Gunther galt als eifriger Straßenbauer. Während der Gegenreformation wurde die Einsiedelei und Kapelle zu einer Marienwallfahrt umgewandelt (Patrozinium Mariä Geburt, 8. September). Das Kirchlein am Gehmannsberg ist auf Felsgrund gebaut und mit der ehemaligen Einsiedelei verbunden. Neben der Gottesmutter ist auch heute noch der frühere Patron Gunther Fürsprecher der Wallfahrt. Mehrere Deckengemälde in der Kirche zeigen Stationen auf seinem Lebensweg. Die Kirche selbst ist verschlossen. Der Innenraum kann aber durch eine Gittertüre aus der Turm-Sakristei heraus eingesehen werden. Dem Quellwasser, das hinter der Kirche dem Felsen entspringt, wurde eine besondere Heilkraft zugesprochen. Sie wurde zum Ziel einer Brunnenwallfahrt und gab der Stätte den Namen Frauenbründl.

Der Lebensweg des seligen Gunther

Der aus kaiserliche Familie stammende Gunther (Günther) wurde um 955 geboren. Im Alter von 50 Jahren gab er sein persönliches Eigentum dem Kloster in Hersfeld, unternahm eine Wallfahrt nach Rom und trat in das Benediktinerkloster Niederaltaich ein, welches große Ländereien im mittleren Böhmerwald besaß. Unzufrieden mit dem Klosterleben zog er in den „Nordwald“ und baute sich auf dem Ranzingerberg bei Lalling eine Klause (jetzt Gedächtnisstätte). Vom Begehren des Volkes vertrieben, begab er sich noch tiefer in die Waldeinsamkeit und errichtete eine neue Einsiedelei im Tal der Rinchnach, wo er mit einigen Niederaltaicher Klosterbrüdern ein neues Benediktinerkloster (Rinchnach) gründete, dem bald darauf größere Grundbesitztümer geschenkt wurden. Die Einsiedlermönche rodeten, um Felder und Wiesen anzulegen. Die Deckenbilder in der ehemaligen Propsteikirche zu Rinchnach zeigen Gunther bei dieser Rodungstätigkeit. Auf dem Konzil von Magdeburg (1017) wurde Gunther mit einer Missionsreise zu den westslawischen Stämmen beauftragt, die heidnischen Göttern opferten und dabei auch die Köpfe von Missionaren nicht verschmähten. Am ungarischen Königshof soll sich das in seiner Ikonografie häufig dargestellte Pfauenwunder ereignet haben: Den gebratenen Pfau zu essen, war Gunther aufgrund seiner Ordensregel untersagt. So betete er zu Gott, worauf der Pfau lebendig wurde und davonflog. In Ungarn gründete Gunther die Klöster Zalavár (1019) und Bakonybél (1032). Erneut die Einsamkeit suchend, ließ sich Gunther 1040 auf der böhmischen Seite der Grenze bei Hartmanitz nieder (Wallfahrtskirche Gutwasser), seine letzte Niederlassung. Hier führte ein alter Handelsweg vorbei, der Niederaltaich mit Prag verband, der später so benannte „Günthersteig", den Gunther neuerlich angelegt haben soll. Seine guten Beziehungen zum böhmischen Fürstenheus machten Gunther zu einem wertvollen Vermittler und politischen Berater. Um seinen Tod rankt sich folgende Legende: Der Böhmenherzog Bretislaus stieß während der Jagd in den Wäldern um Práchen auf einen alten Mann, der sich als Gunther zu erkennen gab und ihm erzählte, dass er ihn während der Taufe auf seinen Händen gehalten habe und den Wunsch übermittelte, im Kloster Brevnov bei Prag beerdigt zu werden, wo er nach seinem Ableben in der Klosterkirche St. Margareta neben dem Altar des heiligen Stephan beigesetzt wurde.

Radiästhetische Untersuchung des Kapellenstandortes

Ich untersuchte den Kapellenstandort zunächst in bezug auf keltisch geprägte Energien, die einen Hinweis auf eine vorchristliche Verehrung dieser Quellenstätte geben könnte. Die vorgefundenen kapazitiv (elektrisch) und Yin geprägten Energien des Ortes machen eine vorchristliche Verehrung als Stein- und Quellenkultstätte wahrscheinlich. Diese ganz speziellen Energien finden sich interessanterweise in der christlichen Epoche in den Energien der drei Kardinaltugenden Glaube, Hoffnung und Liebe wieder. Ebenso sind hier die Energien der Erdgottheiten vertreten, die in der christlichen Epoche mit den Energien der Gottesmutter identisch sind. Auch liegt an diesem Ort die Möglichkeit eines Kontaktes zu höheren geistigen Ebenen vor, ferner die Energien für Lebenskraft (auch in bezug auf Stärkung des geistigen Potentials), Hellsehen, Wunderheilung, Kommunikation mit höheren Wesenheiten oder Energien, Meditation, die Energien der Engel, sowie die Energien zur Erlangung höherer Erkenntnisse, die einem das Gefühl geben, über den Dingen zu stehen, nicht nur im geistigen Sinne, sondern auch in körperlicher Hinsicht (das Gefühl, körperlich abzuheben, zu schweben). Es ist ein Ort für körperliche, seelische und geistige Hilfen. Es liegen spezielle Heilenergien vor für Gebärmutter und Ovarien, was die Bezeichnung Frauenbründl rechtfertigt. Die Wallfahrtskirche ist über eine Energielinie (Leyline) mit dem Kloster Rinchnach verbunden und führt ihm die Energie des Felsenstandortes zu.

Die elementaren Energien des Ortes sind Luft und Erde. Das Element Luft ist das vermittelnde Agens zwischen geistigen Potentialen und körperlicher Realität. Das Element Erde steht für die stoffliche Fixierung

Eine der Kreuzwegstationen am Aufstieg zur Fauenbründlkapelle in Gehmannsberg. Die Bilder strahlen lebenspositive Energien auf den Weg.

der aufgenommenen Energien. Die planetaren Regenten des Ortes sind Merkur und Jupiter. Jupiter steht für Erhabenheit, für das religiöse, geistige Potential. Merkur steht für das Handeln, für die Umsetzung der aufgenommenen Energien oder Erkenntnisse in den Bereich des praktischen Lebens oder auch im Zusammenhang mit Heilungsvorgängen. Die Energien beeinflussen speziell das Nabel-Chakra (Solarplexus) des Menschen, das dem Gefühl zugeordnet wird (Element Luft), sowie das Herzchakra als zentraler Transformationsbereich für die Umverteilung der Energien im Körper.

Untersuchungen am Kreuzweg zur Wallfahrtskapelle

Kreuzwege, die zu einer Gnadenstätte führen, haben eine bestimmte Funktion. Werden sie betend begangen, so öffnen sich im Betenden die „inneren Antennen“ zum Empfang von höheren Kräften, von Energien, zu Gnadenerweisen. Die innere Öffnung ist eine Voraussetzung dazu, um

Links: Ableitung der Spaltenquelle von Gehmannsberg vom Felsen hinter der Kapellenapsis. Von hier wurde das Wasser einst direkt in die Kirche geleitet.
Rechts: Das Heilwasser wird in ein vor der Kirche stehendes Auffangbecken geleitet.

am Gnadenort selbst die hier herrschenden besonderen Energien empfangen zu können. Neben der Möglichkeit zur inneren Öffnung weisen „gut" gestaltete Kreuzwege auch einen nach außen wirkenden energetischen Aspekt auf. Säulen, die in einer Reihe aufgestellt sind, gehen untereinander in Resonanz. Sie bauen ein Energiefeld auf, das sich entlang der Säulenreihe ausbreitet. Ist die Eigenstrahlung des Materials gut (natürlicher Stein, Holz), so ist auch das Strahlungsumfeld lebenspositiv, ist sie schlecht (Beton, Stahl), so wirkt ihr Strahlungsumfeld eher belastend. Durch das Anbringen von Bildern, Symbolen usw., eventuell mit Weihen versehen, kann die Strahlung des Kreuzweges energetisch aufgewertet werden, wie es auch hier in Gehmannsberg der Fall ist. Die bildlichen Darstellungen der Kreuzwegstationen weisen eine gute Ausstrahlung auf, die sich dem Pilger mitteilt, wenn er diesen Kreuzweg hinaufgeht. Es handelt sich hier um Strahlungen der Lebenskraft sowie der „göttlichen Universalkraft", die in induktiv-magnetischer sowie kapazitiv-elektrischer Form hier nachzuweisen sind. Diese Energien stehen für körperliche und geistige Hilfen. Es ist heute leider nicht mehr normal, das Darstellungen aus dem christlichen Zyklus eine gute Ausstrahlung aufweisen. Die Materialfrage spielt dabei eine große Rolle, die Fertigungstechniken und viele andere Faktoren, auf die hier nicht näher eingegangen werden soll. Ich fand viele Kreuzwege, die keine guten Energien aufwiesen. Ob die gute Ausstrahlung hier auf die Art der Bilder zurückzuführen ist (gemalt) oder auf mögliche Weihen, vermag ich nicht zu sagen; doch der positive Aspekt ist in diesem Fall deutlich festzustellen.

Untersuchungen an der Heilquelle

Bei einem dieser Untersuchung vorangegangenen Besuch der Kirche hatte ich die Gelegenheit, auch hinter den Altar zu gelangen, um mir so einen besseren Überblick über die Kulthandlungen zu verschaffen, die einst mit dem heiligen Wasser zusammenhingen. Das Heilwasser rinnt aus einem Spalt des Felsens hinter der Kirchenapsis. Um es besser ableiten zu können, wurde eine Rinne in den Felsen geschlagen. Sie endet in einem Metallröhrchen, über welches das Wasser durch ein Sieb in ein kleines, durch eine Holzplatte abgedecktes Zementbecken fließt. Aus diesem Becken führt eine jetzt nicht mehr genutzte Röhre direkt in das Innere der Kirche und endet hinter dem Altar. Das Wasser muß also hier auch in christlicher Zeit zu Kultzwecken entnommen worden sein, denn es wurde nicht – wie vielerorts üblich – unter dem Kirchenschiff durchgeleitet. Heute wird das Wasser schon außerhalb der Kirche abgeleitet und fließt in den vor dem Kircheneingang plazierten Steintrog, bevor der Überlauf austritt und unter dem Weg durchgeleitet wird. Der Quellfluss scheint zu den meisten Zeiten des Jahres so reichhaltig zu sein, dass eine Wasserentnahme möglich ist. Ich traf die Quelle aber auch schon einmal in einem tröpfelnden Zustand an, so dass eine Wasserentnahme erschwert war.

Das Wasser des Frauenbründls ist bezüglich der Zirkularpolarisation rechtsdrehend und weist induktive (magnetische) und kapazitive (elektrische) Eigenschaften auf; es erfüllt damit die Voraussetzungen eines „Gnadenbrunnen“, dem besondere Heilwirkungen zugesprochen werden können. Die energetische Qualität des Wassers ist Yin, damit handelt es sich um einen echten Frauenbrunnen. Es handelt sich um ein Wasser mit relativ hoher Strahlungsintensität (4,2 m auf der Wasserwellenlänge). Als Trinkwasser ist es wegen möglicher Verunreinigungen (die Quelle tritt ja offen zutage) weniger geeignet, wohl aber zur äußerlichen Anwendung für Auflagen, Umschläge usw. Eine vor Jahren entnommene Probe (als das Wasser nur sehr gering floss) war nach drei Monaten faulig geworden und setzte einen schwarzen Belag ab. Eine aktuell gewonnene Wasserprobe (als 2011 das Brünnlein reichlich floss) blieb ohne Erscheinungen von Verderb. Grundsätzlich handelt es sich von den Energien her gesehen um ein ausgezeichnetes Heilwasser, ja sogar eines der besten, die ich im Zusammenhang mit diesem Buch untersucht habe.

Besondere Energien (Bezeichnung / Strahlungsreichweite)

dauerhafte Heilung	3,2 m	Heiliger Geist, kap.	4,1 m
keltische Heilenergie	2,5 m	Engelsbrunnen, kap.	3,1 m
universelle Heilkraft	2,5 m	geistige Vollendung	3,1 m
Gottes Segen	3,1 m	Riss / Spalte (heilig)	2,2 m
Beredsamkeit	2,7 m	Augenquelle	2,2 m
Lebenskraft	3,0 m	Bewusstseinserweiterung	3,8 m

Dobra Voda (Gutwasser) bei Hartmanice

Wasser heilt blindes Pferd

Überquert man die deutsch-böhmische Grenze bei Bayerisch-Eisenstein und biegt bald darauf die nach Harmanice führende Straße rechts ab, erreicht man die letzte Wirkungsstätte und damit den Sterbeort des seligen Gunther, Dobra Voda, das ehemalige „Gutwasser". Hier findet man in einer weitgehend naturbelassenen Anlage eine schmucklose Kirche vor mit einem davor stehenden Brunnenhäuschen und einem Museum. Besichtigungen sind nur mit Führung und gegen Bezahlung möglich, der Euro wird nicht angenommen. Deutschsprachige Hinweise sind leider sehr knapp gehalten, auch ein entsprechender Hinweis zum Guntherfelsen mit der neu errichteten Kapelle fehlt.

Bedeutung als Wallfahrtsstätte erlangte der Ort Gutwasser erst um 1600, die Nutzung der Heilquelle mit ihrem hervorragenden Wasser mag dagegen älteren Datums sein. Das ursprüngliche Gnadenbild war eine hölzerne Figur Gunthers, deren wundersames Verhalten Anlass zu reicher Legendenbildung gab. Während der Hussitenkriege soll die Figur in ei-

Dobra Voda (Gutwasser) bei Hartmanice, letzte Ruhestätte des seligen Gunther. Im Vordergrund die Brunnenkapelle, sie führt ein hervorragendes Heilwasser.

nem hohlen Baum versteckt worden sein, wo sie dann später von Hirten aufgefunden wurde. Wiederholt wurde versucht, das Gnadenbild in anderen Kirchen aufzustellen, doch es kehrte immer wieder an seinen Fundort zurück. Deshalb wurde über der Guntherstatue im Wald eine hölzerne Kapelle errichtet, die 1618 von einem steinernen Kirchlein abgelöst wurde. Im 17. Jahrhundert wurde die Statue eine Zeitlang im „Gesundbrunnen" aufgestellt und erhielt erst später ihren Platz auf dem Hochaltar der Wallfahrtskirche. Über eine Treppe konnte man zu der Figur emporsteigen und sie nach Wallfahrerbrauch drehen und küssen.

Die heute anzutreffende Wallfahrtskirche wurde in einzelnen Stufen 1734-1777 errichtet und mit einer Seelsorgerstelle versehen, die dann in eine selbstständige Pfarrei umgewandelt wurde. Mitte des 19. Jahrhunderts nahm die Wallfahrt dann noch einmal einen großen Aufschwung und endete mit dem Beginn des Ersten Weltkrieges 1914. Zumindest die bayerischen Wallfahrer blieben dann ganz aus. Nach dem Zweiten Weltkrieg kam die Wallfahrt dann vollständig zum Erliegen. Die Guntherkapelle am Felsen wurde in den 1850er Jahren gesprengt, 1992 aber wieder aufgebaut und eingeweiht.

Neben Wallfahrtskirche und Heilquelle existierte am nahegelegenen Guntherfelsen eine Kapelle als Ziel der Wallfahrer. Hier soll sich Gunther in der Einsiedelei niedergelassen haben. Folgt man den Worten der Chronisten, muß dies wohl das eigentliche Ziel der Wallfahrer gewesen sein. In der Nähe diese Kapelle befand sich auch die Heilquelle, deren Wasser durch eine Röhre in ein Steinbecken des tiefer gelegenen Badehauses geleitet wurde. Es dürfte sich um das gleiche Wasser handeln, das heute in der Brunnenkapelle entnommen werden kann.

Das missionarische Wirken des seligen Gunther war nach Osten gerichtet, deshalb lagen die Zentren seiner größten Verehrung auch immer in Böhmen, insbesondere an seinem Sterbeort Gutwasser und am Orte seiner Beisetzung in Brevnov bei Prag.

Untersuchung des Kirchenstandortes

Das energetische Zentrum der Kirche liegt vor dem Beginn des Chorraumes, gebildet von zwei wasserführenden Verwerfungen mit überwiegend induktiven (magnetischen) Strahlungseigenschaften. Die Atmosphäre auf dem Areal der Kirche ist von den Strahlungseigenschaften des Wassers geprägt und sehr angenehm. Insbesondere zwischen Kirche und der alten Linde baut sich ein wohltuendes Kraftfeld auf. Am Kirchenstandort finden sich die Elemente Feuer, Wasser und Erde. Das bedeutet, dass hier geistige Informationen (Luft) über den seelischen Bereich (Wasser) in die Tat umgesetzt werden können, in den Bereich der Stofflichkeit (Erde) gelangen. Der planetare Regent des Ortes ist Saturn. Aus diesen Zusammenhängen heraus mag der Ort den Menschen helfen, ihre Lebensaufgabe (Schicksal) zu finden und zu meistern. Die typisch keltischen Energien sind auch an diesem Ort vorhanden, kapazitiv (elektrisch) und von der Polarität her Yin. Der Yin-Charakter der Energien schafft die weiche Atmosphäre dieses Ortes. Es ist ein Ort für körperliche und seelische Hilfen. Im stofflich wirksamen Bereich finden sich die Energien der Erdgottheiten, im geistigen Bereich die Energien für Hellsehen, Kontaktaufnahme zu Gottheiten, die Energien der Engel und die magische Energie, die einem die Eigenschaft des „Schwebens“ verleiht, das Gefühl, räumlich und geistig über den Dingen des Lebens zu stehen. Die Energien sprechen das Wurzelchakra an, das Bauch-Chakra (Sexualchakra), das Nabelchakra (Solarplexus) und das Herzchakra. Das bedeutet, dass die vegetativen Körperfunktionen hier über das Herzchakra (Kontakt zum Bewusstsein) auf der gefühlsmäßigen wie auch auf der Bewusstseinsebene verarbeitet werden können. Insgesamt handelt es sich hier um einen interessanten Heilplatz, der in unserer Zeit wieder mehr Beachtung finden sollte.

Die Heilquelle

Wenig oberhalb der Wallfahrtskirche entspringt eine Heilquelle, die in ein steinernes Becken innerhalb der Brunnenkapelle abgeleitet wird. Die Anlage ist so eingerichtet, dass eine Entnahme des Wassers, auch in größeren Behältnissen, leicht möglich ist. Die Quelle ist ein bedeutender Bestandteil des Gnadenortes, denn dieses Heilwasser soll mehr als 200 Wunderheilungen bewirkt haben. Die Legende um die Entdeckung der Quelle als Heilquelle berichtet von einem blinden Pferd, das in der Nähe weidete und aus dieser Quelle getrunken haben soll, worauf es das Augenlicht wiedererlangte. Daraufhin kamen insbesondere Augenkranke und blinde Pilger zur Quelle und erlangten Hilfe und Heilung. In der Folgezeit kamen Erkrankte aller Art zu dieser Quelle, wurden geheilt und drückten ihre Dankbarkeit in Votivgaben aus. Auch ein eigenes Badehaus wurde errichtet und dort Wasserkuren verabreicht.

Das Wasser ist bezüglich der Zirkularpolarisation rechtsdrehend, mit induktiven (magnetischen) und kapazitiven (elektrischen) Eigenschaften, die Polarität ist Yang. Die Strahlungsreichweiten der heilsamen Energien liegen zwischen vier und fünf Metern, das entspricht hohen Intensitäten. Es ist ein Heilwasser, das auch auf der geistigen Ebene Wirkung zeigt.

Besondere Energien (Bezeichnung / Strahlungsreichweite)

dauerhafte Heilung	4,0 m	universelle Heilkraft	m
Verwerfung	4,4 m	Riss / Spalte (heilig)	2,9 m
Gottes Segen	4,7 m	Heilquelle	m
Lebenskraft	4,1 m	Beredsamkeit	3,8 m
Augenquelle	4,5 m	Heiliger Geist (kap.)	4,1 m
keltische Heilenergie	4,1 m	Engel (kap.)	4,3 m
geistige Vollendung	4,4 m	Bewusstseinserweiterung	4,5 m

Uttobrunn

Marienheiligtum und Einsiedelei des seligen Utto

Die winzige Ortschaft Uttobrunn gehört zur Pfarrei Metten des Dekanats Deggendorf (Bistum Regensburg). Die Wallfahrtskirche „Zu Unserer lieben Frau“ liegt etwa drei Kilometer nördlich von Metten und in ähnlicher Entfernung vom nördlichen Stadtrand von Deggendorf. An der nach Mettenbuch führenden Straße zeigt ein Hinweisschild die wenigen Gebäude von Uttobrunn an. Die meisten Straßenkarten weisen diesen Ort nicht aus. Mein teures Navigationsgerät hatte diesen Ort ebenfalls nicht gespeichert. Meine Lebensgefährtin auf dem Beifahrersitz hat ihn gefunden – und das gänzlich kostenlos.

Uttobrunn ist ein Ort besonderer Art, ein Ort der Ruhe, des Friedens und der Harmonie abseits der Straße. Vor der Kirche die mächtige, etwa 300 Jahre alte Winterlinde, in dessen Höhlungen sich einst Krücken, Kreuzchen und andere Votivgaben befanden. Am Baum steht eine Bank mit Blick auf die Wiesen. Der Baum gibt Kraft und die Ausstrahlung der Kirche ebenso. Rechts neben dem Kircheneingang befindet sich eine marmorne Hinweistafel mit der Inschrift: Ottobrunn / Einsiedelei des sel. Utto

Die Marienkirche von Uttobrunn am Ort der ehemaligen Einsiedelei, daneben die 300jährige Linde, die in ihren Hohlräumen einst Votivgaben enthielt.

/ Erster Abt zu Metten / dem Kais. Karl d. Grosse hier die Gründung des Klosters versprach / 800.

Laut Überlieferung lebte einst an diesem Platz der Einsiedler Utto (gest. 929), der seliggesprochene erste Abt von Metten, der hier mit Karl dem Grossen (742-814) zusammengetroffen sein soll. Utto (Udo) soll 766 auf einem ihm gehörenden Besitz das Kloster Metten gegründet haben. Richtiger ist aber wohl die Gründung durch den sel. Gamelbert von Michaelsbuch, der Utto als ersten Abt des Klosters einsetzte. Utto kam auf dessen Ruf hin mit Mönchen von der Insel Reichenau. Erst im Spätmittelalter rückt neben Gamelbert und Utto auch Karl der Große in den Mittelpunkt der Gründungsgeschichte. Zur Zeit der Klostergründung stand Metten unter dem Schutz des Bayernherzogs Tassilo. Nach dessen Absetzung übergab Abt Utto das Kloster in die Hand des Frankenherrschers Karls

Oben: Das Paradies (Vorhalle) der Kirche weist Energien für Glück und langes Leben auf.
Nebenstehend: Eines der wenigen alten Weihekreuze in der Kirche

des Großen. Dieser gewährte dem Kloster Schutz, Freiheit von der Gerichtsbarkeit der Grafen, schenkte dem Kloster ein neues Rodungsgebiet und gewährte verschiedene Privilegien.

Deckengemälde in der Klosterkirche zu Metten: Kaiser Karl trifft auf den Einsiedler Utto. Rechts oben das Legendenmotiv eines im Sonnenstrahl hängenden Beiles und eines Grabwerkzeuges.

Im Benediktinerkloster zu Metten wurde 1407 eine Liebfrauenkapelle geweiht, die zur Erweiterung des Klosters später wieder abgebrochen wurde. Dafür baute die Abtei zwischen 1690 und 1701 an der Quelle, bei der Utto angeblich mit Karl dem Großen zusammengekommen sein soll, eine neue Kapelle. Diese Zusammenkunft zeigt ein Deckengemälde in der Kirche zu Metten. Es zeigt Utto und Karl mit seinem Gefolge. Die Legende berichtet, dass Karl der Große sich bei einer Jagd in den Wäldern des Bayerischen Waldes verirrte. Da traf er den Einsiedler Utto betend vor seiner Klause an. Als Dank für dessen Wegweisung versprach ihm der Kaiser die Gründung eines Klosters. Ein Wunder begleitet das Treffen: Utto hängt seine Werkzeuge zum Graben und Roden an einen Lichtstrahl, verweist dabei aber bezüglich der Wunderwirkung auf ein Muttergottesbild.

Untersuchung des Kirchenstandortes von Uttobrunn

Die Wasserführung mit dem rechtsdrehenden Wasser der Gnadenquelle verläuft im Bereich des Kircheneingangs und der Linde. Die Wasser-Strahlungszone beinhaltet die Wellenlängen für die „göttliche Universalkraft“ sowie für „Lebenskraft“. Das Vorhandensein der Energien für Lebenskraft und Fruchtbarkeit weist darauf hin, das hier zu recht ein Marienheiligtum vorliegt, denn die Vorgängergottheiten der Maria waren Fruchtbarkeitsgöttinnen.

Der Vorbau der Kirche (Paradies) enthält die Energien für Glück und Paradies. Es folgt ein Energie entziehender Platz im Eingangsbereich und ein aufladender Platz im Altarbereich. Vom Altar der Kirche führt eine Energielinie nach Metten. Beim Durchschreiten der Zonen kommen die Kirchgänger energetisch gereinigt an ihre Plätze in den Kirchenbänken. Uttobrunn ist ein Ort für körperliche, seelische und geistige Hilfen und

Heilungen. Die planetaren Regenten des Ortes sind Merkur und Saturn, an Elementen fand ich Wasser, Luft und Erde. Gleich fünf Chakren werden an diesem Ort beeinflusst: das Wurzelchakra, das Bauch-Chakra (Sexualchakra), das Nabelchakra (Solarplexus), das Herzchakra sowie das Kehlkopfchakra. Die keltentypischen Energien sind hier anzutreffen als Zeichen für die Präsenz der Erdgottheiten, doch sind diese Energien hier nicht Yin- sondern Yang-konfiguriert, verweisen also wohl auf keine ehemals keltische Kultstätte. Bezüglich der Heilwellenlängen wird hier insbesondere die Sexualkraft angesprochen, für Männer und Frauen gleichermaßen. Es ist ein Ort zur Stärkung des Immunsystems sowie der körperlichen und geistigen Regeneration. Auch fand ich hier die Wellenlänge für „langes Leben“. Bezüglich der Energien aus dem spirituellen Bereich sind die Wellenlängen für Telepathie und Hellsehen nachzuweisen, für Meditation und Intuition, höhere Erkenntnis, Glückseligkeit und Erleuchtung sowie die Energien der Engel. Es ist bedauerlich, dass sich hier kein zugänglicher Brunnen mehr befindet, dessen Wasser den Menschen eine bessere Kontaktaufnahme zu den hier wirkenden Kräften geben könnte, als es bei normalem Aufenthalt der Fall ist.

Uttobrunn mit Brunnenkapelle im Vordergrund um 1900
(Bildquelle: Archiv Kloster Metten)

Der ehemalige Uttonisbrunnen

Auf der Wiese vor dem Kirchenhügel befand sich eine seit 1506 urkundlich benannte Quelle, die als Gesundbrunnen geschätzt wurde, weil sie das beste Trinkwasser in der Umgebung lieferte. 1635 wird bezeugt, dass am Brunnen eine Uttostatue aus Stein aufgebaut war; der Grundstein zum Bau der Kirche wurde erst 1699 gelegt. Zur Quelle pilgerte man, um das wundersame Wasser aufzusuchen. Schon um 1506 werden hier Heilungen von Seuchen, Lähmungen, Gicht, Augenleiden, offenen Wunden,

Lähmungen und anderen Krankheiten bezeugt. Besondere Bedeutung erhielt die Heilquelle als Mittel gegen die „französische Krankheit“, die zu dieser Zeit in größerem Umfange auftrat.

Das Kloster Metten besaß an der Quelle ein Freistift mit Wohnhaus, Badestube und Kammern, einem Stadel mit Badehütten und einem „absonderlichen Ofen“ zum Heizen der Badekessel sowie einem Weiher, Fischbecken und eben dem Brunnen, in dessen Bereich auch Badewannen für die Kranken aufgestellt waren. Eigene Räume dienten zur Beherbergung der Kranken. So beschreibt es der Mettener Pater Ildefons im Jahre 1912 aufgrund historischer Quellen.

Der Heilbrunnen befand sich nicht wie heute in der Talsohle, sondern auf dem Kirchenhügel, an der Stelle, an der jetzt das Kirchlein steht, was Grabungsfunde zu betätigen scheinen. Die Kapelle litt sehr durch die Feuchtigkeit. Um sie trockenzulegen, wurde das Erdreich rings um das Kirchlein einen Meter tief abgegraben. Dabei stieß man an der Südseite auf eine etwa metertiefe Mauer aus unbehauenen, sehr harten und fest gefügten Granitquadern, die eine Fläche von 14 Quadratmetern einschlossen. Im Innern der Kapelle fand man bei der teilweisen Neufundierung des Altares zwei starke, nahe beieinanderliegende Quellen mit so starkem Auftrieb, dass in der Zeit der Schneeschmelze das Wasser unter dem Altar heraufquoll und durch die Kapelle rann, so dass man dieses Areal durch eine Betonplatte verschließen musste. Die vereinten Quellströme der Uttonisquellen wurden unter der Kirche abgeleitet und in einem Becken angesammelt, das auch zum Baden benutzt wurde, was das Vorhandensein des Quadervierecks an der Südseite der Kirche erklärt. Später wurden diese Quadersteine entfernt und als Schutzmauer für das herandrängende Erdreich an der Ostseite der Kirche verendet.

Nach 1644 wurde die dritte Quelle am Fuße des Kirchenhügels ebenfalls gefasst. Sie führte das gleiche Wasser wie die oberen beiden Quellen in noch reichlicherer Schüttung. Mit dem Bau der Kirche ab 1699 mussten die Quellen auf dem Hügel verschlossen werden, um den Altar darüber stellen zu können. Das abgeleitete Wasser speiste dann einen kleinen Weiher unterhalb der Kirche sowie ein Fischbecken. Die untere (dritte) Quelle wurde nun mit einem Brunnenhaus überbaut, das als gemauerter sechseckiger Bau mit spitzem Schindeldach beschrieben wird.

Die Gemeinde Metten bezog ihr Trinkwasser von 1928 bis 1991 aus den Quellen des Uttobrunnen. Aus der heute anzutreffenden Brunnenanlage unterhalb der Kirche auf der Wiese ist keine Entnahme des Wasser möglich.

Untersuchung einer Regenwasserprobe

Unterhalb der Linde, die offenbar über den Quellwasserführungen steht, sammelte sich braun gefärbtes Regenwasser in einer Traktorenspur. Ich entnahm eine Probe zur Untersuchung. Dieses Wasser erwies sich als rechtsdrehend, induktiv, Yang, mit einer Strahlungsreichweite von einem bis zwei Metern auf unterschiedlichen Wellenlängen. Die Probe sollte gewissermaßen die Heilkraft des mir nicht zugänglichen Brunnenwassers repräsentieren. In der Umgebung befanden sich noch mehrere Ansammlungen von Regenwasser, die jedoch alle linksdrehendes Wasser beinhalteten. Daraus kann zumindest geschlossen werden, dass die Bodenstrahlung an dieser Stelle sehr starke, lebenspositive Kräfte aufweist, die in der Lage sind, das Regenwasser mit positiven Energien aufzuladen. Es ist der Ort über den alten Quellenströmungen.

Bischofsmais / St. Hermann

Gnadenquelle und Hirman-Hopsen

Bischofsmais liegt nordöstlich von Deggendorf, nahe der Verbindungsstraße nach Regen. St. Hermann (Bistum Passau, Dekanat Regen) liegt etwas abseits des Ortes in einem von sanften Höhenzügen umschlossenen Seitental, wo ein kleines Bächlein sich zwischen Baumgruppen und feuchten Wiesen durchschlängelt. Die Ansiedlung von gleich drei Kapellen zählt zu den wohl volkskundlich bedeutsamsten Kultstätten des Bayerischen Waldes. Seit 1690 zeigt sich die Wallfahrtsstätte den Wallfahrern und Besuchern unverändert.

Der Laienbruder Hermann ließ sich in dieser Region als Einsiedler nieder, zog sich dann aber weiter in die Urwälder des Rachel zurück, weil ihm der Andrang des ihn verehrenden Volkes zu groß wurde. Begraben ist er in der Klosterkirche von Rinchnach. Obwohl an seinem Grabe viele Wunder geschahen, wurde er dort nicht lange verehrt, möglicherweise deshalb, weil die über seinem Grab zunächst erbaute Kapelle wieder abgerissen wurde. Etwa um 1612 wurde seine Verehrung auf die nahe Bi-

Bischofsmais St. Hermann. Wallfahrtskirche, Brunnenkapelle und Einsiedlerzelle

schofsmais gelegene Kapelle St. Bartholomäus übertragen, wo er bis heute verehrt wird. Die hier (St. Hermann) anzutreffende Klause gründet sich nach Angaben des Heimatforschers Joseph Kämpfl allerdings nicht auf Hermann, sondern auf den Einsiedler Degenhard, der „in der Breitenau, unweit Bischofsmais" um 1344 eine Kapelle mit einem Wohngebäude errichtete, in welcher er dreißig Jahre in größter Frömmigkeit zubrachte. Degenhard hatte die Gabe der Weissagung und wirkte auch nach seinem Tode 1374 noch viele Wunder. Später erbaute man hier zu Ehren des heiligen Bartholomäus eine größere Kirche, in der bereits der selige Einsiedler Hermann verehrt wurde. Der Chronist schließt mit den Worten: „Möchte doch das Andenken des seligen Degenhard an diesem Orte wieder aufleben, und ihm wenigstens neben Hermann auch die gebührende Verehrung in einer der beiden Nebenkapellen zu Teil werden!"

Die Einsiedlerkapelle

Die hölzerne Einsiedlerkapelle ist ein ganz mit Votiven angefülltes Bauwerk (etwa 300 Votivtafeln) mit einem kleinen Dachreitertürmchen. Die Votivtafeln sind durch ein Eisengitter geschützt. Das älteste Votivbild zeigt die Jahreszahl 1646. In einem Hinterglaskasten befindet sich das Käsemirakel, ein dreieckiger Stein. 1657 hatte eine Bäuerin einen Laib Käse geopfert. Als sie aber noch ein Stück davon für sich abschneiden wollte, war der Käse plötzlich zu Stein geworden. Da die Wallfahrer von dem Stein nach und nach immer mehr abbrachen, wurde der Steinrest als Zeichen des Mirakels in einem Kästchen aufbewahrt.

Der selige Hermann, „Hirmo", wurde besonders bei Fußleiden, Leibesschäden aber auch bei Viehkrankheiten angerufen. Zum Dank brachten die Wallfahrer hölzerne, aber auch wächserne und silberne Nachbildungen der geheilten Körperteile. Deshalb musste man 1665 an die alte Holzkapelle ein Kämmerlein anbauen, wo die hölzernen Hände, Beine und auch Köpfe aus Ton sowie die Opfergaben aufbewahrt wurden. 1690 wurde die hölzerne Kapelle von Grund auf erneuert. Seitdem sind die Heiligtümer unverändert geblieben. Im rückwärtigen Anbau der Holzkapelle finden sich hölzerne Gliedmaßen, insbesondere Unterschenkel mit Füßen in Menge, säuberlich aufgeschichtet, einige davon schön bemalt mit Darstellungen der Leiden und Geschwüre sowie zahlreiche Krücken.

In der Einsiedlerkapelle befindet sich auch die große hölzerne Statue des heiligen Hermann mit zum Gebet gefalteten Händen, in Mönchstracht und dunkel bemalt, die berühmte Figur des Hirmon, aus schwerem Birnbaumholz geschnitzt und einst mit einem beweglichen Kopf ausgestattet.

Die Legende berichtet uns von einer mit der Figur verbundenen Sage, der zufolge sie in einem Sägeblock eingeschlossen war und beim Schneiden desselben zum Vorschein kam. Sie wurde zuerst auf einem Erlenstock zur Verehrung aufgestellt, bis man die steinerne Brunnenkapelle erbaute und sie dorthin übertrug. Später wanderte sie dann in die Holzkapelle, die sogenannte Einsiedelei. Die Figur ist die älteste und eigentliche Kultfigur, die Veranlassung zur Entstehung der Wallfahrt gab. Seit „unvordenklichen Zeiten" stand sie bis 1856 in der Rundkapelle (Quellkapelle) und wurde von den Wallfahrern als Gunther (Gründer des Klosters Rinchnach) oder Hermann „gehopst" (gehoben). Dazu wurde die alte, etwa im 17. Jahrhundert umgearbeitete schlichte Holzfigur eines bärtigen Priesters mit Kasel von den Wallfahrern, besonders von heiratswilligen Mädchen, hochgehoben, „gehopst". Sie verehrten den Volksheiligen als geistigen Ehestifter. Mit dem Heben verband sich aber auch der Glaube an ungesühnte Sünden des Hebenden, wenn die Figur nach vorne oder hinten das Übergewicht erhielt und so mit dem Kopfe „knauckte" (nickte). Man legte das Nicken aber auch als Zusage zu einem Anliegen aus, mit dem man zum heiligen Herman gepilgert kam. Über die Art der Auslegung dieses Orakels ist aber nichts Näheres mehr zu erfahren. Der bewegliche Kopf der Figur ist längst mit einem festgeleimten Kopf vertauscht worden, und so ist der weitbekannte Brauch des Hirmonhopsens erloschen.

Votivgaben in einem Anbau der Zelle. Wohl kein Museum weist eine so reichhaltige Sammlung auf.

Die Brunnenkapelle

Neben der Einsiedelei, von der eine inzwischen mehrfach erneuerte Holzkapelle übriggeblieben ist, wurde 1611 über der danebenliegenden Heilquelle eine Rundkapelle erbaut. Die gemauerte Kapelle wurde über der Quelle errichtet, die der Einsiedler Hermann der Überlieferung nach dem Boden entlockt haben soll. Rechts neben dem Südeingang (allgemein nicht zugänglich) ist die Quelle hinter Glas noch sichtbar. In der äußeren Grundmauer der Kapelle befindet sich ein Austritt, aus welchem einst die Quelle hervortrat. Heute wird sie in einen etwas abseits gelegenen Brunnentrog geleitet. Ursprünglich war die Brunnenkapelle als überdachter, auf Säulen stehender Rundtempel gebaut; später wurden die Bereiche zwischen den Säulen zugemauert. Neben der Brunnenkapelle entstand 1656 die große Wallfahrtskirche.

Untersuchung des zentralen Kultortes

Das energetische Zentrum der gesamten Anlage ist der Bereich der Brunnenkapelle. Hier sind die elementaren Energien der Erde, des Wassers und der Luft nachweisbar. Das sind transformatorische Kräfte, die eine Umsetzung geistiger Energien im stofflichen (körperlichen) Bereich bewirken und darüber Heilungsphänomene bewirken können. Die planetare Energie des Ortes ist die der Venus. Energien, die auf eine ehemalige keltisch Kultstätte verweisen könnten, liegen hier nicht vor, auch keine die Chakren beeinflussenden Energien. Dennoch ist es ein Bereich, der Aufladungen mit gesundheitsfördernden Energien bewirkt, insbesondere im geistig-seelischen Bereich (Glückseligkeit, Harmonie). Es finden sich am Quellort die Energien für Orakel, Wasserorakel und die Energien der Engel. Das sind Energien, die auf das Einwirken geistiger Wesenheiten aus dem Naturreich hinweisen und es ermöglichen, einen Kontakt zu ihnen aufzubauen. Ein durchaus interessanter Platz, der sich energetisch von den meisten Standorten unterscheidet, die ich für dieses Buch untersucht habe.

Der Altar in der Brunnenkapelle ist den Seligen Hermann und Degenhard gewidmet.

Untersuchung des Quellwassers von St. Hermann

Ein handelt sich um ein gutes Heilwasser mit angemessener Strahlungsintensität (3,8 m auf der Wasserwellenlänge). Es ist bezüglich der Zirkularpolarisation rechtsdrehend, induktiv (magnetisch) und von der Polarität her Yang. Energetisch zeigen sich keine Besonderheiten im Vergleich mit anderen Wässern dieser Art.

Besondere Energien (Bezeichnung / Strahlungsreichweite)

dauerhafte Heilung	2,8 m	universelle Heilkraft	2,0 m
Gottes Segen	2,9 m	Riss / Spalte (heilig)	2,2 m
Augenquelle	3,4 m	Heilquelle	3,6 m
Lebenskraft	3,0 m	Beredsamkeit	2,8 m
Verwerfung	2,8 m	keltische Heilenergie	2,0 m

St. Oswald

Kirche auf Felsen mit Heilquelle

St. Oswald liegt nördlich von Grafenau, nicht weit entfernt von der tschechischen Grenze. Die ehemalige Probstei- und Wallfahrtskirche zum heiligen Oswald gehört zum Bistum Passau und dem Dekanat Grafenau. Bereits 1319 wird eine dem heiligen Oswald geweihte Kapelle mit einer vom Volk hochgeschätzten Heilquelle erwähnt, tief in den Wäldern am Fuße des Lusen. 1396 entstand hier die erste Klostergemeinschaft.

Die Klostergründung

Ende des 14. Jahrhunderts existierten nur wenige kleine Weiler am Fuße des Rachel und Lusen. Die nur drei Höfe umfassende kleinste Ansiedlung, der Draxelschlag, wurde für die nächsten Jahrhunderte das kulturelle, geistige und verwaltungsmäßige Zentrum dieses Gebietes. Es erlangte diese Hervorhebung durch ein seltenes Naturschauspiel, eine aus dem Felsen entspringende Quelle, der bald heilende Kraft zugesprochen wurde, und über der die ersten Siedler eine kleine hölzerne Kirche errichteten, die

Die Kirche von St. Oswald wurde auf einem Felsen erbaut, aus dem eine Heilquelle entspringt. Der Apsis angebaut, die Quellkapelle.

zum ersten Mal im Jahre 1389 erwähnt wurde. Der namensgebende Patron des späteren Klosters, des Dorfes, der Pfarrei und Gemeinde war der englische König Oswald. Daneben wurden die Heiligen Andreas, Wenzeslaus, Eustachius und die heilige Katharina verehrt. 1368 gründete der Besitzer des Landes bei der Kirche das Kloster St. Oswald und übergab ihm die Grundherrschaft über die umliegenden Orte als wirtschaftliche Basis. Die Geschichte des Klosters währte von 1396 bis zu seiner Auflösung im Zuge der Säkularisation 1803. Die ersten Mönche (1396-1432) waren Pauliner-Eremiten, ein in Ungarn entstandener Orden. Aufgrund eines Wechsels des Besitztums wurde das Kloster neu vergeben: 1437-1563 wirkten hier die Augustiner-Chorherren, deren Herrschaft in den Landeswirren erlosch. Eine Neubesiedelung erfolgte 1450 durch Benediktiner aus Niederaltaich. Das Kloster besaß ein Gästehaus, ein Brauhaus und mehrere Wirtschaftsgebäude. Der größte Teil der gesamten Anlage von Kirche und Kloster fiel im Jahre 1876 einem Brand zum Opfer, bei dem lediglich Brünndlkapelle, Sakristei und das Untergeschoss des Turmes verschont blieben.

Die ehemalige Klosterkirche wurde zur jetzigen Pfarrkirche. Auch wenn an die verjagten Mönche äußerlich heute nichts mehr erinnert als die Gaststätte „Zum Klosterbräu", so hat sich doch eine schaurige Überlieferung von den verjagten Mönchen erhalten, die behauptet, dass einer der Kuttenträger immer noch auf dem Klosterareal umgehe; eine düstere schwarze Gestalt, die unversehens auftrete, und deren Gesicht man nicht erkennen könne, weil es von einer tief herabhängenden Kapuze verborgen sei. Besonders zu Allerheiligen sei eine solche Zeit, zu der unerlöste Tote den Lebenden erscheinen können. Diese kirchliche Grundlehre hatte bereits die keltische Religion gekannt, denn die Nacht vor dem 1. November ist das keltische Samhain. In dieser Nacht sind die Tore zwischen der Anderswelt und dem Diesseits geöffnet, so dass die Geister der Verstorbenen den Lebenden erscheinen können.

Der heilige Oswald: Insignien und Mirakel

Nach der Zeit der frühchristlichen (spätrömischen) Christianisierung der britischen Inseln kamen im Zuge der Völkerwanderung heidnische Angelsachsen aus Schleswig-Holstein und Jütland in die Region und brachten das Christentum zum Erlöschen. Im frühen Mittelalter blühte das Christentum hier aber wieder auf. Das Land war in sieben Königreiche zerfallen. Oswalds Vater war Herrscher über das Königreich Northumbria. Er war Heide und voller Hass auf die christliche Lehre. Er starb 616. Da sein Schwager die Königskrone an sich riss, musste Oswald als zwölfjähriger

Knabe mit wenigen Anhängern das Land verlassen. Er fand Zuflucht auf der südwestlich Schottlands gelegenen Insel Iona in einem vom heiligen Kolumban gegründeten Kloster. Dort wurde er mit der christlichen Lehre vertraut und ließ sich taufen. Im Jahre 634 kehrte Oswald nach Northumbria zurück und besiegte den Britenkönig Caedwalla, der sich dort festgesetzt hatte. Der Überlieferung nach hatte er vor der Schlacht ein hölzernes Kreuz errichten lassen, an dem er sein Heer um den Sieg beten ließ. Zusammen mit einem Mönch gründete Oswald nun das Benediktinerkloster Lindifarne. Sein Reich wurde im Jahre 642 vom heidnischen König von Mercien zerstört, Oswald fiel 38jährig in der Schlacht. Der Feind ließ ihm Haupt und Hände abschlagen und auf Pfählen aufspießen. Seine Untertanen setzten den Leichnam im Kloster Bardney bei, wo ihm schon bald nach seinem Tode zahlreiche Wunderheilungen zugeschrieben wurden.

Oswald wurde in England schon 30 Jahre nach seinem Tod verehrt. Nach dem heiligen Sigismund (Märtyrerkönig Burgunds) ist Oswald der zweite als heilig verehrte König des christlichen Abendlandes. Mit den Schottenmönchen kam die Verehrung des Heiligen auf das Festland, wo er aufgrund seiner Namensverwandtschaft – Oswald - Asnwalt - Asenherr – in christlicher Umdeutung zähen heidnischen Volksglaubens mit dem höchsten germanischen Gott Wotan gleichgesetzt wurde. Der Rabe und seine Verehrung als Wetterherr erklären sich aus dieser Verbindung. Im Spätmittelalter wird Oswald zum Volksheiligen, verehrt in zahlreichen Gnaden- und Wallfahrtskirchen, vielfach in die Reihe der 14 Nothelfer aufgenommen.

Zwei Mirakel führen den Raben an: Als man Oswald zum König weihen wollte, zerbrach das Gefäß mit dem Salböl. Es kam ein Rabe vom Himmel geflogen, der brachte eine güldene Büchse mit Chrisam im Schnabel, und an seinem Hals hing ein Brief, der mit einem goldenen Kreuz versiegelt war. Den Raben hielt der Gesalbte in Ehren, und er blieb fortan am Hofe.

Oswald wählte zur Gemahlin die Tochter eines heidnischen Königs, der bisher alle Bewerber hatte töten lassen. Er sandte seinen Raben mit Brief und Ring als Brautwerber zur Prinzessin. Der führte den Auftrag aus, und die Prinzessin gab ihr Ja-Wort. Der Vater wollte sie nicht ziehen lassen, so dass Oswald sie entführen musste. Der heidnische König eilte ihm mit seinem Heer nach und stellte Oswald zum Kampf. Sie kämpften drei Tage lang, und Oswald besiegte ihn schließlich mit Gottes Hilfe. Als Oswald verlangte, sein Schwiegervater solle sich taufen lassen, antwortete dieser: „Ich lasse mich nicht taufen, du machest denn, dass aus dem harten

Stein Wasser fließe.“ Da stieß König Oswald mit dem Fuß an den Felsen, und es floss sofort schönes, klares Wasser heraus. Daraufhin taufte Oswald seinen Schwiegervater, dessen Diener und sein ganzes Heer.

Die Wallfahrt zum Oswaldibrünnlein

Die Brunnenkapelle, die sich der Kirchenapsis unmittelbar anschließt (so ist es auch schon auf alten Gemälden zu erkennen) wurde um 1700 anstelle einer älteren Kapelle errichtet. Es muß sich hier wohl um ein uraltes Quellenheiligtum handeln. Der Altar steht vor dem gewaltigen Felsen, aus dem die Heilquelle entspringt. Über dem Felsen steht die Pfarrkirche. Eine solche Anlage ist nur noch selten aufzufinden. Links neben dem Altar der Brunnenkapelle führen drei Stufen zu einem Steinbecken hinab, in welches über einen Schlauch das Wasser der außerhalb des Sakralraumes austretenden Quelle geleitet wird. Holzmalereien an der Wandvertäfelung der Brunnenkapelle zeigen Legenden um den heiligen Oswald und die wundersamen Wirkungen des Gnadenbrunnens. Die Wallfahrt war im 18. Jahrhundert sehr bedeutend. Die Pilger wuschen sich mit dem Heilwasser die schwachen und kranken Glieder und die Augen. Als Opfergaben brachten sie Naturalien und Tiere aus Wachs.

Wallfahrt gründet auf der Überzeugung, dass Gott an bestimmten Orten besonders geneigt ist, die Gläubigen – unterstützt durch die Fürsprache der dort verehrten Heiligen – in ihren Bitten und Anliegen zu erhören. Die aus dem Felsen entspringende Quelle galt als Zeichen göttlicher Allmacht und Gnade und wurde schon sehr früh Anziehungspunkt Bittender und Hilfesuchender. Dem „crystall-reinen Wasser“ des Oswaldibrünnleins wurde bald heilende Wirkung zugesprochen, besonders die Kraft, die schwachen Augen zu stärken, die Gichtbeschwerden zu lindern, Pest, Feuersbrunst

Links: Altar in der Brunnenkapelle von St. Oswald. Links führen Stufen hinab zu einem Becken, in das die Quelle abgeleitet wird. Rechts: Hinweis zur Brunnenkapelle auf dem Weg zur Kirche.

Links: Blick vom Pfarrgarten aus zum Ursprungsfelsen. Hier befindet sich ein natürlicher Trog, in dem sich immer klares Wasser befindet Das Baden wäre hier aber sicher nicht ungefährlich.

Rechts: Das gemauerte Bassin, in dem das Quellwasser gesammelt wird, bevor es in einem kleinen Bächlein abfließt.

Unten: Bronzefigur des heiligen Oswald am neu errichteten „Brunnberg“ aus Granitfindlingen. Hinter der Figur befindet sich das Becken mit dem gesammelten Heilwasser.

und Hochgewitter abzuwenden. Das Wasser wurde auch zu Nutzen und Hilfe für das kranke Vieh weit und breit hinweggetragen. Zahlreiche Miracula und Wunderwerke machten St. Oswald über die nähere Umgebung hinaus bekannt. Die Pilger kamen aus Bayern, der Passauer Region, aus Böhmen und Oberösterreich. Neben Opfergaben wie Garn und Geld wurden Naturalien (Schmalz, Wachs, Eier) und Tiere (Hennen, Kälber) geopfert. Mit der Aufhebung des Klosters ging die Wallfahrt zurück, erlosch aber nie ganz.

Die Bründlkapelle

Die Bründlkapelle mit sechseckigem Grundriss, die sich östlich an die Apsis der Kirche anfügt, hat den Brand unversehrt überstanden. Dem Eingang gegenüber ist unter einem weiten Halbbogen ein Teil des mächtigen Felsens sichtbar, aus dem die Quelle entspringt, die Grund und Anfang des Heiligtums war. Unmittelbar vor dem Felsen steht der steinerne Altartisch. Der barocke Altaraufbau musste entfernt werden. Zu ihm gehörte die spätgotische (1430/1440) Holzfigur des heiligen Oswald im königlichen Ornat mit dem Raben, die jetzt über dem Felsenbogen an der Wand angebracht ist. Auf der linken Seite des Altares wird in einem Becken drei Stufen unter dem Pflaster der Kapelle das im Sommer und Herbst leider nur noch spärlich fließende Wasser der Quelle gesammelt. Die Wände der Kapelle sind mit Holz verkleidet, auf dem in gut erhaltener Malerei die Geschichte des Klosters und die Wunderwirkung der Heilquelle dargestellt sind. Darüber hinaus finden sich sinnbildliche Darstellungen aus dem Alten und Neuen Testament, die sich auf die Felsenquelle und die Wunderkraft des Brünnleins beziehen. Moses schlägt Wasser aus dem Felsen, Jesus mit der Samariterin am Jakobsbrunnen. Die Wandverkleidung wird auf etwa 1730 datiert.

Interessante Aspekte zeigen sich, wenn man die Quellenkapelle von außen betrachtet, von der Seite des Pfarrhofes her gesehen. Hier zeigt sich im Felsen eine tiefe, trogartige Nische, die auch in Trockenzeiten stets mit Wasser gefüllt ist. Der natürliche Trog ist von einer Größe, dass man gerade hineinsteigen könnte. Es sieht so aus, als ob dieses Becken künstlich nachbearbeitet wurde, um hier ein kultisches Bad zu schaffen. Das überfließende Wasser wird nach außen in ein wohl auch schon recht altes, naturgemauertes Bassin geleitet, das ebenfalls den Eindruck eines Badebeckens macht, allerdings von einer Größe, die zahlreiche badende Personen aufnehmen könnte. Haben hier die Pilger in dem heiligen Wasser gebadet?

Handelt es sich um Reste eine ehemaligen „Oswaldibades“? Aus der Überlieferung ist mir leider nichts darüber bekannt geworden.

Woher kommt das Wasser der Heilquelle? Während eines radiästhetischen Arbeitstreffens haben wir hier 2008 eine Untersuchung durchgeführt. Die Wasserführung hat nichts mit der Lage der Kirche zu tun, sondern verbleibt im Bereich der Quellkapelle. Das Wasser kommt vom nördlich der Kapelle gelegenen Hang jenseits der Straße. Dort befindet sich eine kleine Wiesenmulde. Hier war ehemals ein Brunnen gelegen, der die zum Kloster gehörende Brauerei mit Wasser versorgte. Das Wasser selbst kommt aber von noch weiter oberhalb, einer bewaldeten Region, die aufgrund ihrer seltsamen Steinformationen mit einer vorchristlichen (keltischen) Kultstätte in Verbindung gebracht werden könnte.

Untersuchungen am Standort der Brunnenkapelle

Die Kultstätte am Felsen bzw. am Standort der Brunnenkapelle war mit großer Wahrscheinlichkeit in der vorchristlichen Epoche ein Kultort, an dem die Gottheiten der Erde verehrt wurden. Die entsprechenden Energien sind kapazitiv-elektrisch mit der Polarität Yin nachweisbar, was eindeutig für eine Kultstätte der Erdmutter spricht. Dass es sich hier um einen sehr alten Kultort handeln muß, beweist auch das Vorhandensein der Energien für Orakel bzw. Wasserorakel und für Magie und Zauberei im positiven Sinne. Diese Energien sind nur dann heute noch anzutreffen, wenn an einem Kultort über lange Zeiten hinweg Kulthandlungen durchgeführt und Opfergaben an die Erd- und Naturgottheiten dargebracht wurden. Die Wesenheiten wurden durch die Kulthandlungen angezogen und sind heute immer noch präsent.

Die hier wirksamen planetaren Energien betreffen die Planeten Venus und Jupiter. Venus steht für die weibliche Gottheit und Jupiter für die oberste männliche Gottheit entsprechend den Personifikationen Zeus, Wotan, Jupiter, Gottvater usw. Damit handelt es sich hier um eine Stätte, an der die höchsten „männlich konfigurierten“ Schöpfungsenergien mit den Energien der Erdmutter in einen Zusammenhang gebracht werden im Sinne einer Vereinigung unterschiedlicher Polaritäten. Die Möglichkeit für den Hilfesuchenden, an diesem Ort eine harmonische Angleichung der eigenen Körper-Polaritäten zu erlangen, ist von großer Bedeutung für das körperliche und geistige Wohlbefinden. Die elementaren Energien an diesem Ort sind Luft und Erde, also auch hier eine Angleichung zwischen einer höheren Ebene (Element Luft) und der stofflichen Realität (Element Erde). Luft ist ein Element des Ausgleichs bzw. der Angleichung, während das Element Erde eine Fixierung der von höherer Ebene aufgenommenen Energie oder Erkenntnis auf der Ebene der Realität, der Stofflichkeit bewirkt. Planetare und elementare Energien wirken hier Hand in Hand, um heilsame göttliche Energien in die Realität, in die Physis des Menschen zu integrieren. Im Zusammenhang mit direkt wirksamen physischen Energien werden hier fünf Chakren angesprochen: das Wurzelchakra, das Bauch-Chakra (Sexualchakra), das Nabelchakra (Solarplexus), das Herzchakra sowie das Kehlkopfchakra. Das Kehlkopfchakra hat eine Beziehung zum Element Luft und knüpft eine Verbindung zwischen den vitalen körperlich-seelischen Energien zum geistigen Zentrum des Menschen hin, ein Energiefluss sozusagen zwischen der Innenwelt und der Außenwelt des Menschen. Über das Halschakra werden geistig-seelische Prozesse zum Ausdruck gebracht. Weitere physisch direkt wirksame Energien wirken auf Ovarien und Gebärmutter, was auch auf dieser Ebene einwandfrei einen weiblich geprägten Kultort bestätigt. Eine Öffnung der geistigen Ebenen des Menschen an diesem Ort wird bewirkt durch Energien, die für Meditation, Gottesfriede und Telepathie stehen. Diese Energien öffnen den Menschen nach oben hin und ermöglichen es, höhere Erkenntnisse zu gewinnen. Auch die Energien der Engel sind an diesem Ort nachweisbar; sie vermitteln zwischen der geistigen Welt und der stofflichen Realität. Insgesamt handelt es sich also um einen Ort, an dem körperliche, seelische und geistige Hilfen erwartet werden können. Ich habe selten ein so harmonisches Zusammenwirken entgegengesetzt polarer Energien feststellen können, wie gerade an diesem Ort.

Der neu errichtete Wallfahrerweg

Vor wenigen Jahren wurde im Nahgebiet der Kirche von St. Oswald ein Wallfahrerweg errichtet, der das nahegelegene Waldgeschichtliche Museum mit der Bründlkapelle verbindet. Er beginnt mit einem Monumentalkreuz am Wiesengraben und führt über einen Meditationsweg an Granitfindlingen (versehen mit Bronzesymbolen aus der Bergpredigt) vorbei zum sogenannten Brunnenberg, der ebenfalls aus Granitfindlingen errichtet wurde und eine Reihe von Bronzekreuzen trägt sowie eine Figur des heiligen Oswald. Hinter dem Wallfahrerweg steht die Idee, den Geist des Pilgers über meditative Techniken (Symbole der acht Stationen) zu öffnen, damit er seine Last am Brunnenberg mit der Heilquelle ablegen kann gleich einem Stein, mit dem er den aufgeschichteten Granitberg belegt. Es ist ja eine alte Tradition, als Sühneleistung einen Stein mit auf die Pilgerfahrt zu nehmen, um ihn am Ziel der Wanderung abzulegen, um sich mit dieser Handlung gleichsam von einer seelischen Last zu befreien. Es ist eine gute Wahl gewesen, für die Stelen Naturstein zu verwenden. Meine Untersuchung zeigt, dass sich zwischen den Steinen eine rechtsdrehend-induktive Energiezone ausgebildet hat mit lebenspositiven Eigenschaften. Den Geist beeinflussende, kapazitive Heilenergien fehlen hier allerdings. Sie könnten aber durch Einbringen guter Weihegaben in die Stelen in die Strahlungszone eingebracht werden.

Untersuchung des Heilbrunnens von St. Oswald

Das Wasser ist von der Zirkularpolarisation her rechtsdrehend, induktiv (magnetisch) und von sehr hoher Strahlungsintensität (9,5 Meter auf der Wasserwellenlänge). Die Polarität ist Yang. Es handelt sich um ein typisches Spaltenwasser. Man sieht es daran, dass die Wellenlänge für Riss / Zerstörung im Wasser die höchste Intensität aufweist. Alle für ein Heilwasser bedeutsamen Energien sind vorhanden.

Besondere Energien (Bezeichnung / Strahlungsreichweite)

dauerhafte Heilung	10,0 m	universelle Heilkraft	10,2 m
Gottes Segen	9,7 m	Riss / Spalte (heilig)	12,0 m
Lebenskraft	9,7 m	Beredsamkeit	0,4 m
Verwerfung	8,9 m	Heilig / Leben	10,0 m
Augenquelle	10,7 m	Heilquelle	10,1 m

St. Salvator am Bogenberg

Orakelplatz und Quellenkultstätte

Die Bedeutung des Bogenberges als Wallfahrtsort

Um zum Bogenberg zu gelangen, nimmt man die Ausfahrt Bogen der A 3 Regensburg-Passau in Richtung Bogen. Dann folgt man der Beschilderung zum Bogenberg. Die Straße zum Bogenberg führt direkt an der Kirche St. Salvator vorbei. Die ehemalige Einsiedelei mit der Heilquelle ist bewohnt, der Besitzer hat dort eine Gaststätte eingerichtet.

Der Bogenberg (Grintel) zählt zu den uralten Heiligtümern des Landes. Die ältesten Spuren verweisen auf die jüngere Steinzeit und die frühe Bronzezeit. Alte Befestigungsanlagen sind auf der dreistufig gegliederten Terrassenanlage des Berggipfels nachgewiesen. Mehrere Urnengräberfelder und Höhlensysteme sind beschrieben. Die Reste mächtiger Wälle verweisen auf eine vorchristliche Befestigungsanlage; ein illyrisches Heiligtum wird vermutet. Die Siedlungen und Höhlenbefestigungen mit Wall und Graben (teils in massiven Fels gehauen) ließen den Bogenberg neben dem Michelsberg bei Kelheim zu einem der bedeutendsten vor- und frühgeschichtlichen Plätze dieser Art in Niederbayern werden.

Nach dem Eindringen der germanischen Eroberer, der Aufgabe der römischen Kastelle am Limes und der Zerstörung durch ungarische Horden, kommt die Region unter der Herrschaft der Abensberger zur Ruhe. Die Klöster werden neu aufgerichtet, alte Heiligtümer wieder instandgesetzt. Niederaltaich (welches Besitzungen bei Bogen besaß) wurde bereits im 8. Jahrhundert (741) gegründet; 1080 erfolgte die Gründung von Oberaltaich. Die Gründerfamilien schenkten dem

Das ursprüngliche (steinerne) Gnadenbild der Bogenbergkirche wurde der Legende nach von der Donau angeschwemmt.

Kloster den Grintel mit der bereits darauf befindlichen Kirche „Bogans“, die der heiligen Maria geweiht war.

Der Bogenberg gilt neben Altötting seit Jahrhunderten als eine der bedeutendsten Wallfahrtsstätten Altbayerns. Die Überlieferung berichtet, dass die Wallfahrt zum Bogenberg bereits 1104 ihren Anfang genommen habe; der wirkliche Beginn ist allerdings unbekannt. Die Legende, dass die Wallfahrt zum Bogenberg 1104 begonnen hat, ist vermutlich Mitte des 15. Jahrhunderts entstanden. Die Erzählung trägt das Motiv der Stromsage bzw. Anschwemmungslegende: Im Jahre 1004 ist das (steinerne) Muttergottesbild auf der Donau gegen den Strom geschwommen und am in die Donau hineinragenden Riff (mit einer Marienfigur darauf) angeschwemmt worden. Es gelangte zunächst in die Schlosskapelle des Grafen und zeigte sich hier als wundertätig, so dass es in die Bogenbergkirche gebracht wurde. Später wurde die Legende dahingehend abgeändert, dass man das Gnadenbild auf einem Schiff aus dem Orient kommen ließ, wo gegen die Heiligenbilder gewütet wurde. Aus besonderer Zulassung Gottes sei das Gnadenbild nach Bogen gelangt und an dem „Marienstein“ gestrandet. Die Kalksandsteinfigur befand sich bis 1982 außen an der Nordseite der Kirche, hoch über der Sakristei und trägt entsprechende Verwitterungsspuren. Dies ist das ursprüngliche Andachtsbild, eine Urmutter mit breitflächigem, blicklosem Antlitz.

Das Gnadenbild der Muttergottes in der Hoffnung

Der Bogenberg war um 1400 das größte Marienheiligtum Bayerns. Das Denken der Wallfahrer konzentrierte sich erst in späterer Zeit auf das heute verehrte Bild der Maria in der Hoffnung, der Maria Gravida, ein für Bayern einmaliger und unverwechselbarer Gnadenbildtypus. Die Figur der jetzigen Verehrung kam wohl um 1400 in die Kirche, als letzte der insgesamt vier steinernen Marienbilder. Neuere Forschungen datieren das Kultobjekt in das späte 13. Jahrhundert und damit an den Beginn des spätgotischen Kirchenbaues. Die Figur ist bemalt und weist grobe Gipsausbesserungen auf. Die Mirakel zu diesem Gnadenbild stammen vom Anfang des 15. Jahrhunderts. Während der Kriegswirren im 18. Jahrhundert wurde die Figur im Karmeliterkloster zu Straubing in Sicherheit gebracht. Das Bild war mit Schleiern und Röcken vollständig eingehüllt. Bei der Restaurierung entdeckte man in einem viereckigen Grübchen die Namen Gottes in 11 verschiedenen Sprachen. Die Jesusfigur im Leib der Hochschwangeren wurde 1955 nicht mehr vorgefunden, ebenso fehlt die Platte mit den Gottesnamen. Die Sandsteinfigur ist 105 cm hoch und 60 kg schwer. Sie erfuhr im Laufe der Jahrhunderte mehrere Beschädigungen und Veränderungen, letztere in Anpassung an die zeitgenössischen Frömmigkeitsvorstellungen.

Der verborgene Schatz im Frauenberg

Die sichtbaren Wallanlagen des Bogenberges, die Ergebnisse von archäologischen Grabungen sowie die Energien des Kultortes (Radiästhesie) verweisen auf eine Stätte, die den drei heiligen Muttergottheiten gewidmet war, die bereits in vorchristlicher Zeit in seelischen und körperlichen Nöten angerufen wurden. An diesem Ort berichtet die Sage von einem Schatz, der über hundert Meter tief unter dem Burgstall des Berges in einem kupfernen Kessel verborgen liegen soll. Die Sage berichtet auch von einem Hirten aus Schwarzenberg, der auf der Suche nach einem verirrten Tier seiner Herde noch spät am Abend zum Burgstall hochstieg. Dort erschien ihm eine seltsam gekleidete Jungfrau, die ihn bat, den Schatz zu heben und sie damit zu erlösen. Das sei aber nicht leicht. Zwei Exorzisten müssten mit ihm bei Vollmond auf den Berg steigen und ihr Werk vollbringen, ohne sich vom Blendwerk des Bösen davon abbringen zu lassen. – Zu dritt schritten sie um die elfte Stunde den Berg hinan. Eine Flamme loderte auf dem Gipfel als Zeichen, dass der Schatz sich aus der Tiefe erhoben hatte. Schreckliche Dinge sollen sich jetzt abgespielt haben, doch die Exorzisten blieben standhaft gegen die Mächte des Bösen. Alle drei erreichten den Gipfel des Berges und sahen den leuchtenden Kessel, die Schale der Erlösung. Doch nun ereignete sich Fürchterliches: Die Erde öffnete sich unter ihnen und heraus ringelte sich ein grässlicher Wurm, der um sich griff und den gesamten Gipfelbereich des Berges mit seinem Leib umschlang. Das war zuviel des Schreckens; die drei rannten um ihr Leben. Der Schatz aber fuhr in den Berg zurück und mit ihm die unerlöste Jungfrau. Dort ruhen sie noch heute und warten auf Erlösung.

Die Sage berichtet uns vom Untergang des Dreifrauenkultes und dem damit verbundenen Wissen. Die drei heiligen Frauen hüteten das Wissen um Zeugung und Geburt, um Leben und Reifung, um Tod und Wiedergeburt, um die Bedeutung der Jungfernschaft. Verborgen war dieses Wissen zur Zeit der Sage (über hundert Meter tief), und weil niemand den Mut fand, es in die Öffentlichkeit zu tragen, versank es wieder ins Verborgene und wartet weiter auf Erlösung. Der Schatz kann nur bei Vollmond gehoben werden, denn das ist die Phase der hohen Weiblichkeit. Des Kessel ist ein Symbol des Weiblichen, sein Material (Kupfer) ist das Metall des Venus. Er spendet die Fülle des Lebens, wie das Füllhorn der Fortuna, die astrologisch der Venus entspricht (Fortuna minor). Die Schlange ist ein Symbol der Weisheit, aber auch der Lebensfülle. Sie vermag zu geben und zu versiegeln. In ihrer Form des Ouroboros oder Midgardschlange (Schlange, die sich selbst in den Schwanz beißt) ist sie das Symbol des sich stets erneuernden Lebens und damit der Wiedergeburt und der Ewigkeit. Machtgierige (unwissende) Menschen verteufelten den Kult der drei Frauen. Doch der Teufel wohnt nicht im Berg, sondern im Menschen selbst. Und wer in sich selbst das Böse bekämpft, kann den Schatz durchaus heben, das verborgene Wissen wieder aktivieren, ohne „hundert Jahre" auf eine Gelegenheit warten zu müssen.

Die „weiße Frau" nimmt die Stelle der Erdmutter ein, ihre Trinität kennzeichnet ihre Wirkungsaspekte der Mutterschaft, der Reifung sowie der Wandlungsphase. Rudimente dieser Verehrung finden sich noch heute im Kult um die „drei Bethen", den „drei heiligen Madeln", den „drei Marien". „Margaretha mit dem Wurm" tritt hier an die Stelle der Erdgottheit in ihrer Singularität, oftmals ersetzt durch Maria Magdalena.

St. Salvator und die Einsiedelei auf dem Bogenberg

Auf der untersten Stufenterrasse des Bogenberges liegen Wallfahrtskirche und Einsiedelei St. Salvator. Die Kapelle „St. Salvator im Hölzl" wurde 1463 an der Stelle erbaut, wo durch das Missgeschick eines Jungen am Karfreitag 1413 eine Hostie zu Boden gefallen war. Der Abt von Oberaltaich ließ dort noch im gleichen Jahr eine hölzerne Kapelle errichten. Die wundertätige heilige Hostie bildete den Mittelpunkt der Kirche und war Ziel der Wallfahrer. Neben dem St. Salvator-Patrozinium existiert ein Patrozinium der Schmerzhaften Muttergottes, das aber erst später eingerichtet wurde.

Der Chor der jetzigen Kirche bildet drei Seiten eines Achtecks. Die spätgotische Kirche ist im Rokokostil ausgemalt. Das Ölgemälde in der Mitte der Tabernakeltüre stellt Christus in der Kelter mit Armen Seelen dar. Auf einer Konsole eine spätgotische Vespergruppe von 1462, die „Drei-Hände-Pieta". Alte Glasfenster mit biblischen Szenen tragen die Jahreszahl 1468. An der Außenseite der Kirche ist in einer Nische über dem Portal ein Gemälde angebracht, welches das Schweißtuch Christi darstellt. Die vielen geopferten Krücken, Arme, Füße und Hinterglasbilder zeigen sich jetzt auf ein Minimum reduziert. Mit der Auflösung des Klosters Oberaltaich um 1800 kam die Wallfahrt hier zum Erliegen.

Die ehemalige Klause neben der Kirche ist ein zweigeschossiger Bau des 18. Jahrhunderts. In ihrem Keller befindet sich eine Ausschachtung, zu der neun Stufen hinabführen. Den Boden dieses Raumes bildet das Quellwasser, frisches, kühles Trinkwasser von besonderer Energiequalität. Der hier einst lebende Einsiedler versah den Mesnerdienst in der Wallfahrtskirche und stellte den Pilgern Wasser aus der Quelle zur Verfügung. Lange vor der Eremitenunterkunft muß hier schon ein Mesnerhaus existiert haben (um 1540), von dem ein Protokoll aus dem Jahre 1640 berichtet. 1656 bezog der erste Einsiedler, ein Schneider, das Mesnerhaus, damit änderte sich auch der Ausbau und die Nutzung. 1723 wurde die baufällige Klause in fast zehnjähriger Arbeit und hohem finanziellen Aufwand erneuert. Beim Umbau wurde die Wasserstelle des Hauses eingefasst, überwölbt und in das Klausengebäude integriert. Die Anlage war „voll träumerischen Reizes“, und das Wasser schimmerte bei einfallendem Sonnenlicht „in grüngoldenem Glanze“. Von der östlichen Außenwand der Klause konnten Pilger durch ein Fenster Wasser schöpfen, ohne die Klausner zu behelligen.

Links: St. Salvator am Bogenberg mit ehemaliger Eremitenklause. Rechts: Außenzugang zur Heilquelle neben dem Hauseingang.

Radiästhetische Untersuchung des Kapellenstandortes

Der Standort der Kirche St. Salvator weist alle keltentypischen Energien auf, kapazitiv-elektrisch und Yin. Demnach scheint es sich um einen Kultort zu handeln, der bereits in vorchristlicher Zeit entstanden ist und der Erdmutter galt in ihrer dreifachen Gestalt. An elementaren Energien herrschen hier die Kräfte für Feuer, Luft und Erde. Das bedeutet, dass hier insbesondere geistige Eingebungen erwartet werden können (Feuer, Luft) mit einer Tendenz zur Manifestierung auf der körperlichen Ebene (Erde). Das gilt natürlich auch für Aspekte der Gesundheit. Die planetare Energie des Mars hilft, die Eingebungen in die Tat umzusetzen. Die Heilkräfte des Ortes sprechen das Immunsystem an, die Sexualkraft, und dienen Männern und Frauen gleichermaßen. Vier Chakren kommen hier in Resonanz: das Wurzelchakra, das Bauch-Chakra (Sexualchakra), das Nabelchakra (Solarplexus) sowie das Herzchakra. Insgesamt gesehen ist es ein Ort für körperliche, seelische und geistige Hilfen, auch die Energie für Wunderheilungen ist vorhanden. Die Tatsache, dass hier Energien gleichzeitig von „oben“ (Elemente Feuer, Luft) sowie von „unten“ (Beeinflussung der unteren Chakren) zusammentreffen, macht diesen Kultort zu etwas Besonderem.

Es handelt sich auch um einen Ort zur Beeinflussung der vier Elemente, insbesondere zur Beeinflussung des Wetters, des Windes, der Windgottheiten. Das ist für einen Kirchenstandort, der nicht auf einem Gipfel liegt, etwas ungewöhnlich, aber vielleicht spricht hier der starke Gegensatz zwischen der Donauebene und dem Höhenrücken des Bogenberges besonders an. An Energien mit spirituellem Charakter finden sich hier die Einflüsse der Erdgottheiten, der Kontaktaufnahme zu höheren Mächten und Kräften sowie der höheren Erkenntnis. Hier ist eine Kommunikation mit Gottheiten möglich. Dann finden sich Energien für die Telepathie, Meditation, Erleuchtung, die Energien der Engel sowie für langes Leben und paradiesische Energien. Insbesondere hervorzuheben ist die hier anzutreffende Energie für einen Orakelplatz, interessanterweise ohne die sonst üblichen „magischen“ Beigaben, also keine Magie oder Zauberei.

Untersuchung des Quellwassers in der ehemaligen Klause

Aus radiästhetischer und gesundheitlicher Sicht ist es nicht unproblematisch, über einem Brunnen mit solcher Strahlungsintensität zu wohnen, auch wenn es sich um ein Heilwasser handelt. Durch die Energien des Wassers kommt der Bewohner in Resonanz mit den Energien des Ortes, was unter Umständen zu einer Fremdbeeinflussung führen kann oder zumindest doch zu Beeinflussungen des Nervensystems. Das Wasser ist rechtsdrehend, induktiv (magnetisch) und kapazitiv (elektrisch), wirkt also auf Körper und Geist gleichermaßen. Die Polarität ist Yang und entspricht damit nicht unbedingt dem üblichen Charakter des Wassers an ehemals keltischen Kultstätten. Die Strahlungsreichweite der Heilenergien ist mit bis zu zehn Metern ungewöhnlich hoch.

Besondere Energien (Bezeichnung / Strahlungsreichweite)

dauerhafte Heilung	7,9 m	heiliger Geist, kap.	9,9 m
Beredsamkeit	9,9 m	Engelsbrunnen, kap.	10,1 m
universelle Heilkraft	9,0 m	Augenquelle	10,5 m
Gottes Segen	9,6 m	keltische Heilenergie	10,2 m
Lebenskraft	9,8 m	Glück, Paradies	10,4 m

Religiös-volkskundliche Besonderheiten

Der hölzerne Fuß Christi als Orakel

Im Eingangsbereich der Kirche, gleich rechts befand sich in einem eigens dafür geschaffenen Loch der einst berühmte hölzerne Schuh (jetzt Nachbildung, „Fußorakel"), der mit einem einzigen Stoß so geschwungen werden musste, dass er sich mindestens dreimal um die Stange drehte, an der er befestigt war. Das galt als Zeichen, dass der Schwinger ohne Todsünde sei. Eine spätere Deutung besagte, dass es ein gutes Zeichen war, wenn die Zehen des Fußes in Richtung Altar schauten, sobald der Fuß zur Ruhe gekommen war. Im anderen Fall habe der Betreffende eine schwere Sünde begangen, oder er müsse noch in diesem Jahr sterben. Eine beliebte Frage war um 1900: „Bekomme ich heuer noch einen Hochzeiter?" Wegen des vielen Unfugs ließ der Pfarrer 1900 den „hölzernen Vorfuß" entfernen und das Loch zumauern. Die jetzt vorzufindende Nachbildung entspricht dem Original. Der Schuh wird heute noch als Orakel verwendet. Wenn nach dem Schwingen die Spitze zum Altar zeigt, heißt das „Ja" auf eine zuvor gestellte Frage. Im übrigen wird weiter berichtet, dass das erfolgreiche Drehen des Fußes wegen der Enge der Nische und des klug verlegten Schwerpunktes des Schuhmodells fast immer illusorisch blieb. Andererseits gab es auch einige Leute, die im Drehen des

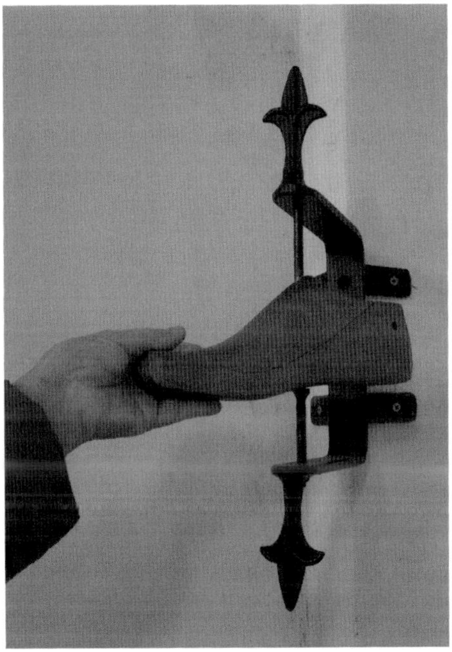

Schuh-Orakel in der Salvatorkirche. Zeigt die Schuhspitze zum Altar (Orakelplatz) ist die Frage mit „ja" beantwortet.

Fußes eine solche Übung hatten, dass die Fußspitze stets zum Altar zeigte. – Meine diesbezüglichen Untersuchungen zeigen, dass das Schuh-Orakel auf einer Verwerfungslinie liegt, die vom Bogenberggipfel kommend über den Altarbereich ins Tal hinabzieht. Der Altar selbst steht auf einem echten Orakelplatz, was für eine ältere (keltische) Kultstätte spricht, denn die entsprechenden Wellenlängen befinden sich auch in dem Wasser der Quelle.

Der Geistliche Glückshafen

Wesentlich älter als die erste literarische Erwähnung dürfte der sogenannte Geistliche Glückshafen sein, der sich bis etwa 1940 im Betraum an der Westseite der Umfassungsmauer befand und sich jetzt wieder dort befindet (sog. Kerker). Zu ihm gehörte eine beschriebene Tafel, auf der die Armen Seelen in 60 Kategorien eingeteilt waren, und ein Kasten, in dem ebenso viele Karten lagen. Wer nun in dem kleinen Raum durch ein vergittertes Fenster zum Kerkerheiland beten wollte, zog vorher ein Los aus dem Kasten. Dann widmete er sein Gebet der Erlösung der armen Seele aus dem Fegefeuer, die auf der Tafel unter dieser Nummer bezeichnet war. Der älteste Beleg für diese geistliche Lotterie fand sich in Südtirol und wurde ins 17. Jahrhundert datiert.

Die Holzkirchener Kerzenwallfahrt

Die Holzkirchener Kerzenwallfahrt gehört neben dem Engelmariesuchen in St. Englmar und dem Kötztinger Pfingstritt zu den großen brauchtümlichen Darstellungen der Pfingsttage in Niederbayern. Es ist eine Fußwallfahrt, die am Pfingstfreitag von Holzkirchen aus über 75 km zum Heiligtum auf den Bogenberg führt und dort am Pfingstsonntag endet. Sie wird schon seit über 500 Jahren durchgeführt. Die Kerze, ein mit glutroten Wachssträngen umwickelter, 13 m langer und einen Zentner schwerer, mit grünen Büschen verzierter Fichtenstamm, wird von kräftigen Männern auf der Schulter, und an manchen Stellen stehend, von einem einzigen Mann auf den Bogenberggipfel hinaufgetragen – ein langer Wallfahrerweg. Als Ursprung der Wallfahrt wird ein Gelübde angegeben, als Dank für die Errettung von einer Borkenkäferplage im Jahr 1492.

Die „lange Stange“ ist ein junger Fichtenstamm, der erst am Vorabend der Wallfahrt gefällt und bearbeitet wird. Ein solches „Reis“ zum Bogenberg zu tragen, zu einer Kultstätte für die Muttergottheiten, entspricht einem uralten Fruchtbarkeitsritus, der hier möglicherweise intuitiv im Mittelalter unter einer neuen Sinngebung wieder aktiviert wurde. Es ist schon ein besonderes Kunststück, die 13 m lange und ein Zentner schwere Kerze aufrecht stehend den Berg hinaufzutragen. Die meisten Träger haben dieses von Kindesbeinen an geübt. Fällt die Kerze um, bedeutet das unausweichlich Unglück; zweimal ist das schon passiert, unmittelbar vor dem Beginn der Weltkriege. Also wieder der Orakelcharakter. Nach der Ankunft auf dem Berg wird die Kerze dem Sonnenlauf folgend einmal rund um die Kirche getragen, ein altes Verfahren des Bindens an die Energien des Ortes. In der Kirche wird die „Kerze" zum letzten Mal aufgestellt und vor den Chorraum getragen, wo sie nun für die nächsten zwei Jahre ihren Standplatz hat.

Einige lange Passagen muß die „Kerze" aufrecht stehend getragen werden – nur starke und erfahrene Männer schaffen dies.

Grafenau / Brudersbrunn

Heilung aus Fieberwahn begründet die Wallfahrt

O heiligste Dreifaltigkeit
beschirm uns gnädig alle Zeit.
Schick einen reichen Gnadentau
auf unsre Heimat Grafenau.

Die Wallfahrtsstätte Brudersbrunn liegt am Ortsrande (südwestlich) von Grafenau in einem kleinen Waldgebiet am Frauenberg. Von Grafenau aus führt ein Wallfahrerweg (Dreifaltigkeitsweg) zur Kapelle mit Brunnen. Die Wallfahrt zur Heiligsten Dreifaltigkeit gehört zum Bistum Passau, Pfarrei Grafenau. Von der Umgehungsstraße (B 533) fährt man ab in Richtung „Haus im Wald“ (Schärdinger Straße) und gleich rechts hinauf in die Straße „Zum Brudersbrunn“. Bei den letzten Häusern biegt man rechts in einen Forstweg, vorbei an einem Wasserbehälter und erreicht so den Waldparkplatz. Der Wegmarkierung Nr. 2 folgend erreicht man in wenigen Minuten die auf einer kleinen Waldlichtung stehende Kapelle. Neu errichtete Bänke laden zur Rast und künden

Brudersbrunn bei Grafenau mit Freialtar. Der starke Platz befindet sich zwischen der Pflasterung und dem Kapelleneingang. Schräg gegenüber der Kapelle zwei Granittröge, in die das Heilwasser fließt.

von einer regelmäßig erfolgenden größeren Besucherzahl der beliebten Wallfahrtsstätte. Die Kapelle ist relativ schmucklos gehalten, enthält aber einige Votivtafeln. Über dem Türsturz ist die Jahreszahl 1841 eingemeißelt. Die Kapelle ist normalerweise verschlossen, durch vergitterte Fenster kann hineingeschaut werden.

Der Brunnen vor der Kapelle ist mit einer Glasplatte abgedeckt, darüber hängt an einem Baum eine Gedenktafel, welche die Gründungslegende anschaulich macht: drei Brüder treffen sich an der Quelle. Das Wasser wird in zwei Brunnen aus Naturstein abgeleitet. Einige Meter unterhalb der Kapelle befindet sich eine kleinere private Kapelle zum Gedächtnis eines im KZ Stutthof bei Danzig Verstorbenen.

Obgleich der kleine Waldplatz eng von Bäumen bestanden ist und wenig Sonne erhält, fühlt man sich hier gleich wohl und verweilt gerne für längere Zeit. Es ist ein harmonischer, friedlicher Platz. Das gleichmäßige Plätschern der Brunnen, der Gesang der Vögel und die Waldesstille vermitteln Geborgenheit in unserer rastlosen Zeit. Die Zeit steht still und lässt einen die übrigen Aufgaben des Tages vergessen. So erging es zumindest mir, als ich den Brudersbrunn an den Anfang meines Untersuchungsprogramms in dieser Region setzte.

Bezüglich einer Gründungslegende gibt es hier zwei Hinweise: eine glaubwürdige und eine märchenhafte Ableitung des Namens. So soll an der Stelle des Brudersbrunn einst ein dreistämmiger Tannenbaum gestanden haben (ein Hinweis auf wachstumspositive Strahlungszonen), nach dem die Stelle als „drei Brüder“ benannt wurde. In der märchenhaften Ableitung des Namens heißt es: Drei adelige Brüder, die durch die Welt gezogen waren, haben sich hier nach langen Jahren durch Gottes gnädige Führung wieder gefunden und zum Dank die Kapelle am Brunnen erbaut.

Anlass der Wallfahrt war die Heilung eines Bauern. Die Geschichte erzählt: Zum Jahre 1704 erkrankte der Bauer Ambros Roth aus dem Orte Schlag an heftigem Fieber. Es war so schlimm, dass er nicht mehr glaubte, gesund zu werden. Im Fieberwahn stieg er in die nahe Ohe, um sich zu ertränken. Das kalte Wasser brachte ihn wieder zur Besinnung. Er machte das Gelübde, im Falle seiner Genesung ein Bild zu Ehren der heiligsten Dreifaltigkeit am Brudersbrunn aufrichten zu lassen. Er wurde wieder gesund und säumte nicht, sein Gelöbnis zu erfüllen. Zwischen zwei Rottannen hing er eine Votivtafel mit dem Bildnis der heiligsten Dreifaltigkeit auf. Schnell verbreitete sich der Ruf von dieser Begebenheit, und von allen Seiten strömten Pilger nach Brudersbrunn. Bald wurde über dem Bildnis eine hölzerne Kapelle erbaut. Doch die kirchliche Obrigkeit verbot die neue Wallfahrt. Und so kam es, dass die Kapelle dreimal niedergerissen, aber immer wieder aufgebaut wurde. Seither pilgert viel Volk von Grafenau und Umgebung zu dieser gnadenreichen Wallfahrtsstätte.

Radiästhetische Untersuchung der Kapellenstandortes

Kapelle und Vorplatz liegen auf einem wasserführenden Verwerfungssystem mit wachstumspositiven Energien. Eine Kreuzung solcher Zonen findet sich im Bereich zwischen der Pflasterung des Vorplatzes und dem Eingang zur Kapelle. Dies ist der Ort mit den stärksten Energien. Die elementare Kraft ist die er Erde, der planetare Regent ist Saturn. Hier herrschen die Energien für Christus sowie Maria (Erdgottheiten), die für die Dreifaltigkeit typischen Energien fehlen hier. Dennoch ist es ein Ort für körperliche und seelische Hilfen. Die Energien wirken im Bereich des Wurzelchakras sowie des Bauch-Chakras. Es finden sich die Wellenlängen für körperliche Regeneration, allgemeine Heilkraft, Gottesfriede und Meditation sowie die Energien der Engel.

Untersuchung des Heilwassers

Das Wasser ist rechtsdrehend mit magnetischen (induktiven) Eigenschaften, die Polarität ist Yang. Die Reichweiten der Heilwellenlängen im Wasser liegen bei etwa zwei Metern; das sind Werte für ein gutes und starkes Heilwasser. Elektrische (kapazitive) Energien, die das Gemüt beeinflussen würden, fehlen in diesem Wasser vollständig.

Besondere Energien (Bezeichnung / Strahlungsreichweite)

dauerhafte Heilung	4,7 m	universelle Heilkraft	4,5 m
Verwerfung	5,1 m	Riss / Spalte (heilig)	3,0 m
Gottes Segen	4,2 m	Heilquelle	5,3 m
Lebenskraft	4,6 m	Beredsamkeit	4,4 m
Augenquelle	5,7 m	keltische Heilenergie	4,4 m

Kreuzberg

Die heilige Anna erscheint einer blinden Frau

Der Ort Kreuzberg liegt nördlich von Freyung an einem der „Goldenen Steige“, einem der alten Handelswege, die ins Böhmische führen, auf einer weithin sichtbaren Anhöhe, umgeben von Wiesen und Feldern. Im 14. Jh. war Kreuzberg ein wichtiger Rast- und Säumerplatz am freien Handelsweg nach Bergreichenstein (Böhmen). Die Ortskirche (Bistum Passau, Dekanat Freyung) von Kreuzberg war einst Wallfahrtsmittelpunkt des Passauer Hochstiftes. Das Gnadenbild der heiligen Anna, eine holzgeschnitzte Figur, soll zur Zeit der Ungarneinfälle im Jahre 955 aus der Gegend von Aicha vorm Wald hierher von einer unbekannten Person gerettet worden sein und blieb 42 Jahre verborgen. Dann erschien die heilige Anna einer blinden Frau im Traum und bezeichnete ihr die Stelle, wo das Bild

Links: Die St. Anna-Kirche von Kreuzberg bei Freyung steht auf ehemaligem keltischen Kultplatz. Hinter der modernen Fassade vermutet niemand eine Kultstätte aus vorchristlicher Zeit.
Rechts: Anna-Bildnis im Kirchenschiff mit Maria und dem Jesuskind auf dem Arm

lag und versprach ihr Heilung von ihrer Krankheit. Die Frau fand das Bild in einer naheliegenden Waldung in einer Kronewittstaude (Wacholder) und erlangte ihr Augenlicht wieder. Zunächst wurde das Gnadenbild in einer Nachbarkirche aufgestellt. Dreimal jedoch kehrte es von selbst auf den Kreuzberg zurück. Seit dieser Zeit wurde auch das in der unterhalb der Kapelle fließende Bründl von Augenleidenden aufgesucht. Nach einer anderen Legende soll das Bild in kriegerischen Zeiten verschleppt worden sei, wurde aber wieder aufgefunden. Die Figur der Anna Selbdritt gilt als Patronin der Frauen und Mütter, aber auch der Bergleute, die sie als „wahre Erzmacherin" verehrten.

Die Anna-Wallfahrt hatte einst einen heute kaum noch vorstellbaren Zulauf. 1777 sollen an den drei Goldenen Samstagen 20.000 Pilger die heilige Kommunion empfangen haben. Die jährliche Pilgerschar wurde auf 60.000 geschätzt. Als Wallfahrtsandenken gelangten in Kupfer gestochene Andachtsbilder, aber auch kleine holzgeschnitzte Nachbildungen des Gnadenbildes und Hinterglasbilder zum Verkauf. Heute verweisen noch einige Votivtafeln im Eingangsbereich der Ortskirche auf die Wallfahrt. Der größte Teil der wertvollen Opfergaben fiel dem Kirchenbrand am Himmelfahrtstag 1819 zum Opfer.

Die Information, dass es sich bei Kreuzberg um eine bereits in vorchristlicher Zeit aktive Kultstätte handeln könnte, verdanke ich dem Keltenforscher Manfred Böckl, der auf dem Kreuzberg eine ehemalige Weihestätte der alteuropäischen Göttin Ana bzw. Anu, Dana oder Danu vermutet. Er schreibt sinngemäß: Dieser Göttinnenname ist noch heute in der Bezeichnung „Donau" enthalten, dem Mutterstrom Ost- und Mitteleuropas. Somit hätten wir in Ana (christlich „Anna") eine Muttergöttin vor uns, die bereits zur Zeit der Kelten und Römer verehrt wurde. Ani hieß die Urmutter bei den Hebräern. Dieser Name übertrug sich auf die Jesusfamilie, über die er als „Anna" in die christlichen Evangelien einging.

Die christliche Familie als Anna, Maria und das Kind entspräche damit in gewisser Weise einer christianisierten Form der dreifachen keltischen Muttergöttin, wie wir sie in Form der drei keltischen Matronen kennen oder unter christlichem Gesichtspunkt in den bildlichen Darstellungen der drei Tugenden: Glaube, Hoffnung und Liebe. Die besondere Bedeutung der Muttergottheit Anna zeigt sich auch auf dem Hochaltarbild der Kreuzbergkirche. Der Gottessohn und seine Mutter Maria erscheinen beide wie Kinder in den Armen Annas und treten damit zur Bedeutungslosigkeit zurück, was nicht der allgemeinen theologischen Lehre entspricht, aber wohl einen Beweis für das alte, vorchristliche Heiligtum darstellt.

Untersuchungen am Kirchenstandort

Auffällig erschien mir bereits die Gruppierung am Hochaltar: In der Mitte die Gruppe der Anna Selbdritt, links davon die hl. Barbara und rechts die hl. Katharina. Alle diese Figuren finden Entsprechungen in der keltischen Muttergottheit der Erde in ihren drei Aspekten: Werden, Sein und Vergehen, wie es auch die germanischen Nornen symbolisieren. Katharina mit dem Rad verweist auf den Zyklus von Tod und Wiedergeburt, und auch der Turm als Zeichen Barbaras weist in die Richtung der Anderswelt. Gestützt wird dieser vermutete Zusammenhang durch den Nachweis der entsprechenden keltischen Energien im Bereich des Altares der Kirche. Alle diesbezüglichen Energien sind kapazitiv-elektrisch und von ihrer Polarität her Yin, wie es den Kulten für Erdgottheiten entspricht, und wie ich sie an keltischen Kultstätten immer wieder nachweisen konnte.

Darüber hinaus liegt der Altarbereich über einem Platz, an dem alle vier elementaren Energien, für Erde, Wasser, Luft und Feuer zusammentreffen. Eine irdische Manifestation aller vier Elemente an einem Ort kommt selten vor. Das sind Plätze, an die besondere Erwartungen gestellt werden können in bezug auf übernatürliche Phänomene, aber auch in bezug auf Wunderheilungen. Der Apsisbereich der Kirche liegt über einem nach Norden offenen Dreier-Sternpunkt mit göttlichen Energien, der mit der führenden Wasserader ein Fünfer-Sternsystem bildet. Vier Elemente und Fünfer-Sternsystem, die auf einem Punkt zusammentreffen, sind auch für den erfahrenen Geomanten eine selten anzutreffende Konstellation. Dieser Ort ist wirklich etwas Besonderes.

Die planetaren Energien des Ortes sind Venus und Saturn. Venus steht für die vom Herzen ausgehende Liebe und Wandlungsfähigkeit, Saturn ist der Beeinflusser des Schicksals, was in völliger Übereinstimmung mit den Figuren der Anna, Barbara und Katharina steht. Der Platz beeinflusst (neben Wurzelchakra, Bauch-Chakra und Nabelchakra) insbesondere die Chakren des Herzens (Wandlung) und der Stirn (Hellsehen, Telepathie). Die entsprechenden Wellenlängen als Nachweis sind hier vorhanden, darüber hinaus die Energien für Wunderheilung, Meditation und Glückseligkeit (eine der Paradies-Wellenlängen).

Die Mittelschiff-Wasserader der Kirche weist induktive und kapazitive Energien auf; sie beeinflusst also Körper und Seele des Menschen. Der nach Südosten ausgerichtete Kirchenbau orientiert sich an dieser Wasserführung. Vom Apsisbereich der Kirche führt eine Energielinie mit induktiven und kapazitiven Eigenschaften zur Anna-Brunnenkapelle. Das Wasser

Oben: Flaschen zum Abfüllen des Heilwassers in der Vorhalle der St. Anna-Kirche zu Kreuzberg beweisen das Wissen um die Heilkraft des Brunnenwassers.
Rechts: Brunnenkapelle St. Anna mit liebevoll gestaltetem Brunnenaltar. Hier fließt das Wasser aus den im Bild sichtbaren drei kupfernen Röhren.
Im Vordergrund des linken Bildes ein Granittrog, in den das reichhaltig fließende Wasser abgeleitet wird.

in den Weihwasserbecken im Eingangsbereich der Kirche fand ich linksdrehend vor. Wird hierfür nicht das gute Wasser der Brunnenkapelle verwendet? Oder gibt es hier andere Einflüsse, die zu einer Umpolarisierung des Wassers führen? Das Wissen um die gute Wasserqualität ist offenbar vorhanden, sonst würden hier nicht Flaschen aufgestellt sein, damit die Pilger sich dieses Heilwasser abfüllen können.

Die Brunnenkapelle auf dem grünen Anger

Nordöstlich der Kirche, am Abhang auf einer Wiese und umgeben von einer kleinen Baumgruppe, steht die Brunnenkapelle, der mein besonderes Interesse galt. Sie beherbergt eine Figur der Anna Selbdritt und eine Darstellung der heiligen Dreifaltigkeit in drei gleichartigen, menschlichen, gekrönten Gestalten. Gottvater ist mit dem Kreuz dargestellt, Gottsohn mit der Weltkugel und der Heilige Geist mit der Taube. Die Figuren sind Kopien, die Originale befinden sich jetzt in der Pfarrkirche. Im 15. Jahrhundert wurde an der Stelle der Kapelle nach Kupfer, Blei, Silber und Gold geschürft, ohne aber Metall zu finden. Im Stollen sammelte sich dann eine Quelle, worauf die Guttäter des Ortes 1509 eine Brunnenkapelle erbauen ließen (erneuert 1744), die ebenfalls der heiligen Anna geweiht wurde. Hier floss „ein ganz leichtes, reines und gesundes Wasser, welches aber nebst seiner natürlichen Wirkung durch Fürbitte der heiligen Mutter Anna vielen Kranken zur Erlangung ihrer Gesundheit wunderlich geholfen hat, dahero es von denen ankommenden Wallfahrern gar fleißig besucht und das allda aufgestellte St. Anna-Bildnüß andächtiglich verehret wird", so schreibt der Chronist Martin Roy.

Unterhalb des steinernen Gnadenbildes (das eigentliche Gnadenbild befindet sich in der Pfarrkirche) fließt hier das Wasser aus einer Kupferröhre, die sich zu drei Röhren gabelt, in ein Granitbecken. Der Hauptanteil des Wassers wird aber dem links neben der Kapelle liegenden großen Brunnen zugeleitet, da die Kapelle häufig geschlossen ist. Durch ein Gitter hinter der Tür kann man aber meist Einsicht nehmen.

Untersuchung an der Annakapelle und am Brunnen

Im Bereich der Brunnenkapelle finden sich keine keltisch geprägten Energien, keine planetaren Beeinflussungen, keine kapazitiven Heilwellenlängen, wohl aber die kapazitiven Energien der Engel (Brunnengeister) sowie die Elemente Wasser und Luft. Der Standort weist rechtsdrehend induktiv die Energie der Lebenskraft auf, also ein Ort für körperliche Hilfen insbesondere im Zusammenhang mit dem Heilwasser und den Energien der Engel. Den Dreifaltigkeitsfiguren in der Brunnenkapelle fehlen die entsprechenden Weihe-Energien, ebenso der Anna-Darstellung. Wären es gut gemachte Nachbildungen, so müssten die Energien mit den Reproduktionen übereinstimmen.

Das Wasser des Brunnens entspringt einer Verwerfungswasserader; es ist rechtsdrehend, induktiv (magnetisch), Yang und von hoher Strahlungsintensität (5,5 m auf der Wasserwellenlänge). Das Wasser enthält eine Reihe gesundheitsfördernder Energien und kann sicherlich als gutes Heilwasser gelten.

Besondere Energien (Bezeichnung / Strahlungsreichweite)

dauerhafte Heilung	4,7 m	universelle Heilkraft	4,5 m
Verwerfung	5,1 m	Riss / Spalte (heilig)	3,0 m
Gottes Segen	4,2 m	Heilquelle	5,3 m
Lebenskraft	4,6 m	Beredsamkeit	4,4 m
Augenquelle	5,7 m	keltische Heilenergie	4,4 m

Aigenstadl

Ehemalige Wallfahrt zu Maria Heilbründl

Der zur Gemeinde Köppenreut (Bistum Passau, Dekanat Freyung) gehörende Ortsteil Aigenstadl mit seiner ehemaligen Wallfahrt zum Heilbründl liegt westlich von Freyung nahe der Bundesstraße 12. Die Kapelle liegt oberhalb des Ortszentrums von Aigenstadl. Auf der B 12 von Süden anreisend (Ausfahrt „Aigenstadl", Hinweis nach Ringelai) fährt man noch in der Kurve der Ausfahrt links ab (bevor die Straße zu fallen beginnt) zu einer Parkmöglichkeit unterhalb der links liegenden Häuser. Die auf privatem Besitz stehende kleine Holzkapelle ist von der Straße aus nicht sichtbar. Die der Muttergottes geweihte Kapelle wurde 1928 an der Stelle eines Vorgängerbaues errichtet. Neben dem Eingang zur Kapelle liegt die gemauerte Brunnenfassung, die drei Quellströme aus dem Wiesengelände erfasst. Das Wasser wird zum Haus des Besitzers geleitet, fließt dort in einen Granittrog vor dem Haus und speist einen kleinen Forellenteich.

Gegenstand der Wallfahrt nach Aigenstadl war die holzgeschnitzte Muttergottesfigur. Auf dem rechten Arm hält sie das Jesuskind, in der linken ein Zepter, auf dem Haupt eine Krone. Der nur durch zwei kleine Fensterchen dürftig erhellte Raum ist angefüllt mit einer originellen Sammlung von Votivgaben, insbesondere zahlreichen Hinterglasmalereien, Heiligenfiguren, adorierenden Engeln und hölzernen Votivtafeln. Rückseitig über der Eingangstür finden sich einige bemalte Gliedmaßen aus Holz. Insgesamt eine etwas wunderliche, aber abwechslungsreiche und interessante Gestaltung. Das älteste Votivbild trägt die Jahreszahl 1846. Die Kirche ist mit allen diesen Utensilien schön ausgestattet und weist eine angenehme, beruhigende Atmosphäre auf. Nach Kriss wurde seinerzeit das Wasser noch gerne gebraucht und zu Heilzwecken verwendet. Die Wallfahrt ist heute erloschen.

Der Platz, an dem die Kapelle steht, weist die Energien eines vorchristlichen, keltischen Kultortes auf, gekennzeichnet durch kapazitiv-elektrische Energien mit Yin-Polarität, denn die Kelten verehrten eine Muttergottheit. Die elementaren Energien dieses Platzes sind Wasser, Luft und Erde, das sind vornehmlich Energien der Umwandlung, die energetischen Stauungen im Organismus entgegenwirken und diese aufzulösen vermögen. Wasser und Luft sind typische Elemente des Ausgleichs, die zwischen dem geistig-feurigen Pol (Element Feuer, Überbewertung des geistigen Aspektes) und der stofflich-erdgebundenen Erstarrung (Überbewertung des Materialismus) vermitteln.

Die ehemalige Wallfahrtskapelle von Aigenstadl enthält zahlreiche Votivgaben und weist eine angenehme Atmosphäre auf.
Im Vordergrund der Privatkapelle (oben) ist der Brunnendeckel sichtbar. Der Brunnen führt ein gutes Heilwasser.

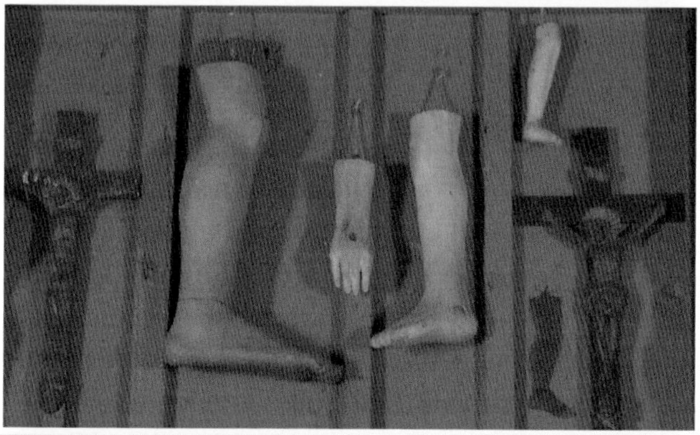

Der Standort der Kapelle weist zahlreiche, für die Gesundheit positive Energien auf. Er kann als ein Ort für körperliche, seelische und geistige Hilfen bezeichnet werden; die entsprechenden Energien sind vorhanden. Auch die Energien für „Wunderheilung“ sind hier nachweisbar. Wie weit sich diese positiv auf einen Hilfesuchenden auswirken können, liegt an jedem selbst. Ein wichtiges Kriterium für Heilung ist die emotionale Öffnung gegenüber den am Ort wirkenden Kräften. In diesem Fall wirken die lokalen Kräfte insbesondere auf das Herz-Chakra, den Sitz der Liebe, Einheit und Harmonie. Die mit diesem Chakra zusammenhängende Farbe ist Grün. Das ist die Farbe der Ausgeglichenheit und der Heilung. Weitere nachgewiesene Heilungsenergien betreffen das Immunsystem und insbesondere die weiblichen Regulationszentren Gebärmutter und Ovarien. An Energien der geistigen Beeinflussung finden sich hier die Kräfte der Engel, der Kontaktaufnahme zu höheren Kräften und Mächten, die Energien zur Förderung hellseherischer Fähigkeiten, paradiesische Energien (Glückseligkeit), die Meditation fördernde Kräfte sowie die Energie zur Erlangung höherer geistiger Erkenntnisse. Das ist eine Palette von Heilungsenergien auf geistiger und körperlicher Ebene, die bei vielen Gnadenstätten mit aktueller Wallfahrt nicht anzutreffen ist. Es ist deshalb bedauerlich, dass hier keine aktuelle Verehrung mehr stattfindet, die die Heilungskräfte dieses Gnadenortes noch bedeutend stärken würde.

Untersuchung des Brunnenwassers von Aigenstadl

Das Wasser ist bezüglich der Zirkularpolarisation rechtsdrehend und induktiv (magnetisch), mit einer mittleren Strahlungsintensität von 4,8 m auf der Wasserwellenlänge. Kapazitiv-elektrische Energien fehlen. Damit ist das Wasser mehr für körperliche Belange geeignet, als für seelisch-geistige Hilfen. Die Polarität des Wassers ist Yin, sie macht dieses Wasser zu einem echten „Frauenbrünnl“, was zuvor offenbar nicht bekannt geworden ist, denn es sind keine Hinweise für diese Namensgebung überliefert. Schadstoffe, wie sie zum Beispiel aus einer Wiesendüngung in das Wasser geraten könnten, habe ich mit meiner Meßmethode nicht nachweisen können. Ich halte dieses Wasser nicht nur für ein gutes Trinkwasser, sondern aufgrund seiner Energien auch für ein gutes Heilwasser, das insbesondere für Frauen mit ihrer naturgemäß stärker angelegten Yin-Polarität hilfreich sein kann. Die Yin-Polarität des Wassers ergibt eine gute Übereinstimmung mit den ebenfalls Yin-geprägten Energien des Kapellenstandortes und unterstreicht die ehemalige Bedeutung dieser Stätte als vermutlich keltisch geprägter Kultort.

Besondere Energien (Bezeichnung / Strahlungsreichweite)

dauerhafte Heilung	3,7 m	universelle Heilkraft	3,6 m
Gottes Segen	4,7 m	Riss / Spalte (heilig)	2,0 m
Augenquelle	4,0 m	Heilquelle	3,8 m
Lebenskraft	4,7 m	Beredsamkeit	3,2 m

Kohlstattbrunn

Teufelserscheinung am Köhlerplatz

Östlich von Freyung liegt im Abteiland die Ortschaft Grainet. Vom nahen Weiler Hobelsberg ausgehend (Parkmöglichkeit am Ortsende, Haus Nr. 27) führt ein bezeichneter Wanderweg durch Mischwald, zur tief im Wald auf einer kleinen Lichtung liegenden Quellenkultstätte Kohlstattbrunn (Bistum Passau, Dekanat Freyung). Die Wegstrecke ist mit 1,3 km angegeben. Der Weg führt entlang eines Kreuzweges zunächst ansteigend, dann eben zu einer Lichtung mit zwei Kapellen. Die Anlage besteht aus einer gemauerten Kirche mit Bankreihen davor, der hölzernen Gnadenkapelle und einem etwas tiefer gelegenen Brunnen, der in reichhaltigem Strahl am Fuße eines Granitmäuerchens entspringt, insgesamt eine liebevoll gepflegte Anlage. Ich war bei meiner Untersuchung allein hier und konnte ungestört arbeiten. Die Sonne schien durch die Bäume, und die wandernden Wolken bewirkten interessante Lichteffekte auf diesem stimmungsvollen Platz.

Die Gründungslegende der Wallfahrtsstätte ist auf einer Blechtafel dokumentiert: „Lorenz Seidl, Häusler am Frauenberg, ging an einem Sonntag im September 1753 zur Pfarrkirche nach Grainet. Er hatte ein Gewehr bei sich. An dieser Stelle erblickte er einen Hasen, dem er lange nachging. Jetzt läutete man zum Gottesdienste. Ganz erzürnt verfluchte er den Hasen. Schwarz kam er unter seinen Arm [hervor]. Er flehte zu Jesus und Maria, und der Hase war verschwunden.“ Das Bild zeigt den knienden Jäger mit dem schwarzen Hasen unter der Achsel, der der Teufel sein soll. Das schaurige Erlebnis gab Veranlassung zur Gründung der Wallfahrt. 1753 wurde dann eine hölzerne Kapelle erbaut, 1895 entstand die jetzige Kapelle. Verehrt wird hier eine Muttergottesstatue. Die Quelle unterhalb der Kapelle gilt als heilkräftig. Zu Maria Himmelfahrt findet jährlich eine Wallfahrt der Graineter Gläubigen zur Waldkapelle statt.

Oben: Die Kapellenanlage von Kohlstattbrunn, mitten im Wald, bestehend aus hölzerner Gnadenkapelle und gemauerter Wallfahrtskirche.

Mitte: Der Altar in der Wallfahrtskirche

Unten: Unterhalb der Wallfahrtskirche führen Stufen hinab zur Quelle mit reicher Schüttung. Es handelt sich um ein gutes Heilwasser.

Radiästhetische Untersuchungen im Bereich der Kapellen

An dieser Stätte verweist der Ortsname Kohlstattbrunn selbst auf einen besonderen Ursprungsplatz, nämlich eine Köhlerstatt mit einem Brunnen. Kohlenmeiler wurden stets an besonderen Plätzen errichtet. Das sind Plätze, an denen die Energien der vier Elemente zusammenkamen: Feuer, Luft, Wasser und Erde. Mit Hilfe von Feuer und Luft arbeitet der Kohlenmeiler, mit Erde wird er abgedeckt und mit Wasser gelöscht. Aufgrund der Einwirkung der örtlichen Strahlung verfügten Köhler oft über besondere Fähigkeiten, die ihnen in vielen Erzählungen nachgesagt werden; oft wurden Köhler mit dem Teufel in Verbindung gebracht. Die Kohle von solchen Meilern weist besondere Heil- und Anwendungseigenschaften auf. Es war naheliegend, einen solchen Ort mit einer Kapelle zu bezeichnen, da hier das Gebet als erfolgversprechender angesehen werden musste als an anderen Orten.

Der radiästhetisch interessante Platz liegt hier vor der hölzernen Gnadenkapelle, am Rande der Forststraße. Dieses ist auch der Punkt, an dem der Wanderweg auf die querende Forststraße trifft, von hier aus gesehen ein Punkt, von dem drei Wegmöglichkeiten ausgehen. Die Wegverzweigung liegt auf einem sogenannten Sternpunkt, an dem göttliche Energien aus drei Raumrichtungen zusammentreffen, hier von Südwesten, von Südosten und von Süden kommend. Diese selten anzutreffende Strahlenkombination steht in vielen Fällen im Zusammenhang mit übernatürlichen oder zumindest doch ungewöhnlichen Erscheinungen oder energetischen Phänomenen bis hin zu Heilungsvorgängen. Die Holzkapelle scheint aufgrund der Untersuchungen unmittelbar neben einem ehemaligen Köhlerplatz zu stehen, denn der Ort weist die Energien für die Elemente Feuer, Wasser, Luft und Erde auf. Das kann mit Hilfe spezieller Wellenlängen (Ruteneinstellungen) und Testobjekte sicher bestimmt werden. Köhlerplätze sind gern auf Sternpunkte gesetzt worden, da hier mit den Kräften der Elemente am effektivsten gearbeitet werden konnte. Die hier hergestellte Holzkohle weist ganz besondere Qualitäten auf und wurde höher bezahlt als normale Holzkohle. Es ist die besondere Strahlungseigenschaft eines Köhlerplatzes, die dem Menschen einen leichteren Zugang zu übernatürlichen Kräften ermöglicht, denn sie wirkt bewusstseinserweiternd.

Der Platz weist die Energien einer vorchristlichen Kultstätte auf, in diesem Fall offenbar in der Nachfolge einer keltischen Kultstätte, denn die in diesem Zusammenhang maßgeblichen Energien sind alle kapazitiv-elektrisch und von ihrer Polarität her Yin, sie stehen also im Zusammenhang mit der Verehrung einer Erdgottheit. Der planetare Regent des Ortes ist die Venus, wie ich es an vielen ehemals keltischen Kultstätten antraf, eine eher weibliche Energie. Der Ort wirkt insbesondere auf das Herzchakra, den Sitz der Liebe und des energetischen Ausgleichs. Weitere kapazitiv geprägte Energien fördern das Hellsehen, Telepathie, bieten die Möglichkeit einer Kommunikation mit Gottheiten, wirken bewusstseinserweiternd sowie generell meditativ, also die spirituelle Versenkung fördernd. Hier wirkt die Energie für das Gefühl zu schweben, über den Dingen des alltäglichen Lebens zu stehen, die Energie für Wunderheilungen sowie paradiesische Energien generell. Auch die Energien für die Engel sind hier anzutreffen, ein Testobjekt für Erzengel spricht positiv an. Das ist ein Ort, an dem körperliche, seelische und geistige Hilfen und Heilungen erlangt werden können.

Etwas schräg unter der hölzernen Kapelle hindurch verläuft eine sehr starke Wasserader, die der Kapelle selbst ihre Kraft verleiht. Die Mitte der Wasserader fällt etwa mit der rechten vorderen Kapellenbegrenzung zusammen. Die Steinkirche liegt ebenfalls auf einer Wasserader, die sich mit der genannten im Bereich der Bankreihen kreuzt.

Untersuchung des Brunnenwassers von Kohlstattbrunn

Neben den Bankreihen vor der Wallfahrtskirche führen von zwei Seiten Stufen hinab zur Quelle. Das Wasser fließt in reichhaltigem Strahl. Die Anlage ist so eingerichtet, dass das Wasser auch entnommen werden kann. Aber wer zu Fuß hierher kommt, wird kaum größere Mengen dieses guten Wassers mitnehmen können. Das Wasser ist rechtsdrehend, induktiv-magnetisch, Yang. Die Strahlungsreichweite auf der Wasserwellenlänge beträgt etwa vier Meter. Es handelt sich um ein starkes, gutes Heilwasser. Es sprudelt aus einer typischen Verwerfungswasserader.

Besondere Energien (Bezeichnung / Strahlungsreichweite)

dauerhafte Heilung	2,7 m	universelle Heilkraft	2,5 m
Gottes Segen	2,8 m	Riss / Spalte (heilig)	1,7 m
Lebenskraft	2,7 m	Beredsamkeit	1,9 m
Augenquelle	2,1 m	Heilquelle	2,3 m
Verwerfung	6,5 m	keltische Heilenergie	2,8 m

Kirchberg bei Perlesreut

Wetterkirche mit verborgener Quelle

Der Ort Kirchberg, westlich von Perlesreut gelegen (Region Freyung/ Grafenau), mit seiner ehemaligen Wallfahrt zu Mariahilf gehört zum Bistum Passau, Pfarrei Perlesreut. Die Kirche ist jetzt dem heiligen Nikolaus geweiht, einem der 14 Nothelfer. Die Wallfahrt entwickelte sich zu einer Kopie des Passauer Mariahilfbildes, wie es die zahlreichen Votivbilder belegen. Die Kirche entstand etwa in der Mitte des 15. Jahrhunderts als Stiftung der adligen Puchberger zu Wildenstein und Neubuchberg, wie es ein Wappenschild auf dem Tellerschlussstein im Sterngewölbe des Chores bezeugt. 1568 wurde die Kirche erstmals urkundlich genannt. Noch im 17. Jahrhundert bestand die Kirche nur aus dem spätgotischen Chor, an den ein kleiner Holzbau mit Turm vorgesetzt war. Das Gotteshaus besaß drei Altäre, geweiht den Heiligen Nikolaus, Leonhard und Wolfgang. Regelmäßig wurden hier Wetterämter und Votivmessen gelesen. 1729 brannte die Kirche aus. Der Wiederaufbau in der heutigen Form endete 1733, als an den Chor das Langhaus angebaut wurde. Der heutige Altar birgt die Figuren des Kirchenpatrons Nikolaus, St. Josefs, der heiligen Ottilie und St. Wolfgangs. Das Mariahilfbild befindet sich am rechten Seitenaltar.

Kirchberg war einst ein beliebter Wallfahrtsort, zu dem auch Personen aus weiter entfernten Ortschaften pilgerten. Ihr Ziel war seit der Mitte des 18. Jahrhunderts das Mariahilfbild, aber auch das am Südhang des Berges gelegene Bründl, dessen Wasser als heilkräftig galt. Noch heute wird aufgrund eines Gelöbnisses nach einem verheerenden Hagelschlag 1844 alljährlich am „Schauerfreitag“, das ist der Freitag nach Christi Himmelfahrt, ein großer Bittgang der Pfarrgemeinde zur Abwendung von Unwettern unternommen.

Untersuchung des Kirchenstandortes sowie des Brunnens

Das energetische Zentrum der Anlage ist die Region des Chores, auf einer von Nord nach Süd verlaufenden Wasserführung gelegen. Es scheint die gleiche Wasserführung zu sein, die am Südhang der Kirche, verborgen im Wald, als Quelle entspringt. Da ich von dem auf Privatbesitz befindlichen Brunnen keine Wasserprobe erhalten konnte, ist dieser Zusammenhang nicht abgesichert. Der schwere Betondeckel ließ keine Öffnung zu. Das Wasser ist rechtsdrehend, induktiv (magnetisch) und von der Polarität her Yang. Das lässt sich am Brunnen auch feststellen, ohne eine Wasserprobe erhalten zu haben. Es handelt sich in jedem Fall um eine richtige

Oben: Die Nikolauskirche von Kirchberg bei Perlesreut steht auf einem Standort zur Wetterbeeinflussung.

Mitte: Eine Reihe von Votivgaben zeugt von Heilungsvorgängen.

Rechts: Darstellungen der heiligen Ottilie verweisen fast immer auf eine Quellenkultstätte.

Links: Der versteckte Brunnen am Abhang des Waldes, südseitig der Kirche, führt gutes Heilwasser.

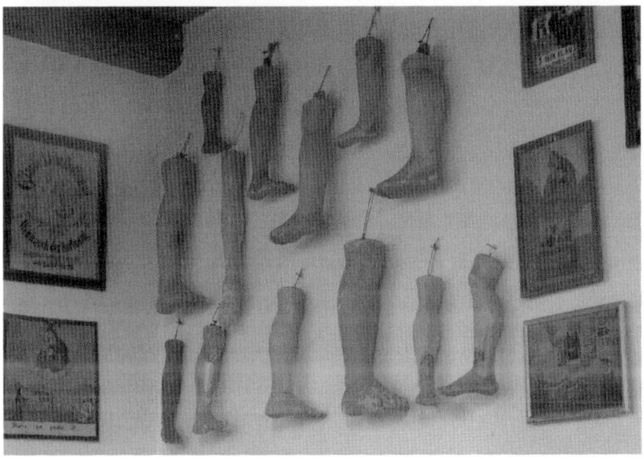

Heilquelle. Vor den Altarstufen der Kirche kreuzen sich zwei Wasserführungen, beide enthalten sie die Energie der Lebenskraft, das ist eine Wellenlänge, die für die Muttergottes bzw. für die Erdgottheiten steht. Damit bestand hier zu recht eine Marienwallfahrt. Am Kirchenstandort herrscht nur eine elementare Energie vor, die des Elementes Luft. Hier finden sich alle Energien, die für einen Standort zur Wetterbeeinflussung sprechen, so die Energien für Blitz, Wind, Windgottheiten sowie für Hoch- und Tiefdruckgebiete. Die planetaren Regenten sind Saturn und Jupiter.

Es ist ein Ort für körperliche, seelische und geistige Hilfen. Hier fand ich Wellenlängen zur Stabilität des Immunsystems, allgemeiner Regeneration, Sexualkraft sowie die Energien der Erdgottheiten. Die rechten Bankreihen (Männerseite) enthalten die Energien für Prostata, die linken (Frauenseite) die Energien für Gebärmutter und Ovarien. Es finden sich hier alle Energien, die für einen ehemals von Kelten genutzten Gnadenort sprechen, kapazitiv (elektrisch) und von der Polarität her Yin, also eine im Ursprung weibliche Kultstätte. Es finden sich die Energien für Bewusstseinserweiterung, Telepathie und Kommunikation mit Gottheiten, Kontaktaufnahmeplatz, Paradieswellenlängen, die Energien der Engel sowie die Wellenlänge für „höhere Erkenntnis“, zu schweben, über den Dingen zu stehen. Der Ort spricht die unteren vier Chakren an: Wurzelchakra, Bauch-Chakra (Sexualchakra), Nabelchakra (Solarplexus) sowie Herzchakra. Es handelt sich hier also um eine qualitativ sehr hochwertigen Gnadenort, insbesondere zur Harmonisierung der vegetativen Funktionen.

Exenbach / Heiligenbründl

Quelle entsprang einst unter dem Altar

Exenbach ist ein kleines Dorf südlich von Grainet im Abteiland. Die Wallfahrtskirche zum Heiligbründl und St. Koloman gehört zum Bistum Passau und zum Dekanat Waldkirchen. Es ist eine Expositurkirche von Böhmzwiesel. Ich besuchte den Wallfahrtsort im Zusammenhang mit dem nahen Kohlstattbrunn. Von der nach Altreichenau führenden Straße biegt man rechts ab zum Ortszentrum von Exenbach und verfolgt diese Straße weiter. Hinter dem Ortsausgangschild liegt links auf einer Wiese die Kapelle. Die außen schmucklos gehaltene Kapelle ist auch von der Umgehungsstraße aus sichtbar, ein schlichter, weiß getünchter Bau ohne Turm oder Dachreiter. Die Kapelle steht auf einem hohen Sockel am steilen Wiesenhang, was ihr vom unteren Teil der Wiese her gesehen ein etwas eigenwilliges Aussehen verleiht.

Der 1656 errichtete Vorgängerbau wurde 1746 erneuert und 1911 neugotisch umgebaut. Der untere Teil der heute zweigeschossigen Anlage (sie steht an einem steilen Wiesenhang), in dem einst die Quelle entsprang, wurde zugeschüttet und die Quelle ins Freie abgeleitet. Früher bestand die Kapelle aus dem Raum, der das jetzige Untergeschoss bildet, und man betrat die Kapelle von der Südseite her. Die Quelle entsprang direkt unter dem Altar. Das jetzige Obergeschoss ist neu aufgemauert, eine Renovierung, die das ursprüngliche Heiligtum vollkommen vernichtete. Nun betritt man die Kapelle (sie ist aber immer verschlossen) von Norden her. Votivgaben sind keine mehr vorhanden, obwohl es sich um eine alte und einstmals berühmte Wallfahrt handelt.

Neben der Kirche führt eine Steintreppe hinab zum neuen Austrittspunkt der Quelle, die an den Fuß der Kirche verlegt wurde. Das Wasser fließt hier in reichem Strahl in einen kleinen Steintrog. Der Abfluss ist zugewachsen, so dass ein großer Teil der Wiese von dem Brünnlein überschwemmt wird. Alles ist berankt und zugewachsen. Niemand scheint sich hierher zu verirren und die Anlage ein wenig zu pflegen. Das ist bedauerlich, denn es handelt sich um einen beschaulichen Ort mit sehr guten Energien und einem guten Quellwasser.

Warum wurden in der Frühzeit der Kirchenbauten die Altäre so gern direkt über die Quellen gesetzt? Aus bautechnischen Gründen ist diese Maßnahme recht zweifelhaft. Feuchtigkeit dringt in den Kirchenraum ein und beschädigt das Mauerwerk; der Untergrund weist eine unzureichende Stabilität auf. – Es geht hier nicht nur um die Verehrung einer Kultstät-

Exenbach: Kapelle St. Koloman und das Heiligenbründl unterhalb der Kirche. Ein Platz mit paradiesischen Energien, der offenbar wenig genutzt wird. Der Brunnen führt ein Heilwasser bester Qualität, das nach radiästhetischer Messung auch keine Schadstoffe aufweist, wie es bei Quellen, die auf gedüngtem Wiesenhang entspringen, oft der Fall ist.

te beziehungsweise des hier wirkenden Geistes. Der Standort des Altares bzw. des Priesters über einer Quelle hat ganz reale Auswirkungen auf den Segen, den der Priester von hier aus an die Gläubigen weitergibt. Quellen entspringen in der Regel über bestimmten Bodenstrahlungszonen, zum Beispiel treten die Quellen aus Verwerfungen oder Gesteinsspalten aus, also aus mehr oder weniger linearen Zonen, die selbst ein Charakteristikum der Kraftorte ausmachen. Tritt nun eine Heilquelle – denn um solche handelt es sich hier stets – im Zusammenhang mit einer Bodenstrahlungszone aus, ergibt sich daraus eine ringförmige Strahlungsstruktur, die vom Quellpunkt ausgeht und sehr weitreichend ist. Hinzu kommt das Element der Verstärkung aus miteinander wechselwirkenden Strahlungszonen. Diese Anordnung verschafft dem Gnadenort ein wesentlich höheres Kraftpotential, als jedes der einzelnen Strahlungselemente allein. Die Wasserstrahlung hat ein besonders gutes Resonanzverhalten zum Organismus, der ja selbst hauptsächlich aus Wasser besteht. So handelt es sich hier um Gnadenorte, an denen auf leichtere Weise besondere Heilwirkungen erfolgen können. Wird der Quellabfluss verlegt, so entfernt man damit eine wesentliche Strahlungskomponente aus dem Sakralraum.

Radiästhetische Untersuchung des Kapellenstandortes

Die Untersuchungen lassen den Schluss zu, dass sich an dieser Stelle bereits ein keltisches Heiligtum befunden haben muß. Die für keltische Standorte typischen Energien sind in hoher Intensität vorhanden, kapazitiv-elektrisch, das Gemüt beeinflussend, und von der Polarität her Yin, wie es an keltischen Kultorten mit ihrer Verehrung der Grossen Muttergottheit bei vergleichenden Untersuchungen anzutreffen ist. Es ist ein Ort mit den magischen Eigenschaften der Bewusstseinserweiterung und damit der Erkenntnis höherer spiritueller Zusammenhänge. Die Wellenlänge der Engel ist hier anzutreffen, sowie die Energien für Beredsamkeit, Hellsehen (Bezug zum Stirnchakra), Telepathie und für eine Kontaktaufnahme mit den Göttern. Spezielle Energien (Vril-Energien) verweisen auf einen Kult für die Erdgottheiten. An paradiesischen Energien fanden sich hier charakteristische Wellenlängen mit den Bezeichnungen „Gottesfriede“, „Meditation“ und „Glückseligkeit“. Es ist ein Ort, an dem Wunderheilungen erwartet werden können, wenn ein Kontakt zum Heiligtum aufgebaut wird. An Farbfrequenzen fand ich hier die Farbe Grün im Zusammenhang mit einer Beeinflussung des Herzchakras sowie die Farbe Blau, die für das Stirnchakra steht. Das Herzchakra und die Farbe Grün stehen für Liebe und Harmonie. Das Stirnchakra ist ein zentraler Punkt, um die Kräfte von

Yin und Yang im Organismus miteinander in Einklang zu bringen. Hier treten die unterschiedlichen Pranaströme zusammen und werden verteilt. Das Stirnchakra steuert die Einsicht in höhere Ebenen, Intuition und paranormale Wahrnehmung. Die blaue Farbe steht im Zusammenhang mit religiösen Gefühlen und intuitiver Einsicht. Grün und Blau sind beides Farben der Heilung, Blau steht im Zusammenhang mit dem Luftelement. Die elementaren Energien des Kultortes sind Luft und Erde, also einmal der Bereich der Transformation geistiger Energien in die Stofflichkeit, und andererseits der Bereich der stofflichen Fixierung der transformierten Energien. Das sind wichtige Elementar-Energien im Zusammenhang mit Heilungsvorgängen. Der planetare Regent des Ortes ist die Venus, wie ich es an vielen ehemals keltischen Kultstätten gefunden habe. Venus steht ebenfalls für Liebe und Harmonie, aber auch speziell für die weiblichen Eigenschaften des Menschen bzw. der Frauen speziell. Dem entspricht das Vorhandensein der Heilwellenlängen für Ovarien und Gebärmutter, also eine Beeinflussung dieser typisch weiblichen Energien, was wiederum im Zusammenhang mit der Verehrung der Muttergottheit steht. Im Zusammenhang mit der Heilquelle ein Ort für körperliche, seelische und geistige Hilfen und Heilungen.

Untersuchung des Brunnenwassers von St. Koloman in Exenbach

Das Wasser ist von Seiten der Zirkularpolarisation rechtsdrehend und erfüllt damit eine wesentliche Voraussetzung für ein „heiliges" Wasser. Die Strahlung des Wassers ist induktiv-magnetisch, also mehr den physischen Körper betreffend; die Polarität ist Yang. Die „weiblichen" Energien des Kapellenstandortes spiegeln sich hier nicht im Wasser wider. Die Yin-Polarität des Kapellenstandortes bildet hier mit der Yang-Polarität des Wassers ein Kraftfeld, in dem sowohl belastende Energien abgegeben als lebenspositive Energien aufgenommen werden können.

Besondere Energien (Bezeichnung / Strahlungsreichweite)

dauerhafte Heilung	3,8 m	universelle Heilkraft	4,5 m
Verwerfung	4,7 m	Riss / Spalte (heilig)	2,9 m
Gottes Segen	4,2 m	Beredsamkeit	3,7 m
Lebenskraft	4,0 m	kelt. Heilenergie	4,0 m
Augenquelle	4,0 m	Heilquelle	4,0 m

Büchelstein-Rastbuche

Wotanspriester opfert christliche Tochter

Die Kapelle „Zur Rastbuche“ und ihre Umgebung

Am Südhang des Großen Büchelstein
liegt ein kleines Waldkirchlein,
zur Rastbuche wird es genannt,
diese Kapelle ist ein Kleinod in unserem Bayernland.

Vom Gasthof „Zum Büchelstein“ in Kerschbaum, Landkreis Deggendorf, erreicht man nach einem Fußweg von etwa 20 Minuten die mitten im Wald gelegene, kleine, gemauerte Kapelle unterhalb des Büchelsteins, in der „Christus auf der Rast“ (Pfarrei Grattersdorf, Bistum Passau) verehrt wird.

Bereits seit Anfang des achten Jahrhunderts soll es Wallfahrten zu diesem Ort gegeben haben. Möglicherweise waren es die Schalensteine in der Kapelle oder der Pyramidenstein vor der Kapelle, die Ziel kultischer Verehrung waren. Ich war freudig überrascht, die Kapelle geöffnet und für jedermann zugänglich zu finden. Lediglich der Altarbereich, in dem sich auch die Votivgaben befinden, ist durch ein raumhohes Gitter verschlossen. Die Kirche machte auf mich einen gepflegten Eindruck, auf einem Gestell brannten Kerzen, die Atmosphäre war sehr angenehm und leicht kapazitiv. Jemand hatte hier einen Bergkristall aufgestellt, wohl um ihn an diesem Ort mit Energie aufladen zu lassen. Ein mit viel Liebe hergestelltes Manuskript über die Geschichte der Kapelle kann gegen eine Spende mitgenommen werden.

Der Bau der Kapelle erfolgte um 1700. Zur Zeit der Säkularisation wurde sie 1803 abgebrochen, um 1850 aus privaten Spenden wieder hergestellt und vergrößert zu werden. Viele Albani-Köpfe und andere heute seltsamen Votivgaben konnten noch in den fünfziger Jahren auf dem Dachboden der Kapelle von Rudolf Kriss (1903-1973), dem bekannten Professor für Volkskunde, entdeckt werden. Albani-Köpfe sind unterschiedlich große, in Kopfform primitiv ausgearbeitete Tongefäße, die mit Getreide gefüllt, geopfert wurden.

Die Kapelle ist dem Weltenheilande geweiht, der als ein seltenes Motiv mit der Weltkugel unter seinen Füßen oder auf ihr sitzend, auf allen Votivtafeln dargestellt ist. Bereits seit dem achten Jahrhundert sind Wallfahr-

Links: Die Kapelle „Zur Rastbuche“ unterhalb des Büchelsteins. Links im Vordergrund der dreieckige „Keltenstein“, der die vom Gipfel des Berges kommende Energielinie begrenzt. Rechts: Das Innere der Kapelle macht einen liebevoll gepflegten Eindruck.

ten zum Büchelstein überliefert. Der Sage nach soll einst Gottes Sohn zur Rastbuche heraufgegangen sein, um vom Gipfel des großen Büchelsteines aus die herrliche Aussicht über die Donau zu genießen, denn über die Stätte der Kapelle führte einst der Weg zum Gipfel. Als Christus den Berg zur Hälfte erstiegen hatte, kniete er müde im Schatten einer mächtigen Buche nieder, um sich auszuruhen. Dabei hinterließ er im Stein die zwei Vertiefungen, die Knieabdrücken ähneln. Neben Votivtafeln älteren und neueren Datums fanden sich in der Kapelle einige hölzerne Gliedmaßen (Beine und Füße) sowie Pilgerkreuze.

Nach einer weiteren Gründungslegende von J. Eibl, die im Kirchenführer abgedruckt ist, entstand die Kultstätte folgendermaßen: Es begab sich zu der Zeit, als die römischen Eroberer in das Bayernland vordrangen und die ersten christlichen Missionare hier ihre Arbeit begannen. In dieser Region missionierte Rupert, der spätere Bischof von Passau. Der Wotanskult war noch verbreitet, der Büchelstein diente als Opferstätte der nahegelegenen Burg Ranfels. Rupert erschien auf der Burg, gab Zeugnis für den wahren und einzigen Gott und heilte als Zeichen seiner Macht die todkranke Tochter des Burgherrn Wighart, Hilde, die durch Rupert den Taufnamen Maria erhielt. Wighart war ein gefürchteter und jähzorniger Krieger. Von einer Kriegsfahrt zurückgekehrt, verjagte der Burgherr Rupert und opferte auf Anraten des Wotanspriesters seine Tochter auf dem Büchelstein, indem er sie vom Felsen stieß. Tags darauf ereilte ihn ein jäher Tod. Zweige fingen seine Tochter gnädig auf, und sie lebte auf einer von undurchdringlichem Wald umgebenen Lichtung, sich von Beeren ernährend und von einem Bären beschützt. Als ihre fromme Mutter sie fand, baute sie zum Dank an dieser Stelle eine Kapelle bei einer Quelle und stiftete eine Einsiedelei, die stets von Angehörigen ihrer Familie besetzt wurde. Ein Bildnis des Mädchens, mit dem Namenszug „Mariae" versehen und zusammen mit dem Bären unter einer Buche sitzend, soll sich noch lange Zeit in der Kapelle befunden haben.

Zur Namensgebung „Rastbuche"

Die lokale Bezeichnung „Rastbuche" lässt sich nach Aussagen des Heimatforschers Joseph Klämpfl (1800-1875) wie folgt ableiten: Es gab noch keine Pfarrei Langfurth, die Kirche wurde erst 1886 geweiht, und so mussten die Verstorbenen etwa aus Kerschbaum auf dem kürzesten Weg durch den Wald zum Pfarrdorf Grattersdorf gebracht werden. Es handelt sich beim zur Rastbuche führenden Weg also um einen ehemaligen Hellweg (Hel-Weg), auf dem die Toten transportiert wurden. Auf halbem Wege der etwa vier Kilometer weiten Strecke wurde gerastet und man stellte die Bahre mit den Toten in der Kapelle oder unter der mächtigen Buche ab. Herausragende Bäume sind ein Hinweis auf besonders erdstrahlenbedingte Wachstumszonen und auf eine Baumkultstätte, die stets hohe Verehrung genoss. In die Buche schnitt man bei jeder Rast ein Kreuz; so erhielt wohl unsere Kapelle ihren Namen. Das Einritzen in den lebensstrotzenden Baum sollte die Gebete besonders gut weiterleiten; man hat diese Praxis auch an Steinkreuzen ausgeübt. Es mag angemerkt werden, dass Raststationen beim Transport von Toten stets an geheiligten oder gesegneten Plätzen erfolgten, um den Verstorbenen die Aufnahme dieses Segens zu ermöglichen. Dieser besondere Segen, der an ebendieser Stelle herrscht, muß also schon sehr lange Zeit bekannt gewesen sein.

Das Areal im Bereich der Kultstätte

Der 832 m hohe Büchelstein ist ein Bergrücken mit einem Gipfelfelsen, der zur Südseite hin, also in Richtung Kapelle, schroff abfällt. Seine Ähnlichkeit mit einer Burgruine findet eine Entsprechung in der Sage von einem verwunschenen und hier versunkenen Schloss: Ein reiches Fräulein soll dort in „alter Zeit" gelebt haben, das dann aber wegen seines Geizes zusammen mit dem Schloss verwunschen und unter Blitz und Donner zu Stein verwandelt wurde. Nur einmal im Jahr an Fronleichnam, wenn es zur Wandlung läutet, ist es der Verwunschenen gestattet, einen Blick auf die Welt und ihren Reichtum zu werfen. Es öffnet sich im Felsen eine verborgene Tür, und man kann das stolze Fräulein auf seinem Schatz sitzen und sich die Haare kämmen sehen. Zwölf Sekunden währt diese Erscheinung, dann ist der Spuk vorbei. Wer heute über den Büchelstein wandert und an bestimmten Stellen auf die Erde stapft, hört es im Innern des Berges hohl klingen, wo einst das prächtige Schloss gestanden hat.

Von der Kapelle führte einst ein steiler Weg hinauf zum Gipfelfelsen. Im Gipfelbereich finden sich Hinweise auf ehemals keltische Kultstätten, zwei mehr oder weniger intakte Steinkreise sowie eine heilige Quelle, die vom Energiestatus her dem keltischen Typus entspricht. Der Kapellenstandort Rastbuche muß im Zusammenhang mit den anderen Kultstätten der dreifachen Göttin der Kelten gesehen werden. So verbindet eine Energielinie die Rastbuchenkapelle mit dem Areal des Büchelsteingipfels, also mit einer der hier oben gelegenen alten Kultstätten. Diese Energielinie geht vom Berg aus und wird durch den dreieckigen Felsen begrenzt, der sich wenige Meter unterhalb der Kapelle befindet. Durch die Begrenzung

(Reflexion) wird eine Konzentration der Kräfte erreicht, und es entstehen besondere Verhältnisse bezüglich der Strahlungspolaritäten.

Ausrichtung der Kapelle nach Norden

Die Kapelle ist, wie bei vielen vorchristlichen Kultstätten üblich, nach Norden ausgerichtet, denn die Energien der alten Gottheiten strahlen von Norden her ein. Sie sind kapazitiv (elektrisch) und Yin-polarisiert, entsprechend dem keltischen Typus der Muttergottheiten. Der Norden galt stets als der Sitz der obersten Gottheiten (der „hohe" Norden), besonders in der germanischen (Wotan) aber auch in der römischen (Jupiter) Götterwelt. Auch die christlichen Energien eines Hesekiel oder Johannes werden dem Norden zugeordnet. Von Norden strahlt die magnetische Grundwellenlänge aus, die alles Leben erst ermöglicht. So kommen auch die Energien für Wachstum und Lebenskraft aus dem Norden. Natürlich ist auch diese Kapelle nicht ganz exakt nach dem magnetischen Norden orientiert. Das hat folgenden Grund: Ein vierseitig gemauertes Bauwerk schafft sich nach Plus und Minus eine eigene Polaritätenverteilung. Diese gilt es in ein Verhältnis zu setzen mit den natürlichen magnetischen Kraftströmen. Eine exakte Ausrichtung eines Bauwerks nach dem Erdmagnetfeld würde die Polarität und damit das energetische Kraftfeld in der Kapelle aufheben. Aus diesem Grund setzte man die Bauwerke stets in geringer Abweichung (drei Grad sind ausreichend) zum Erdmagnetfeld. Das gilt auch für die östliche Orientierung der christlichen Kirchen, die stets wenige Grad von der exakten Ostrichtung abweichen.

Der Kult um die keltentypischen Dreiecksteine

Dreiecksteine und Schalensteine sind an vielen uralten Kapellen zu finden, insbesondere an ehemals keltisch-römischen Kultstätten. In vorchristlicher Zeit symbolisierten die drei Seiten der Pyramidensteine die Mondphasen, den zu- und abnehmenden Mond sowie den Vollmond. Ohnehin gilt die Zahl Drei als eine Art von Naturkomponente, von der sich alle dreifältigen Systeme, seien sie keltisch, christlich oder dem Mithraskult zugehörig, ableiten lassen. Die kosmischen (und damit auch die „göttlichen") Strahlungen enthalten drei Komponenten: eine elektrische (kapazitive), eine magnetische (induktive) und eine ponderomotorische (akustische) Komponente. Diese drei Naturstrahlungen werden durch die dreifache Gottheit und in der Pyramidenform des Steines symbolisiert. Die auffällige Häufung von „Pyramidensteinen" jeglicher Größe hat aber auch eine natürliche Ursache: Das quarzhaltige Urgestein kristallisiert im hexagonalen Kristalltypus (Sechseck). Durch Einlagerungen von Fremdatomen wird die Kristallstruktur geschwächt, es entstehen potentielle Bruchlinien. Bersten die Steine, so entstehen automatisch mehr oder weniger ausgeprägte Dreieckstrukturen mit oft deutlich ausgeprägten Spitzen. Diesen Effekt konnte ich insbesondere beim Bruch von Basaltgestein immer wieder beobachten, auch lässt sich dieser Effekt gut reproduzieren. Damit ist die Zahl Sechs bzw. die Drei von der Natur her schon vorgegeben. Aus diesem Grunde erscheint es sinnvoll, auch in der Götterwelt einen Zusammenhang mit den irdischen Gegebenheiten herzustellen, da alle Kräfte, die das Material auf der Erde gebildet haben, ja letztendlich von den Göttern (aus dem Kosmos) bzw. deren Energien abstammen.

Die Abdrücke im Schwellenstein der Altarstufe

Schalensteine sind als Kultsteine weltweit anzutreffen; sie dienten zum Niederlegen von Opfergaben, zum Entzünden von Talglichtern oder zur Gewinnung von Steinmehl als Heilmittel für Mensch und Vieh. Das Ausreiben der Steine symbolisierte aber auch ein Fruchtbarkeitsritual. Ob die Spursteine der Altarschwelle vom Berg stammen oder dem Umfeld der Kapelle entnommen sind, ist nicht zu ergründen. Da sie spezielle Weihen aufweisen, deren Energien in der Verwerfung selbst nicht vorhanden sind, müssen sie in Kulthandlungen mit einbezogen worden sein, die vor der christlichen Epoche getätigt wurden. – Der Spurstein mit den beiden Vertiefungen ist die Besonderheit des Gnadenortes. Der Fels, in dem sich die Vertiefungen befanden, muß in mühsamer Arbeit zu einer Schwelle behauen worden sein, die jetzt die Stufe vor dem Altar darstellt. Die Schwelle ist mittig auf der durch die

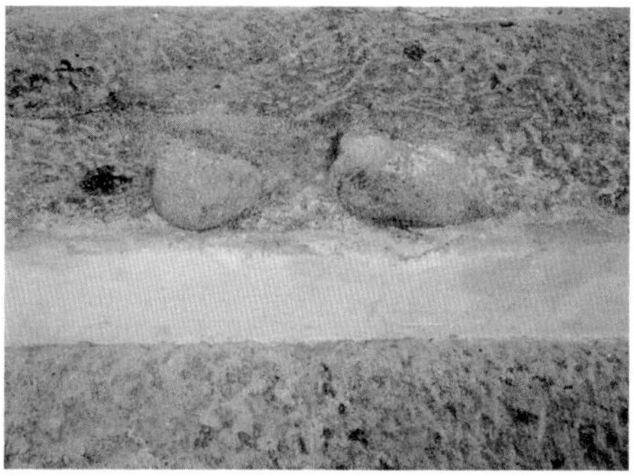

Der Schwellenstein mit den „Knieabdrücken“. Ihre Polaritäten entsprechen weiblichen Verteilungen der Energiepotentiale.

Die unterhalb der Rastbuchenkapelle liegende Quelle führt ein gutes Heilwasser.

Kirche laufenden Verwerfung angeordnet und zwingt den Priester, sie zu überschreiten, um an den Altar zu gelangen. Dadurch wird eine spirituelle Reinigung erreicht, wie sie auch in den vorbereitenden Gebeten des alten Messritus zum Ausdruck kommt (Confiteor, Asperges). Solche reinigenden Schwellensteine finden wir in den ältesten Kultstätten auf der ganzen Erde, Ägypten und Mexiko, um nur die bekanntesten zu nennen.

Besonders interessant ist ein Vergleich der Energien des Spursteines mit den Energielinien, die sich zwischen Kapelleneingang und dem davor liegenden Dreieckstein aufbauen. Die rechte Vertiefung des Spursteines strahlt stark Yin ab, die linke Yang, aber mit geringerer Intensität. Das verweist auf einen überwiegend weiblichen Kultort, zumal das Verhältnis von rechts mehr Yin und links mehr Yang auch der weiblichen Polarität entspricht. Auch die Gründungslegende, in der die Drude Hiltrud (Hilde) zu Maria wird, zeigt die Christianisierung eines weiblichen Kultplatzes. Die Energielinie vor der Kirche strahlt zu etwa 20% Yang ab und zu etwa 80% Yin. Der Anteil des Yang im Yin ist vergleichbar mit dem Energiepotential des Spursteines. Für Heilungsvorgänge ist es natürlich auch für Frauen erforderlich, ein gewisses Yang-Potential im Yin-Energiefeld aufzuweisen. Es handelt sich hier also um eine Stätte des energetischen Potentialausgleichs, die auch bei Männern erfolgreich ist, die oft zu wenig Yin-Energien aufweisen.

Radiästhetische Untersuchung des Kapellenstandortes Rastbuche

Das Kirchlein steht auf einer rechtsdrehend abstrahlenden Verwerfung, die vom Hang hinabstreicht und mit der Bergkultstätte eine energetische Verbindung aufweist. Diese Verwerfung allein wäre schon Grund genug, diesen Ort zu heiligen. Die in der Verwerfung vorkommenden Energien verweisen eindeutig auf eine Kultstätte für weibliche Erdgottheiten. Demnach ist auch der Standort der Kapelle überwiegend Yin konfiguriert.

Die Kapelle steht auf einem nach Süden offenen Sternpunkt, das heißt, die führende Einstrahlung auf die Kapelle kommt von Norden. Die Energien der Dreifaltigkeit sind stets in solchen Dreier-Strahlungssystemen nachweisbar. An besonderen Energien finden sich in der Kapelle die Göttliche Universalkraft (besonders in den Näpfchen), die Lebenskraft, die Energie für Christus, die hier aus dem Spalten/Verwerfungssystem des Untergrundes kommt, sowie in allen Bereichen die Basisenergie der drei keltischen Matronen, die einen vorchristlichen Kultplatz mit weiblichen Energien repräsentieren. Der planetare Regent ist Saturn, der Beherrscher des Schicksals, die elementare Energie entspricht dem Element Erde, wie es für ehemals keltische Kultstätten typisch ist. Es ist ein Ort für körperliche, seelische und geistige Hilfen und Heilungen, einschließlich der Energie für Wunderheilungen. An speziellen Gesundheitsenergien fand ich die Wellenlängen zur Stärkung des Immunsystems, die typisch weiblichen Energien für Gebärmutter und Ovarien verbunden mit der Sexualkraft, die Heilkräfte für die Schilddrüse, für die körperliche und geistige Regeneration sowie die Energie für „langes Leben". An bewusstseinserweiternden Energien fanden sich die Wellenlängen für Hellsehen, Telepathie, Kommunikation mit den Gottheiten, Gottesfriede bzw. Meditation, die selten auftretenden magischen Energien für Orakel sowie Magie-Zauberei, die Energien für Glückseligkeit und Paradies sowie die Energien der Engel. Bezüglich der Energien vom keltisch-römischen Status dürfte es sich hier um einen Opferplatz für die Erdgottheiten gehandelt haben bzw. für den Typus der dreifachen keltischen Muttergottheit. Es finden sich Energien, die für Eleusinische Mysterien typisch sind, für Erdkräfte allgemein. Es handelt sich um einen Kontaktaufnahmeplatz zu höheren Energien, vermittelt durch die magische Energie zu „schweben", das heißt geistig (und nach dem Empfinden auch körperlich) über den Dingen der Welt zu stehen. Bezüglich der Beeinflussung der Chakren finden sich hier Energien, die alle sieben Chakren des Menschen ansprechen! Ich habe bei meinen Untersuchungen nur wenige Kultorte gefunden, die einen solchen Reichtum an spirituell und physisch wirkenden Energien aufweisen, wie dies am Büchelstein der Fall ist.

Die Heilquelle unterhalb des Kapelle

Verfolgt man den Wegverlauf von der Rastbuche weiter in Richtung Grattersdorf, erreicht man entlang eines neu errichteten Kreuzweges nach etwa hundert Metern ein Brünnlein mit gutem Heilwasser. Am Weg finden sich hangseitig Abraumhalden mit teilweise behauenem Gestein, die ein Hinweis auf einen Abbau von Bausteinen oder aber auch auf Bergwerksstollen sind. Aufgrund der Entfernung der Quelle von der Kapelle und den hier fehlenden keltischen Energien ist ein Zusammenhang dieser Quelle mit vorchristlichen Kulthandlungen nicht sehr wahrscheinlich. Möglicherweise handelt es sich bei dem Quellwasser um ein Abwasser aus einem ehemaligen Bergwerkstollen wie zum Beispiel in Kreuzberg, St. Anna. Dennoch ist es ein Wasser guter energetischer Qualität.

Das Wasser ist rechtsdrehend, magnetisch (induktiv) und von der Polarität her Yang. Die Strahlungsreichweiten der Energien liegen bei etwa zwei Metern. Energetische Besonderheiten, die im Zusammenhang mit alten Kulten stehen könnten, fehlen.

Besondere Energien (Bezeichnung / Strahlungsreichweite)

Verwerfung	1,8 m	Beredsamkeit	2,0 m
dauerhafte Heilung	2,0 m	Augenquelle	2,3 m
universelle Heilkraft	1,9 m	Lebenskraft	2,2 m
Gottes Segen	2,3 m	Heilquelle	2,3 m

Büchelstein bei Kerschbaum

Die Kultstätten auf dem Gipfel des Büchelstein

Vom Gasthof in Kerschbaum führt ein asphaltiertes Sträßchen weiter bergauf in Richtung Oberaign (zum Gut Büchelstein). Bei der Straßensperrung (Schranke) gibt es einige Parkmöglichkeiten. Von hier aus sind es etwa zehn Minuten Gehweg bis zum Gipfelfelsen des Büchelstein, der wegen seiner guten Aussicht gern besucht und als Startrampe für Drachenflieger geschätzt wird. Hier befinden wir uns mitten im Areal des „verwunschenen Schlosses“. Wenn ich auf den Gipfelfelsen stehe, fühle ich eine warme Energieströmung im Körper aufsteigen, bei den Füßen beginnend. Vielleicht ist es ein besonderer Heilplatz für Fußkranke.

Der Bereich um den Gipfel muß einst große kultische Bedeutung gehabt haben, denn von hier aus lassen sich mindestens drei weitere Kultstätten mit den keltentypischen Energien anpeilen. Nicht zu erklären ist die Beobachtung, dass die Kultstättenareale auf alten Flurkarten nicht im Bereich der genutzten Feldmarken liegen, also gewissermaßen ausgegrenzt wurden. Daraus könnte gefolgert werden, dass die Bevölkerung nichts mit diesen heidnischen Kultstätten zu tun haben wollte, die ihnen vielleicht auch aufgrund konkreter spukhafter Erlebnisse oder anderweitiger spiritueller Erfahrungen „unheimlich“ schienen. Zwei dieser ehemaligen Kultstätten habe ich selbst in Augenschein genommen und eine davon untersucht, einen Steinkreis von gewaltigen Ausmaßen.

Der große Steinkreis am Südhang des Büchelstein

Nach etwa sieben Gehminuten von der Schranke gerechnet, erreicht man am Ende des asphaltierten Straßenteils bei einem großen Holzlagerplatz (ehemaliger Parkplatz) links am Wegrand eine große Holzplastik. Hier führt ein wenig kenntlicher, Wanderweg schräg hangabwärts. Kurz hinunter und sofort nach rechts abbiegen, einem weiteren Wegverlauf folgend. Nach kurzer Strecke erblickt man links des Weges unten am Hang einen Steinwall, der das Areal der Kultstätte kennzeichnet. Die Wallanlage ist nahezu intakt (geschlossen); man muß über die Mauer hinübersteigen, um ins Innere zu gelangen. Im aktuellen Zustand hat der Steinkreis etwa die Form einer Niere, mit einer lichten Weite (größter Abstand der Mauern) von etwa 90 (!) Metern.

Im Hilus der Niere, also im Bereich der Eindellung der Nierenform, befindet sich ein besonders energiereicher Platz, der im Gegensatz zum

Links: Wegweisende Figur zum Steinkreis am Hang des Büchelstein

Oben: Der keltische Opferplatz im Wald befindet sich außerhalb des Steinkreises.

Mitte: Die gestürzten Menhire am Rande des Steinkreises weisen auf die Keltenquelle.

Unten: Die neu errichtete Quellfassung zur Ableitung des Wassers

übrigen Waldareal keinen Pflanzenbewuchs aufweist. Der Waldboden tritt hier offen zutage. Um diesen Bereich macht der Steinkreis einen Bogen. Der Platz ist also gewissermaßen ausgegrenzt. Seine Ausstrahlung ist so stark, dass er seine Wirkung selbst auf dem Computerbildschirm und natürlich auch beim Betrachten eines Ausdrucks entfaltet.

Untersuchung des vom Steinkreis ausgegrenzten Kultplatzes

Beim Aufenthalt an diesem Platz ist größte Vorsicht geboten. Es ist besser, ihn überhaupt nicht zu betreten, denn es handelt sich um ein Areal, an dem Opferungen, magische Zeremonien, Zauberein stattgefunden haben. Es ist ein Hexenplatz. Alle vier Elemente treffen hier zusammen, der planetare Regent ist Saturn. Vorsicht ist deshalb geboten, weil die Energien für Lebenskraft, Magie, Zauberei, Erdgottheiten, Engel usw. hier in linksdrehender (!) Form und mit hohen Intensitäten vorliegen. Hier sind die Erdgeister noch sehr aktiv, es besteht die Gefahr, von ihnen besetzt zu werden. Wer sich an solchen Plätzen innerlich öffnet, muß mit negativen geistigen und körperlichen Beeinflussungen rechnen. Ich habe solche Fälle bei den von mir geführten Exkursionen mehrfach bei Personen miterlebt, die selbst keine Radiästheten sind (und deshalb über die Gefahren nichts wissen), sie bedurften dann der Hilfe eines geistigen Heilers, um die Belastungen wieder loszuwerden. Es handelt sich also um einen Opferplatz mit zwiespältigen, ja sogar gefährlichen Energien.

Diesen Platz habe ich mit mehreren Testobjekten für keltische und slawische Opfersteine bzw. Opferplätze anpeilen können. Körperbestattungen haben hier nicht stattgefunden. Die Weihe-Energien, die für einen keltentypischen Kultplatz der drei weiblichen Gottheiten sprechen, sind hier kapazitiv (elektrisch) mit rechtsdrehender (!) Zirkularpolarisation und der Polarität Yin nachweisbar.

Untersuchung der „Keltenquelle“ am Steinkreis

An der unteren Schmalseite des Steinkreises, nicht sehr weit von dem oben beschriebenen Opferplatz entfernt, scheint sich ein Tor im Steinwall befunden zu haben, gekennzeichnet durch zwei (jetzt gestürzte) Monolithen und einen (jetzt flach liegenden) Dreieckstein, der mit seiner Spitze genau auf die Quelle weist. Der Quellpunkt ist lediglich markiert, einige Meter unterhalb dieses Punktes befindet sich eine neu angelegte Quellfassung. Der Brunnen ist verschlossen, das Wasser nicht zugänglich. Die Anlage wurde für das Feriendorf Büchelstein errichtet, es ist der Abnehmer dieses Wassers. Ein Ortskundiger ermöglichte es mir, eine Probe dieses Wassers für meine Untersuchungen zu erhalten.

Das Wasser ist bezüglich der Zirkularpolarisation rechtsdrehend, mit induktiven (magnetischen) und kapazitiven (elektrischen) Eigenschaften; die Polarität ist Yin. Es handelt sich also um ein keltentypisches Heil- und Kultwasser, wie es heute nicht mehr häufig anzutreffen ist. Die Strahlungsreichweiten der Energien liegen bei drei Metern und darüber. Energien, die auf eine magische Beeinflussung dieser Quelle hinweisen, liegen nicht vor.

Besondere Energien (Bezeichnung / Strahlungsreichweite)

dauerhafte Heilung	2,6 m	heiliger Geist, kap.	3,2 m
Beredsamkeit	2,8 m	Engelsbrunnen, kap.	3,5 m
universelle Heilkraft	3,0 m	Augenquelle	3,0 m
Gottes Segen	3,0 m	geistige Vollendung	3,4 m
Lebenskraft	2,6 m	Bewusstseinserweiterung	4,0 m

Roggersing

Wetterkirche mit vergessenem Frauenbrunnen

Roggersing (ehemals Rucozzingen, Rukosing) liegt nordöstlich von Hengersberg, unweit der gleichnamigen Autobahnausfahrt der A 3 (Regensburg Passau), und südöstlich von Auerbach. Die Filialkirche St. Johannes und Paul gehört zur Pfarrei Grattersdorf, Bistum Passau. Sie liegt auf einer dem Büchelstein vorgelagerten Anhöhe in wunderschöner Lage und ist weithin sichtbar. Vom Ort führt ein kleines Sträßchen durch ein Neubaugebiet hinauf zu einem Parkplatz vor der Kirche. Hier wird der Besucher von einem tiefen Frieden empfangen, den auch weniger sensible Personen spüren, und der alle Belastungen abfallen lässt.

Der Name der einst zum Kloster Niederaltaich gehörenden Ortschaft Roggersing wird auf einen Gründer mit Namen Ruodcoz zurückgeführt und soll „Gottesruhm" bedeuten. Der Schutzvogt des Ortes, Graf Berthold III., hatte sich hier ein Gut angeeignet und baute um das Jahr 1206 in eigenmächtiger Handlungsweise eine Kirche, was vom Abt des Klosters wegen dieser und anderer Anmaßungen unter Anwendung aller Rechtsmittel geahndet wurde. Die Klage wurde letztendlich vom Kaiser (Otto IV.) entschieden; die Kirche sowie das Gut fielen in den Besitz des Klosters zurück.

Das Patrozinium der Kirche gilt den bedeutenden Wetterheiligen Johannes und Paulus, dargestellt auf dem Gemälde des Hauptaltares; sie werden am 26. Juni gemeinsam verehrt. In der Kirche wurden Schauermessen gelesen und die beiden Wetterherren um Abwendung von Hagelschlag angerufen. Aus der ländlichen Umgebung wurden hierher von den benachbarten Gemeinden Wetterprozessionen durchgeführt. Die eigentliche Bedeutung als Wallfahrtsort erhielt Roggersing allerdings durch die Verehrung des Nothelfers und Viehpatrons Leonhard, der am 6. November verehrt wird; ihm ist der linke Seitenaltar der Kirche gewidmet. Bezüglich der Hilfen, die Wallfahrer hier erfuhren, finden sich Nachweise nur noch in wenigen Votivbildern, das älteste von 1873, die meisten vom Anfang des 20. Jahrhunderts. Sie zeigen den heiligen Leonhard mit der Kirche von Roggersing, umgeben von Pferden und Rindern. Am Leonharditag fanden hier Umritte statt.

Neben Leonhard wurde auch die heilige Katharina (von Alexandria) an dieser Stätte verehrt. Sie gehört ebenfalls zu den Nothelfern und wird insbesondere von der bäuerlichen Bevölkerung angerufen. Ihre Figur befindet sich rechts des Altarblattes. Ab dem 13. Jahrhundert gehörte Katharina zu den meist verehrten weiblichen Heiligengestalten; 1969 (bald nach dem 2. Vatikanischen Konzil) wurde ihr Name aus dem römischen Kalender gelöscht, denn ihre Verehrung schien sogar die der Gottesmutter zu übertreffen. Man muß sich fragen, warum sie so beliebt gewesen ist. War es das unbewusste Wissen, dass das Gedeihen der Früchte der Erde stets mit dem Wirken von weiblichen „Gottheiten" verknüpft gewesen ist, wie es der Kult der „Drei Madeln" noch heue vielerorts anzeigt?

Wie Leonhard, wurde auch der heilige Blasius von der bäuerlichen Bevölkerung zum Schutz der Tiere angerufen. Seine Figur befindet sich links des Altarblattes. Wie Katharina gehört Blasius ebenfalls zu den 14 Nothelfern.

Bewertung des Kirchenstandortes

Wo eine Verehrung von Wetterheiligen stattfindet, sind in der Regel auch Energien anzutreffen, die eine Beeinflussung des Wetters ermöglichen. Standorte zur Wetterbeeinflussung sind Stätten mit speziellen Energien, die bereits in vorchristlicher Zeit genutzt wurden, um das Wettergeschehen zu regulieren. Diese besonderen Stätten sind zur Zeit der Klostergründungen mit in den Einzugsbereich des Klosters einbezogen worden, teils in das Areal des Klosterhofes selbst, teils aber auch in Bereiche von Filialen ausgelagert, wenn die Stätten in weiterer Umgebung des Klosters lagen. Für Roggersing ist der geschichtliche Hinweis interessant, dass die private Kirchengründung an diesem Ort – man muß sich fragen, warum jemand diese abgelegene Stätte für sich beanspruchen wollte – sofort vom Kloster mit maximalem Gebrauch der Rechtsmittel geahndet wurde.

Die Neben-Patrozinien der Heiligen Leonhard und Katharina sind noch in anderer Hinsicht interessant. In vorchristlicher (keltischer) Zeit wurde die heilige Brigid als Patronin des Hausviehs verehrt, wie es zum Beispiel das Altarbild der Kirche von Preying noch zeigt. Nach der Ausgrenzung des keltischen Brauchtums durch die Kirche wurde in der Regel

Oben: Die Kirche von Roggersing steht auf einem Standort zur Wetterbeeinflussung. Sieben Planeten strahlen hier ein und wirken heilend auf alle sieben Chakren des Menschen.
Links: Das Altargemälde zeigt Johannes und Paulus als Märtyrer, flankiert von den Figuren der Heiligen Blasius (links) und Katharina (rechts).
Rechts: Johannes der Täufer als Wetterheiliger mit Blitzbündel.

der heilige Leonhard an die Stelle der Fruchtbarkeitsgöttin Brigid gesetzt (Wechsel vom Matriarchat zum Patriarchat) und zum Hüter des Viehs erkoren. Deshalb weisen Leonhardkirchen häufig auf Orte hin, an denen bereits in vorchristlicher Zeit spezielle Kulthandlungen zur Anrufung von Muttergottheiten durchgeführt wurden. Katharina mit dem Rad steht neben ihrer Funktion als Patronin der bäuerlichen Bevölkerung für das Wissen um Tod und Wiedergeburt; ihre Verehrung hängt also eng mit dem Kult um das werdende Leben und die Fruchtbarkeit zusammen. Wo Katharina verehrt wird, ist mit kapazitiv-elektrischen Energien zu rechnen, die einen Kontakt zur jenseitigen Welt ermöglichen. Allein aufgrund dieser Überlegungen, die auf praktischer Erfahrung beruhen, ist von Roggersing ein besonderes Energiespektrum zu erwarten, das von vielen Besuchern dieses Ortes auch sofort gespürt wird.

Untersuchungen am Kirchenstandort

Es handelt sich hier um einen der selten anzutreffenden Orte, an dem die Energien aller vier Elemente gleichzeitig präsent sind. An solchen Orten können energetische Umwandlungen erfolgen, die im Bereich der elementaren Kräfte liegen. Im vorliegenden Fall kann die Eigenschaft der energetischen Transformation zur Beeinflussung des Wetters genutzt werden, denn im Wettergeschehen sind die Elemente Feuer (Blitz), Luft (Wind), Wasser (Regen) und Erde (Hagel, Eis) zur gleichen Zeit aktiv. Die elementaren Energien sind selektiv nachweisbar, auch spezielle Wellenlängen für Wind, Hoch- und Tiefdruckgebiete, für Gewitterwolken, Hagel, Eis und für Windgottheiten. Vielleicht hat an der Stelle der Kirche vormals ein Wetterkreuz gestanden, das Unwetterzonen vom fruchtbaren Land der Ebene abhielt. Ich habe selbst Gespräche mit Anwohnern bei Wetterkreuzen geführt, die mir die schützende Wirkung vor den teilweise sehr lokal einfallenden Wetterzonen bestätigten. Ebenso wurde ausgesagt, dass keine schützende Wirkung mehr zu beobachten war, als das Wetterkreuz aus Altersgründen umstürzte und nicht wieder erneuert wurde.

Die Kirche steht auf einem nach Norden offenen Sternpunkt, dass heißt, die energetischen Einstrahlungen, die für die Elementumwandlungen verantwortlich sind, kommen von Süden, Nordwesten und Nordosten auf die Kirche zu. Der in dieser Hinsicht zentrale Punkt ist nicht die Kirchenapsis, sondern der Standort des Kirchturmes,[13] dessen Lokalisation

13 Der Kirchturm ist ein bevorzugter Nistplatz von Turmfalken; unter dem Kirchendach mit seiner interessanten Gewölbekonstruktion überwintern Fledermäuse.

zum übrigen Gebäudekomplex eine Rolle für die energetischen Polaritäten des Ortes spielt. Vor dem Eingang der Kirche findet sich nochmals ein Platz mit besonderen Energien. Hier sind die Wellenlängen für ein Paradies nachweisbar, für Hellsichtigkeit, Telepathie und Kommunikation mit Gottheiten, für die Energien der Engel sowie die magische Energie für höhere Erkenntnis bzw. „Schweben". Weitere „magische" Energien betreffen diesen Standort als Orakelplatz, hier zum Beispiel als Vorhersageplatz für das Wettergeschehen. Natürlich sind an diesem Ort auch die Energien für Gottvater, Gottes Sohn sowie den Heiligen Geist nachweisbar. Die heilenden Energien vorchristlicher Kultorte sind hier ebenfalls vorhanden, ihre Polarität ist Yang; es handelt sich also um *keinen* keltentypischen Standort, obgleich alle entsprechenden Wellenlängen nachweisbar sind.

Die für die Energie im Kircheninnern maßgebliche Strahlungszone verläuft im Mittelschiff der Kirche. Sie enthält auch die Energien zur Beeinflussung von Wetterzonen. Die Energie für die Gottesmutter zum Beispiel fehlt in dieser Zone. Daraus wird ersichtlich, dass diese Kirche niemals als Marienkirche konzipiert wurde, sondern anderen Zwecken als der Verehrung gedient haben muß. Ich erwähne diesen Fakt hier, um darauf hinzuweisen, dass über die energetischen Dotierungen der Mittelschiffzonen in Kirchen ihr Verwendungszweck abgeleitet werden kann.

Als weitere Besonderheit dieses Ortes ist der Nachweis der Einstrahlungen aller sieben Planeten zu werten sowie der Energien der sieben Haupt-Chakren des Menschen. Im Zusammenhang mit Heilungsvorgängen bedeutet dies, dass vollkommene Entsprechungen zwischen den planetaren Steuergrößen und den Energien der Chakren vorliegen, also für jedes einzelne Chakra die entsprechende planetare Steuerungsenergie. Damit wird diese Stätte nicht nur zu einem Ort für körperliche, seelische und geistige Heilungen sowie für Wunderheilungen, sondern auch zu einer Stätte, an der Beeinflussungen des Schicksals erfolgen können. Ich habe bei meinen Untersuchungen an Kultplätzen in Deutschland und Österreich bislang selten Orte auffinden können, die eine vergleichbar hohe energetische Qualität aufweisen und bin deshalb geneigt, diesen heute relativ unbekannten Ort Roggersing als Kraftort oder Kultort höher zu bewerten als andere heute stark besuchte Wallfahrtsstätten.

Der ehemalige Johannes- und Paulus-Brunnen

„Am Waldrand, in der Nähe der Kirche, befand sich der sogenannte Johann- und Paulus-Brunnen, dessen Wasser man eine besondere Heilkraft zuschrieb, und über welchem eine kleine Kapelle erbaut war." So beschreibt es der Heimatforscher Josef Klämpfl (1800-1873). Die Brunnenfassung existiert noch. Mit Hilfe von Ortskundigen gelang es mir, den bereits in Vergessenheit geratenen Heilbrunnen ausfindig zu machen.

Nördlich der Kirche befinden sich am bewaldeten Hang mehrere Quellfassungen, deren überlaufendes Wasser über einen abgedeckten Kanal einem kleinen Teich zugeführt wurde, der bereits am Waldrand aufgrund seiner Aufschüttung sichtbar wird. Vermutlich sollte der Teich das hier abfließende Wasser sammeln, um die darunter liegenden Felder zu schützen. Der Zufluss zum Teich ist heute verschüttet und verwachsen, der bereits teilweise verlandete Teich führt aber noch Wasser. Die Dorfjugend benutze diesen Wasserspeicher einst als Badeteich. In der Nähe dieses Teiches befindet sich der Brunnen mit dem heilkräftigen Wasser. Der Brunnen ist zwei Meter tief, das klare Wasser fließt noch reichlich und steht 1,20 Meter über dem Boden. Am oberen Ende des Waldstreifens befinden sich weitere Brunnenfassungen, ein Brunnen davon führt ebenfalls rechtsdrehendes Wasser.

Untersuchung des Heilwassers des Johannes- und Paulus-Brunnens

Das Wasser ist bezüglich der Zirkularpolarisation rechtsdrehend; die Strahlungsqualität ist induktiv (magnetisch); die Polarität ist Yin. Es handelt sich also um einen „Frauenbrunnen", was offenbar zuvor nicht bekannt gewesen ist und eine sinnvolle Ergänzung zur Verehrung der heiligen Katharina darstellt. Die Strahlungsreichweite der heilsamen Energien dieses Wassers beträgt etwa 2,5 Meter. Es würde sich um ein ausgezeichnetes Heilwasser handeln, doch ist es leider ein wenig mit Schadstoffen aus der Landwirtschaft belastet. Das Wasser entspringt einer oberflächlich verlaufenden Verwerfungswasserader, in die Schadstoffe einsickern können.

Besondere Energien (Bezeichnung / Strahlungsreichweite)

dauerhafte Heilung	2,3 m	Heilquelle	2,3 m
Beredsamkeit	2,4 m	Augenquelle	2,5 m
universelle Heilkraft	2,6 m	Lebenskraft	2,5 m
Gottes Segen	2,5 m	Schadstoffe	0,4 m

Oben: Der ehemalige Badeteich der Dorfjugend von Roggersing wird von mehreren Quellfassungen gespeist.
Unten: Dieser Brunnen führt rechtsdrehendes Wasser. Es handelt sich wohl um den ehemaligen Johannes- und Paulus-Brunnen mit dem heilkräftigen Wasser, über dem einst eine Kapelle stand.

Preying

Ehemalige Kultstätte für die Erdgottheiten?

Die St.-Brigid-Kirche des Ortes Preying gehört zur Diözese Passau und liegt im Landkreis Freyung-Grafenau. Die kleine Ortschaft mit ihrer mächtigen Kirche liegt gleich neben (östlich) der B 85, südöstlich von Saldenburg. Die Kirche ist der heiligen Brigida von Kildare geweiht, deren Patrozinium am 1. Februar gefeiert wird. Die erste christliche Kirche an diesem Standort entstand als Gründung des Ritters Tuschl von Söldenau als „Sanct Brigida negst Eberstorf". Das Beneficium wurde den Prämonstratenser Chorherren von Osterhofen übergeben. Preying wurde unter den Mönchen des heiligen Norbert ein Beispiel weltweiter kulturfördernder Wirksamkeit der Klöster. Der Unterbau des Kirchturmes stammt noch aus der Gründungszeit, er enthält neben zwei anderen Glocken eine Wetterglocke aus dem Jahre 1377. Die heutigen Abmessungen der Kirche stammen aus den Jahren 1461-1484, ein mächtiger, spätgotischer Bau. Aufgrund päpstlicher Ablassverleihungen muß diese Stätte über Jahrhunderte hinweg eine bedeutende Wallfahrtskirche gewesen sein. Der einschiffige Kirchenraum besticht durch seine Dimensionen, das meisterhafte Netzrippengewölbe sowie figürliche Darstellungen, die auf einen keltisch geprägten Ursprung verweisen.

Das Bild des Hochaltares stellt die Kirchenpatronin dar, wie sie aus einer Schale Brot an die Armen verteilt. Der Turm im Hintergrund ist ein Hinweis auf ihre irische Herkunft, die Kuhherde verweist auf ihre Verehrung als Viehpatronin. Auf dem Gebälk des Altaraufbaus stehen die Figuren der heiligen Margareta sowie der heiligen Barbara. Allein diese Trinität vermag auf keltisch geprägte Glaubenslehren hinzuweisen. Brigid (Altarbild) als jungfräuliche Quellengottheit bzw. weiße Fee, eine Göttin der Heilkunst, Margareta als Aspekt der Fruchtbarkeit bzw. Vitalität (Lebenskraft) und Barbara in ihrem Aspekt der Wandlung, also dem Wissen vom Tod als Übergang zu neuem Leben (Turm als Symbol der Anderswelt). Die begleitenden Figuren sind hier allerdings nicht mit ihren bekanntesten Attributen (Margareta mit dem Wurm, Drache; Barbara mit dem Turm) dargestellt, sondern mit Schwert und Kelch, eine ebenfalls verbreitete Darstellungsweise. Margareta finden wir ebenfalls auf dem Bild des rechten Seitenaltares, wie sie einen sich zu ihren Füßen ringelnden Drachen niederwindet, als christliches Zeichen von Askese, das den „niederen" Vitalitätstrieb überwindet. Auch sie wird flankiert von den Heiligen Barbara und Katharina. Auf dem Altarblatt des Seitenaltares die Gruppe der Anna Selbdritt als wohl christianisierte Form der Trinität der dreifachen keltischen Göttin: Maria, die jungfräuliche Erweckerin des Lebens, das Jesuskind als Symbol des Lebens selbst und die gleich einer Schicksalsnorne stets schwarz gewandete Anna als Zeichen des Wissens um Tod und Wiedergeburt.

Da von einer Heilquelle im Zusammenhang mit dieser Kirche in der Überlieferung nichts bekannt ist, hätte dieser Ort beinahe keinen Eintrag in diesem Buch gefunden. Ich verdanke Manfred Böckl in seinem Buch „Opfersteine, Göttinnenquellen und Druidenthrone" den Hinweis auf eine unterhalb des Kirchenhügels aufgefundene Quellfassung. Die Kirche im Zusammenhang mit der aufgefundenen Heilquelle sollte sich als eine der interessantesten Kultstätten erweisen, die ich in diesem Buch angeführt habe. Allein, dass die Ortsheilige hier als Brigida bezeichnet wird statt der eingedeutschten Form Brigitte, zeigt auf, dass die Erinnerung an das keltische Erbe hier noch nicht erloschen ist. Der Name Brigitta geht auf die keltische Bezeichnung für die junge, weiß gewandete Brigid zurück, die als keltische Quellengottheit verehrt wird, vergleichbar mit der Jung-

St. Brigid zu Preying von der Talseite aus gesehen. Der Name verweist auf einen keltischen Kultort.

frau Maria, die im christlichen Kulturkreis, ebenfalls als Erweckerin von Quellen erscheint.

Brigitta (Brigid) von Kildare wurde um 453 bei Kildare in Irland geboren. Sie genoss die Erziehung und den Rang eines Druiden, soll später jedoch Christin geworden sein. In alten Sagen gilt sie als Patronin Irlands. Bereits zu Lebzeiten ereigneten sich in ihrem Umfeld Wunder. Besondere Verehrung im Volk erfuhr sie als Viehpatronin und wird deshalb häufig auch zusammen mit einer Kuh bzw. einer Herde von Kühen dargestellt (vgl. das Hochaltarbild in der Kirche zu Preying). Ihre Verehrung als Heilige gelangte mit den iroschottischen Missionaren (sie waren bessere Geomanten als die römischen Missionare) in die keltischen Regionen Mitteleuropas und so wohl auch in den Bayerischen Wald, wo ebenfalls der irischen Märtyrer Koloman verehrt wird. Das Sterbedatum der Brigitta fällt interessanterweise mit dem keltischen Fest Imbolc zusammen, welches die Jahreswende vom Winter zum lebensspendenden Frühling markiert.

Radiästhetische Untersuchungen am Kirchenstandort

Es war bereits früher Abend, als ich die Kirche von Preying zum ersten Mal untersuchte, die in der Beleuchtung mit den letzten Sonnenstrahlen einen Eindruck überwältigender Machtfülle auf mich machte, begleitet von einem Gefühl, dass hier tiefes mystische Wissen verborgen liege, das nicht so leicht zu wecken sei. Der kurz bemessenen Arbeitszeit entsprechend beschränkte ich mich bei meinen Untersuchungen auf den Bereich der Apsis sowie des Turmes, von denen die stärksten Energien auszugehen schienen. Hier fand ich alle die Energien an, die auf einen ehemals keltisch initiierten Kultort schließen ließen: die keltischen Heilenergien, die Erdkräfte, die aufladenden Eigenschaften, die göttlichen Energien, alle kapazitiv-elektrisch und von der Polarität her Yin, wie es bei Kultorten üblich ist, die den Erdgottheiten geweiht sind.

An planetaren Energien fand ich Merkur, Jupiter und Venus, was für Wandlungsfähigkeit und Durchsetzungsfähigkeit (Merkur), Erhabenheit und Heiligkeit (Jupiter) sowie Weiblichkeit und Liebesfähigkeit stehen mag. Das sind Energien, die weibliche Kräfte in Aktion bringen, zum Handeln unter dem Einfluss höchster göttlicher Energien zwingen, also ein Wirken im Sinne der Gottheit. Die Apsis der Kirche selbst steht auf einem Punkt mit sternförmigen Einstrahlungen kosmischer Energien der „göttlichen Universalkraft“, ein Dreistern mit den zufließenden Energien aus Süden, Nordwesten und Nordosten. Kultplätze auf solchen Sternpunkten sind nicht häufig anzutreffen. Wo sie auftreten, ist es ein Zeichen dafür, dass hier elementare Umwandlungen besonders leicht vonstatten gehen. Das betrifft auch die elementaren Kräfte im Menschen selbst, deren Wandlungsfähigkeit für Heilungsereignisse erforderlich ist. Der Dreistern der Energiestrahlungen erweitert sich oft noch im Zusammenhang mit der Strahlungszone im Mittelschiff der Kirche zu einem Fünfstern oder einem Stern noch höherer Rangordnung. Die Strahlungen des Sterns nach außen hin führen weit in die Landschaft und bilden geomantische Zonen, auf denen mitunter weitere Sakralbauten anzutreffen sind.

An elementaren Energien fand ich hier die Elemente Luft und Erde. Das sind energetische Gegenpole, die im gesunden Menschen in Einklang sein sollten. „Luft " steht für die geistigen Energien, für den Kontakt mit höheren Mächten oder Kräften. Das Erdelemente steht für die Haftung im Irdischen, ohne die der Körper nicht erhalten werden kann. Das bedeutet: „Mit dem Kopf im Himmel, mit den Beinen auf der Erde stehen." Das ist das beste Verfahren, im Einklang mit dem Kosmos zu leben.

Die Heilenergien des Kirchenstandortes beeinflussen das Wurzelchakra (Farbe rot) der Menschen sowie ihr Herzchakra (Farbe grün). Die Beeinflussung des Wurzelchakras steht im Einklang mit dem Element Erde, das für Liebesfähigkeit stehende Herzchakra im Einklang mit dem Planeten Venus. Das ist eine harmonische Übereinstimmung der planetaren Einstrahlungen mit den Heilenergien des Ortes. Weitere Gesundheitsenergien betreffen die typisch weiblichen Organe Ovarien und Gebärmutter, was auf einen weiblich konfigurierten Kultort zur Verehrung der Erdmutter hinweist. Die entsprechenden männlichen Energien für die Prostata fehlen mitunter an solchen Orten. Weitere kapazitiv-elektrische Energien, die den Geist bzw. das Gemüt des Menschen beeinflussen, möchte ich summarisch auflisten: Es sind die Energien für Wunderheilung, Hellsehen, Telepathie, Bewusstseinserweiterung, Meditation, Glückseligkeit, die Kräfte der Engel, die magischen Energien für die Kontaktaufnahme zu jenseitigen Wesen im Zusammenhang mit der Fähigkeit, über den Dingen zu stehen (zu schweben) bzw. aus höherer Sichtweise heraus Erkenntnisse zu erlangen. Ein Ort also für körperliche, seelische und geistige Hilfen.

Die Auffindung der Heilquelle

Eine Gruppe von drei Quellen findet sich unten am südlichen Hang der Kirche, nahe eines kleinen Baches, der die Talschlucht entwässert. Das Areal fand ich schwer zugänglich. Der Hang war bei meinem Besuch mit mannshohem Springkraut zugewuchert, die Talschlucht mit Fichten und dichtem Unterholz bewachsen. Es war recht mühsam, hier einzudringen, aber es hat sich gelohnt. Zuerst stieß ich auf eine Brunnenfassung, ein Zementring mit Deckel; der Abfluss war nicht zu erkennen. Einige Meter daneben ein weitgehend zugewachsenes, rechteckiges Quellbecken, welches seinen Zufluss aus dem Bereich der Brunnenfassung erhält. Das Wasser aus dem Becken fließt dann in den Bach ab. Einige Meter weiter im Gebüsch fand ich eine dritte Quelle, die unter der Wurzel eines ehemals mächtigen Baumes entsprang, der schon vor Jahren abgebrochen bzw. umgestürzt sein musste. Der aufrecht stehende, abgebrochene Wurzelstock war jedenfalls noch vorhanden, unter seinen Armen entsprang die Quelle. Jede dieser drei Entnahmestellen lieferte mir ein rechtsdrehendes Wasser mit Energien, die einer Heilquelle entsprechen. Aber keine dieser Quellen zeigte ein Wasser mit Yin-Polarität, wie es keltischem Brauchtum eher entsprochen hätte. Relativ saubere Wasserproben für meine Untersuchungen konnte ich der „Baumwurzelquelle“ sowie der abgedeckten Quellfassung der „Brigidquelle“ entnehmen.

Untersuchung des Heilwassers der „Baumwurzel-Quelle“

Das Wasser ist rechtsdrehend, induktiv-magnetisch, Yang, mit unterschiedlichen Intensitäten der einzelnen Heilswellenlängen.. Möglicherweise liegt hier kein einheitlicher Quellenstrom vor, sondern eine Vermischung mehrerer Quellenaustritte. Die Reichweite der wasserspezifischen Eigenstrahlung beträgt sechs Meter, das sind Energieintensitäten, wie sie nur bedeutenden Heilquellen zukommen. Aufgrund der hohen energetischen Qualität dieses Wassers wäre es wünschenswert, es in einer eigenen Fassung zu sammeln und es den Pilgern wieder zugänglich zu machen und damit den ursprünglichen Zusammenhang zwischen sakraler Kultstätte und Quelle wieder herzustellen.

Besondere Energien (Bezeichnung / Strahlungsreichweite)

dauerhafte Heilung	5,1 m	universelle Heilkraft	4,4 m
Verwerfung	5,3 m	heilig / Leben	5,2 m
Gottes Segen	5,8 m	Riss / Spalte (heilig)	2,6 m
Lebenskraft	5,0 m	Beredsamkeit	4,4 m
Heilquelle	5,4 m	Augenquelle	5,6 m

Untersuchung des Heilwassers der gefassten „Brigid-Quelle“

Eine Anwohnerin berichtete mir, dass sie früher als Kinder gern in dem Wäldchen bei der Quelle gespielt und von dem kühlen Wasser getrunken hätten. Auch habe man dieses Wasser mit nach Hause genommen, weil die Quelle als „Augenquelle“ bekannt gewesen sei. Der Brunnen ist heute weitgehend versandet und nur noch etwa eineinhalb Meter tief. Der Wasserspiegel über dem Boden beträgt nur wenige Zentimeter, aber das Wasser ist dank der Brunnenabdeckung sauber. Das Wasser ist rechtsdrehend, induktiv (magnetisch) und von der Polarität her Yang. Die Strahlungsreichweiten der einzelnen Energien liegen bei etwa zwei Metern.

Besondere Energien (Bezeichnung / Strahlungsreichweite)

dauerhafte Heilung	2,0 m	universelle Heilkraft	2,0 m
Verwerfung	2,0 m	heilig / Leben	2,0 m
Gottes Segen	2,3 m	Riss / Spalte (heilig)	1,8 m
Lebenskraft	2,1 m	Beredsamkeit	2,0 m
Heilquelle	2,3 m	Augenquelle	2,3 m

Goben / Mariä Bründl

Eine beeindruckende Odilien-Quelle

An der Verbindungsstraße von Tittling nach Thurmansbang liegt unweit des Rottauer Sees zwischen Goben und Eggenreuth rechts der Strasse in einer Mulde die barocke Brunnenkapelle Mariä Bründl, von der Straße aus kaum sichtbar. Die Kapelle gehört zum Bistum Passau, Dekanat Passau Nord, Pfarrei Thurmansbang. Ein kleines Sträßchen führt hinunter zu einem neu errichteten Parkplatz. In idyllischer Tallage befinden sich hier auf privater Wiese die etwas größere Wallfahrtskapelle und eine nette kleine Brunnenkapelle mit einem originellen, überproportional großen Zwiebeltürmchen, das recht fidel und selbstbewusst in die Landschaft schaut. Unter diesem nach drei Seiten offenen Steinbau entspringt die außerhalb der Brunnenkapelle gefasste Quelle. Das Gnadenbild der ehemaligen Wallfahrt – ein altes Marienbild – wird in der Pfarrkirche von Thurmansbang aufbewahrt. Es hing bis 1939 über dem „heilsamen Brunnen". Es handelt sich um ein übermaltes gotisches Tafelbild, welches vor 1500 datiert wird.

Die Wallfahrtskapelle mit ihrem hölzernen Vorbau, wurde in der Zeit von 1700 bis 1710 erbaut, hatte aber schon einen Vorgängerbau, in dem 1482 der Altar geweiht wurde. Der jetzige Zustand der Pilgerkapelle geht auf die Renovierung von 1978 zurück. Der linke Seitenaltar zeigt eine Darstellung der heiligen Apollonia, und rechts findet sich die heilige Ottilie mit Buch und Augenpaar, ein Hinweis auf die Verwendung des Wassers als Augenbründl, aber eben auch darauf, dass hier die Quelle der entscheidende Gesichtspunkt für die Pilger war.

An der Brunnenkapelle führen einige Stufen hinab zum Austritt einer Wasserleitung; die eigentliche Fassung der Quelle liegt etwas höher.

„Baumwurzelquelle" (links) und die gefasste „Brigid-Quelle" (rechts) am Hang unterhalb der Kirche St. Brigida zu Preying. Beide Quellen führen Wasser mit besten Heilenergien.

Das Wasser fließt in reichlichem Strahl und wird von einzelnen Personen, die es als Trinkwasser mitnehmen oder sich zumindest die Augen damit auswaschen, auch noch bewusst aufgesucht. In der kurzen Zeit, die ich zu meinen Untersuchungen hier weilte, kamen mehrere Personen mit Fahrzeugen, beladen mit Wasserflaschen, die sie hier auffüllten.

Etwas unterhalb der Brunnenkapelle wurde eine Sitzgruppe errichtet; am Rand der Wiese einzelne Bänke. Bei meinem ersten Besuch an diesem Brünnlein fand ich auf einer der Bänke eine frisch geschnittene hölzerne Wünschelrute oder zumindest einen gegabelten Zweig, der sich als Wünschelrute gut verwenden ließ. Das habe ich natürlich gleich ausprobiert und die Eignung dieser Gabelrute festgestellt. Hatte hier schon ein Rutengänger vor mir gearbeitet?

Ich sprach Personen an, die sich hier Wasser holten: Ja, das wäre hier ein gutes Heilwasser, das von vielen Personen geholt würde. Manche kämen auch nur hierher, um sich mit diesem Wasser die Augen auszuwaschen oder auch nur den Frieden diese Ortes zu genießen. Der Ursprung der Kultstätte sei keltisch. Überhaupt sei hier alles keltisch, was mit der Wallfahrt und den Quellen zu tun habe. Darauf habe ich nichts geantwortet, denn schon zuvor hatte ich festgestellt, dass hier offenbar kein keltisch geprägter Kultort gelegen haben kann. Ich habe dann sicherheitshalber aus größerer Entfernung noch einmal Untersuchungen auf das Vorhandensein keltischer Energien angestellt, denn der ältere Kultort hätte ja auch etwas weiter abseits liegen können. Das Ergebnis war unverändert: kein Spur von keltischen Energien. Vielleicht war es auch nie einer, vielleicht ist aber auch durch Straßenbau, Überschwemmungen oder andere gewaltsame Einflüsse eine starke Veränderung der Bodenstruktur erfolgt und damit einhergehend auch eine Änderung der energetischen Struktur, die einen Nachweis nun unmöglich macht. Wie dem auch sei, es ist jedenfalls ein sehr angenehmer Ort.

In der Kapelle finden sich Hinweise zu der Qualität des Brünnleins aufgrund von Wasseranalysen und einem Gutachten, das in einem wissenschaftlichen Institut erstellt wurde. Ich zitiere: „Dieses Wasser tut gut beim Herz-Kreislauf-System, Hormonhaushalt, Bauchspeicheldrüsenproblemen und Magen-Darm. Dieses Bründlwasser ist in sich sehr positiv bei allen Problemen der Atemwege, sehr gut bei Augenproblemen, bei Durchblutungsstörungen, Problemen mit Haaren, Magen-Darm-Problemen, besonders vorteilhaft bei Krampfadern, bei Problemen mit den Ohren, bei Problemen im Bereich des Nervensystems, Wirbelsäule Zähne und Rheuma.“ Aktuelle mikrobiologische Untersuchungen weisen darauf hin, dass das Wasser frei von belastenden Keimen ist. Es ist auffällig, dass bei der Zusammenstellung der gesundheitlich positiven Effekte die Worte „bei Erkrankungen“ nicht verwendet werden. Die Zusammenstellung der Heilungseigenschaften ist ungewöhnlich. Das Wasser ist offenbar ein Multitalent. Nach meiner Erfahrung ist die energetische Qualität des Wassers in bezug auf Heilungseigenschaften bedeutsamer als seine mineralischen Bestandteile, auf die Gutachter sich gewöhnlich beziehen, – und dieses Wasser hat gute energetische Eigenschaften.

Ein ausführlicher Text zur Gründungsgeschichte findet sich hinter Glas auf einem handbeschriebenen Blatt, datiert mit dem Hinweis NB 1978. Aufgrund der dichtgedrängten Schreibweise ist der Text nicht ganz leicht zu lesen, weshalb ich ihn hier vollständig wiedergeben möchte.

MARIÄ BRÜNDL – Das in so reizvoller Lage erbaute Kirchlein Mariä Bründl (= Mariä Namen) und der kleine, mit einer Zwiebelhaube bedeckte Bau nebenan, der über der Quelle (= Bründl) errichtet ist, zeugt von der Frömmigkeit der Bewohner dieser Gegend. Der bayerische Geschichtsschreiber Aventinus schreibt im 16. Jahrhundert von unseren Vorfahren: ‚Das bairisch Volk ist geistlich schlicht und gerecht, gehet gern Kirchfahrten, hat auch viel Wallfahrt.’ Das bestätigt auch diese kleine Kirche zu Ehren der hl. Jungfrau Maria.

Die Anfänge dieser Wallfahrt sind nicht bekannt. Wohl aber war der Anlaß dazu die vom Volk geschätzte Heilquelle. Nach einer Thurmansbanger Kirchenrechnung stand schon 1643 eine Kapelle neben dem Brünnlein. In den Überschriften zu den erwähnten Kirchenrechnungen heißt es immer: ‚Kirchen Rechnung des würdigen unser Lieben Frauen Gottshaus und Kapelln bei dem heylsamen Prunen negst Goben.’ Damals gehörten die Kapelle und ein Teil der umliegenden Ortschaften zur Grundherrschaft Fürstenstein. Der Bau entstammt in der heutigen Form wohl dem Jahre 1712 (Zahl über dem Türsturz). Zu Anfang des vorigen Jahrhunderts (1809) hat das Kirchlein viel gelitten. Französische Soldaten, die auch in unsere Gegend kamen, sollen hier Geld vermutet, die geschlossenen Türen gewaltsam erbrochen und alles durchstöbert haben. Das Kirchlein wurde jedoch bald wiederhergestellt und im Jahre 1887 renoviert.

Der Hauptaltar – eine gute Barockanlage mit gedrehten, laubumwundenen Säulen – stammt aus dem Ende des 17. Jh. Die Holzgruppe in der Mitte stellt den Abschied Christi von seiner Mutter dar. Seitlich stehen die Figuren des Auferstandenen und Johannes des Täufers. Die einfachen Seitenaltäre, die bei der letzten Renovierung durch Aufsätze ergänzt wurden, zeigen Bilder der hl. Apollonia (Helferin bei Zahnschmerzen) und der hl.

Wallfahrtskapelle Mariä Bründl bei Goben (Pfarrei Thurmansbang) und Brunnenkapelle. Das Heilwasser ist bei der Bevölkerung sehr begehrt.

Ottilie (Fürbitterin bei Augenleiden). Zahnleidende opferten die glücklich entfernten Zähne, die an Fäden aufgehängt waren, am Altare der hl Apollonia, Augenleidende wuschen ihre Augen mit dem Wasser der Heilquelle.

Erwähnt werden muß noch, dass bei Renovierungsarbeiten 1968 ein Reliquienstein entdeckt wurde, an dem eine Pergamenturkunde befestigt war. Der lateinische Text der Urkunde besagt, dass Bischof Georgius von Chiemsee im Jahr 1482 den Altar geweiht hat. Ob dieser Reliquienstein ursprünglich zur Bründlkirche gehörte, ist jedoch nicht gewiß, da er sich nach Aufzeichnungen vom Pfarrarchiv im 19. Jh. im Pfarrhof befand und als Tragaltar benutzt wurde.

1939 wurde im kleinen Bau über der Quelle ein Mosaik eingesetzt, das der damalige Pfarrer Josef Straubinger gestiftet hatte. Damals wurde das alte Gnadenbild, das dort hing, unter dem hölzernen Vorbau über dem Kapelleneingang angebracht. Im Jahre 1961 wurde dieses Bild renoviert. Dabei stellte sich heraus, dass die jetzige Fassung aus der Zeit um 1720 eine Übermalung eines ursprünglich gotischen Tafelbildes aus der Zeit vor 1500 ist. Das Bild ziert jetzt einen Seitenaltar der Pfarrkirche.

In den Jahren 1976-1978 wurde das schwer vom Verfall bedrohte Kirchlein unter dem jetzigen Pfarrer von Thurmansbang, Herrn Geistlichen Rat Franz Gscheider, nach den neuesten denkmalpflegerischen Gesichtspunkten innen und außen vollständig renoviert. So bleibt dieses kostbare Kleinod unserer Heimat für weitere Zeiten allen erhalten, die hier Ruhe und Einkehr suchen.

Früher wurde hier an Mariä Namen (12. September) das Kirchweihfest gefeiert, wobei immer viele Leute zusammenströmten. Auch heute noch wird von Mai bis September alle 14 Tage am Freitagabend um 17 Uhr die hl. Messe gelesen, und das Glöcklein vom Türmchen der Kapelle lädt zum Besuch des Gottesdienstes ein.

Radiästhetische Untersuchungen des Areals

Die besondere Atmosphäre dieses schönen Ortes wird durch zahlreiche Wasser-Strahlungszonen gebildet mit teils kapazitiven (das Gemüt betreffenden) Eigenschaften. Etwas unterhalb von Kirche und Brunnenkapelle liegt ein bewachsener Sumpf, der wahrscheinlich als Austrittspunkt einiger flach verlaufender Wasserführungen dient. Ich bin in einer Abendstunde noch einmal hierher gekommen, um die Atmosphäre zu genießen und ganz in Ruhe und allein noch einmal spezielle Untersuchungen in bezug auf die kapazitiven Energien anzustellen, die im Zusammenhang

Links: Wasser- und Erdproben eines arbeitsreichen Tages, hier bei der Brünnelkapelle bei Goben. Die detaillierte Untersuchung der Proben muß in aller Ruhe zu Hause erfolgen.
Rechts: Wenn wenig Zeit zur Verfügung steht, muß auch bei Regenwetter gearbeitet werden.

mit dem Ort stehen und auch in der Wasserführung anzutreffen sind, über der die Gnadenkapelle liegt. Der Platz der Brunnenkapelle ist energetisch ohne Bedeutung.

Die Mittelschiff-Wasserführung, über der die Kapelle erbaut wurde, weist rechtsdrehend-induktive Eigenschaften auf, die Polarität des hier im Untergrund fließenden Wassers ist Yang. Die Energien für die Gottesmutter sind in der Wasser-Strahlungszone nachweisbar sowie Energien für die Erdgottheiten generell, insbesondere die Energie der „Lebenskraft", aber auch die Energie der „göttlichen Universalkraft". Kapazitiv-elektrische Energien sind in der Wasserstrahlung nicht nachzuweisen, wohl aber am Standort des Altares; das hat mit den Weihen zu tun, mit den Gebeten, die hier gelesen werden, mit der Anziehung von Naturgeistern, mit einer Aufladung durch psychische Energien von Seiten der Gläubigen.

Die elementaren Energien des Kirchenstandortes sind Luft und Wasser. Das sind beides Energien der Wandlungsfähigkeit, die entgegengesetzte Polarisierungen einander anzugleichen vermögen, was für gesundheitliche Belange von großer Bedeutung ist, weil Erkrankungen stets mit einer fehlerhaften Umverteilung der Energien im Organismus einhergehen. Der planetare Regent des Ortes ist Venus, eine Energie, die insbesondere das Herzchakra beeinflusst. Diese Energie ist hier induktiv und kapazitiv nachweisbar. Weitere kapazitive Energien am Standort der Kirche betreffen die aufladende Energie für „Gottes Segen", die Energien für Bewusstseinserweiterung und Beredsamkeit. Insgesamt können an diesem Ort körperliche, seelische und geistige Hilfen erwartet werden. Der Kirchturm der Kapelle ist mit den Energien für Blitz, Wetter und Wind anpeilbar. Für einen Standort zur Wetterbeeinflussung scheint die Lage der Kirche aber gänzlich ungeeignet zu sein. Der Grund für das Vorhandensein dieser hier eigentlich nicht zu erwartenden Energien liegt in der Wirkung des Luft-Elementes, über das Resonanzbeziehungen zu den Wetter-Energien aufgebaut werden.

Untersuchung des Wassers von Mariä Bründl

Das Wasser ist bezüglich der Zirkularpolarisation rechtsdrehend, induktiv-magnetisch und von hoher Strahlungsintensität (5,5 m auf der Wasserwellenlänge). Die Polarität ist Yang. Es handelt sich um ein heiliges Wasser von hoher Qualität, sauber und in ausreichendem Maße vorhanden. Eine typische Wiesenquelle aus einer Verwerfungswasserader.

Besondere Energien (Bezeichnung / Strahlungsreichweite)

dauerhafte Heilung	5,4 m	universelle Heilkraft	5,4 m
Heilquelle	4,8 m	Riss / Spalte (heilig)	2,9 m
Gottes Segen	5,6 m	Lebenskraft	5,8 m
Augenquelle	5,2 m	Beredsamkeit	4,8 m

Saldenburg

„Zigeunerquelle“ und Felsenkultstätten

Im Landkreis Freyung-Grafenau, nahe der Ortschaft Saldenburg, liegt in der Nähe der geomantisch bedeutsamen Felsformationen „Wackelstein“ und „Steinernes Kirchlein“ eine kleine Waldquelle, die nie zu einer Pilgerstätte geworden ist und es auch wohl nie werden wird. Im Zusammenhang mit den nahe liegenden, möglicherweise prähistorischen Steinkultstätten, könnte sie einst eine Bedeutung gehabt haben.

Von Saldenburg an der B 85 ausgehend fährt man in Gumpenreut in Richtung Solla ab. Kurz vor der Ortschaft Loh weist eine Ausschilderung nach links zum „Wackelstein“. Man verfolgt diese Forststraße exakt einen Kilometer und erreicht eine Lichtung mit vielen Wegabzweigungen. Hier sind ausreichend Parkmöglichkeiten vorhanden. Folgt man dem Wegweiser zum „Steinernen Kirchlein“ (insgesamt etwa 10 Minuten Gehstrecke), erreicht man auf halbem Wege zwei Rinnsale, die von links kommend über den Weg fließen. Sie kommen wohl aus einem gemeinsamen Quellgebiet, denn ihr Wasser scheint energetisch identisch zu sein. Die Wasserprobe zur Untersuchung entnahm ich der ersten Quelle, die den saubersten Eindruck machte. Diese untere Quelle, der ich das Wasser entnahm, quillt unter einer Baumwurzel zutage, die obere entspringt unter einem Felsen. Es befindet sich in der Nähe noch eine dritte Quelle, die rechtsdrehendes Wasser führt, sie liegt gleich am Beginn des Weges zum Wackelstein.

Neu eingerichtete Kultstätte im Steinernen Kirchlein. Die Strahlung ist hier nicht lebenspositiv.

Oben: Hinweisschilder zum Steinernen Kirchlein und Wackelsteinen

Unten: Quellegebiet der „Zigeunerquelle“

Im Volksmund heißt dieser Born „Zigeunerquelle“. Die Quelle könnte einst Bestandteil einer Sakrallandschaft gewesen sein, die durch die Felsformationen „Wackelstein“ und „Steinernes Kirchlein“ gebildet wird. Meine kurzen Untersuchungen können diese Vermutung noch nicht belegen, denn zumindest im Bereich des „Steinernen Kirchlein“ fand ich keine energetischen Hinweise auf eine alte, insbesondere keltisch geprägte Kultstätte. Wenn eine solche Kultstätte für die keltischen Muttergottheiten aber existent sei sollte, so sprechen die Polarität dieses Wassers mit seinem Yang-Charakter und die fehlenden Anzeichen einer Quellfassung doch nicht für eine kultische Verwendung in diesem Zusammenhang.

Untersuchung des Wassers der „Zigeunerquelle“

Das Wasser ist rechtsdrehend, induktiv-magnetisch, und von der Polarität her Yang. Die Strahlungsreichweiten der Heilwellenlängen liegen bei etwa zwei Metern. Es ist eine Quelle, die zu fassen sich lohnen würde.

Besondere Energien (Bezeichnung / Strahlungsreichweite)

dauerhafte Heilung	2,3 m	universelle Heilkraft	2,3 m
Verwerfung	2,2 m	Heilquelle	2,5 m
Gottes Segen	2,3 m	Augenquelle	2,1 m
Lebenskraft	2,4 m	Beredsamkeit	2,0 m

Witzmannsberg / Maria Bründl

Fürbitte an Maria führt zur Quellenerweckung

Witzmannsberg liegt nördlich von Passau nahe Tittling im Bayerischen Wald. Die Pfarre gehört zum Bistum Passau, Dekanat Passau Nord. Von Tittling aus startete ich meine erste Exkursion zu den Quellheiligtümern des Bayerischen Waldes. Ich wohnte in einem Haus, bei dem der Besitzer selbst einen Brunnen geschlagen hatte, 10 m tief in massivem Fels, die Stelle hatte ein Rutengänger ihm angegeben. Auch wenn ich in diesem Hause aufgrund einer starken Wasserader nicht gut schlafen konnte, sollte es doch für meine weiteren Untersuchungen ein gutes Omen sein.

Die nette kleine Kapelle mit ihrem Brünnlein liegt unterhalb des Weilers Witzmannsberg in einer Talmulde auf freier Wiese. Die am Hang liegende kleine Kirche mit einem Dachreiter und Zwiebelturm ist schon von der Straße aus sichtbar; sie liegt gegenüber dem „Gasthof zum Bründl". Ein kleines Sträßchen führt hinab; hinter der Brücke wurde ein kleiner Parkplatz angelegt. Die Lage der Kapelle auf freier Wiese mit den Bergen im Hintergrund bietet ein anmutiges Bild. Ich war zur Abendzeit hier und traf ein auf der Wiese grasendes Reh an. Die Kirchentüre fand ich geöffnet vor, doch ist der Eingang durch ein mannshohes Gitter verwehrt. Das ist eine gute Lösung, denn so kann man wenigstens einen umfassenden Einblick in die Kirche nehmen und auch fotografieren. Die Kirche stammt aus der Barockzeit und wurde 1976 renoviert. Votivtafeln sind keine mehr vorhanden. Das Innere schmückt ein sehr schöner Rokokoaltar mit einem ikonenhaften Gnadenbild. Die Kapelle selbst wurde im Jahre 1704 von Ignatius Freiherr von Traun errichtet, dem Besitzer der Hofmark Witzmannsberg.

Neben der Kirche stand bis 1976 ein offenes, hölzernes Brunnenhaus mit der Quelle unter dem Altare. Die Rückwand trug ein größeres Holzbild aus dem 17. Jahrhundert, das auf die Entstehung der Wallfahrt Bezug nimmt. Votivtafeln fehlten schon damals vollständig. Kriss erwähnt noch einen hölzernen Fuß als einzige noch vorhandene Opfergabe. Dieses Holzhaus wurde durch ein gemauertes, kleines Brunnenhaus ersetzt, welches mit einem eisernen Gitter versehen ist. Das Heilwasser des nun rechts neben der Quellkapelle stehenden Brunnens bildet heute sozusagen den Boden der Kapelle. Im Hintergrund ragt ein Stein aus dem Wasserbecken, dem der Zufluss entspringt. Eine interessante Anlage, die allerdings die Entnahme des Wassers an dieser Stelle erschwert, weil der Quellabfluss durch das Gitter nicht erreichbar ist. Vermutlich wurde die Anlage so eingerichtet, um Verunreinigungen und Vandalismus vorzubeugen. Für solche Fälle habe ich ein Hilfsmittel entwickelt: An meinen Teleskopstock befestige ich eine kleine Flasche und kann so durch das Gitter hindurch die Quellabflüsse direkt erreichen.

Das Wasser der Quelle kommt aus dem jenseits der Straße ansteigenden Hang. Der Wasseraustritt des Quellstromes liegt etwa vier Meter tiefer als das jetzige Bodenniveau. Der Quellschacht ist damit uralt, denn er wurde nach und nach bis auf das jetzige Niveau höher aufgemauert. Das Wasser des sogenannten Frauenbründls war einst als heilkräftig sehr bekannt und zog viele fromme Wallfahrer an.

Vom gleichen Hang ziehen mehrere Wasserströme durch eine Schlucht hinab. Hier finden sich Brunnen für die örtliche oder private Wasserversorgung; ein Teil fließt oberflächlich in einem Graben ab. Der untere Wiesenbereich ist sumpfig und stark bewachsen. Ein sehr starker unterirdischer Wasserstrom zieht vor dem Eingang der Wallfahrtskirche vorbei und bildet mit einer weiteren, flacher liegenden Wasserführung, die unter dem Längsschiff der Kirche verläuft, eine Kreuzung.

Die Gründungsgeschichte

Die Kapelle in malerischer Lage am Wiesenhang wurde 1704 errichtet, neben dem sogenannten Frauenbründl. Als Altarbild erhielt die Kapelle ein Muttergottesbild, das einen Bezug zur Mariendarstellung in Santa Maria Maggiore in Rom darstellen soll, Maria Schnee. Dass gerade ein Maria-Schnee-Bezug als Gnadenbild für diese Kapelle verwendet wurde, hat mit den wundersamen Erscheinungen zu tun, auf denen sich die Erbauung gründet. Die Gründungsgeschichte bzw. Gründungslegende ist auf einer Informationstafel an der Zufahrt zur Kapelle angegeben:

Vor etwa 300 Jahren lebte in dieser Gegend ein reicher Graf. Die einzige Tochter des Edelherrn lag schwer krank danieder, dem Tode verfallen. Doktoren aus aller Herren Länder kamen und gingen, niemand konnte der Kranken helfen. Die Gräfin faltete die Hände über die fiebernde Kranke und betete die ganze Nacht: „Maria hilf." Am frühen Morgen meldete man im Schlosse, dass auf der Danglwiese über Nacht zwei warme Quellen entsprungen seien. Die Gräfin erblickte darin ein Zeichen des Himmels und brachte ihr krankes Töchterlein zu den Quellen, deren Wasser rein und warm aus der Erde sprudelte. Sie badete ihre fiebernde Tochter darin und zur Stunde ward sie gesund. Daraufhin herrschte große Freude in der ganzen Umgebung. Der Graf wollte nun zu Ehren der Muttergottes eine

Wallfahrtskirche Maria Bründl in Witzmannsberg und Brunnenkapelle (unten). Der in reichem Strahl fließende Brunnen spendet ein gutes Heilwasser. Rechts: Altar der Kapelle Maria Brünnl in Witzmannsberg in einer Darstellung als „Rote Madonna"

Kapelle errichten lassen, wusste aber nicht, an welcher Stelle. Da schneite es mitten im August, und nur an einer Stelle auf der Danglwiese blieb das Gras grün. Dies wurde als Zeichen des Himmels gewertet, so entstand hier die Kapelle Maria Bründl. Die Kunde vom heilsamen Wasser verbreitete sich rasch bei allen Kranken. Sie kamen vom hintersten Wald und von der Donau zur Quelle und wurden von ihren Schmerzen und Leiden befreit. Der Letzte des Grafengeschlechtes verkaufte das Grundstück um schnöden Gewinn. Daraufhin sei das Wasser erkaltet und rinne seitdem ohne Wunder durch die Wiesen.

Mit dem sommerlichen Schneefall, der ein Stück Rasen unbedeckt ließ, ist hier ein Zug der Legende nach Altbayern übertragen worden, wie sie von der Marienbasilika auf dem Esquilin in Rom berichtet wird. Roms erste und bedeutendste Marienkirche des Abendlandes ist die 352 auf dem Esquilin[14] erbaute Patriachalbasilika Santa Maria Maggiore. Es handelt sich um die erste Kirche des Abendlandes, die dem Madonnenkult geweiht war. Das „Gnadenbild“ ist ein Mosaik mit der Krönung der Jungfrau Maria, zur Erinnerung an das Konzil von Ephesus (431), auf dem der Titel „Gottesmutter“ für Maria ausdrücklich bestätigt wurde. Nach der Gründungslegende erschien die Madonna dem Patrizier Johannes und seiner Frau im Traum und versprach die Erfüllung ihres Kinderwunsches, wenn sie an der Stelle eine Kirche bauen ließen, an der sie am folgenden Morgen Schnee sehen würden. Am Morgen des 5. August, also mitten im Sommer, war die höchste Erhebung des Esquilin mit Schnee bedeckt. Auf dieses Wunder geht bis heute das kirchliche Fest „Maria Schnee“ zurück. Bei den meisten Maria-Schnee-Kirchen liegen die Verhältnisse aber umgekehrt: bei Schneefall bleibt ein bestimmter Bereich vom Schnee ausgespart. Das sind Plätze, an denen (warme) Quellen an die Erdoberfläche dringen, vielfach „rechtsdrehendes“ Wasser führend, dem wundersame Heilungseigenschaften zugeschrieben werden, wie auch hier in Witzmannsberg.

Auffallend in dieser Kirche war für mich das ikonenhafte Altarbild: die gekrönte Muttergottes mit dem Kind. Es gibt viele Maria-Schnee-Kirchen mit Darstellungen der Gottesmutter. Doch hier zeigt ihr Bild eher die Züge einer „Schwarzen Madonna“. In diesem Fall ist die Hautfarbe nicht grau bis schwärzlich, sondern eindeutig dunkelrot bzw. rotbraun. Das ist eine Farbe, in der meist das Untergewand der Gottesmutter dargestellt

---

14 Einer der sieben Hügel Roms, eine in vorrömischer Zeit mit Eichenwald bestandene Hochfläche mit heiligen Hainen. Auf dem Esquilin wurde 379 vor Christus ein Tempel der Juno Lucina errichtet.

wird. Es ist das Bild einer „Roten Madonna", das neben „weißen" und „schwarzen" Madonnen existiert, die möglicherweise als Nachfolgefiguren der keltischen Muttergottheit in ihren drei Wirkungsaspekten mit den Farben Weiß, Rot und Schwarz gelten dürfen. Sehern erscheint der „weiße Aspekt" der Gottheit gern als strahlende Jungfrau mit weißem Gewand an Quellen. Die entsprechende christliche Darstellung entspricht der hellhäutigen, jungfräulichen Muttergottes mit weißem Gewand, wie sie zum Beispiel an der Quelle von Lourdes dargestellt ist. Der „rote Aspekt" der Gottheit steht für die mütterliche, nährende, alles Leben erhaltende und fördernde Form. Die christliche Darstellung entspricht der Muttergottes mit Kind. Sie trägt ein dunkelrotes Gewand, ihre Hautfarbe ist hell oder rotbraun.[15] Der „schwarze Aspekt" der keltischen Muttergottheit drückt das Wissen um Tod und Wiedergeburt aus, es ist eine Schicksalsgottheit. Im christlichen Kulturkreis könnte das dem Typus der „Schwarzen Madonna" entsprechen, dargestellt durch die schwärzliche Hautfarbe, den dunkelblauen Überwurf oder durch die Figur der Mutter Anna.

Die Verehrung der dreifachen Muttergottheit geht auf keltische Ursprünge zurück. Die christliche Verehrung der Gottesmutter begann in Rom auf einem keltischen Opferplatz, der in römischer Zeit mit einem Junotempel überbaut wurde und zu Beginn der christlichen Epoche als Marienwallfahrtsort erscheint. Hier in Witzmannsberg besteht allerdings kein Zusammenhang zwischen keltischer Kultstätte, einer roten Madonna und der Darstellung auf dem Marienbild, denn Energien vom keltischen Typus liegen hier nicht vor.

Radiästhetische Untersuchung der Wallfahrtskirche von Witzmannsberg

Von der Straßen- bzw. Brunnenseite her führen starke, zum Teil auch recht tiefliegende Wasserführungen unter dem Platz vor der Kapelle hindurch. Diese Wasseradern weisen teils rechtsdrehende, vorwiegend aber linksdrehende Strahlungseigenschaften auf. Unter dem Längsschiff der Kirche verläuft vom Hang her streichend eine oberflächlicher liegende Wasserführung, die mit der starken Wasserader vor der Kirche ein Kreuzung mit interessanten Eigenschaften bildet. Hier finden sich Wellenlängen, die für Lebenskraft und Fruchtbarkeit sowie für universelle göttliche Kräfte stehen. Interessanterweise fand ich hier auch die Energie für „Ora-

15 Eine weitere „Rote Madonna" fand ich als geschnitzte Figur in der Kirche von Tyrnau.

kel“ und „Wasserorakel“, also einen Platz mit magischen Eigenschaften. Die elementaren Energien entsprechen dem Element Erde. Durch dieses Element wird das Wurzelchakra angesprochen. Der planetare Regent ist Saturn. Es ist ein Ort für körperliche, seelische und geistige Hilfen sowie allgemeine Regeneration. Hier dominieren die Erdkräfte.

Die Untersuchung der Wasserführungen zeigte, dass die unter dem Längsschiff der Kapelle verlaufende Ader hinter der Kapelle, also von ihrem Einzugsbereich her, bereits rechtsdrehend und Yin-konfiguriert ist. Ihr fehlen aber außerhalb der Kirche die kapazitiven Eigenschaften. Diese kommen erst in die Wasserader, nachdem sie die Kapelle, speziell wohl den Altarstandort, passiert hat. Möglicherweise kommen diese besonderen Energien erst durch das Gnadenbild der Kapelle in die Wasserader und in den Platz vor dem Eingang.

Untersuchung des Heilbrunnens neben der Kapelle in Witzmannsberg

Das Wasser ist rechtsdrehend, induktiv (magnetisch) und kapazitiv (elektrisch), Yang, mit relativ hoher Strahlungsqualität (5,4 m auf der Wasserwellenlänge). Die kapazitiven Eigenschaften der Quelle machen dieses Wasser zu einem Heilmittel für Körper, Seele und Geist, denn die kapazitiven Eigenschaften beeinflussen insbesondere das Gemüt des Menschen. Auf jeden Fall handelt es sich hier um ein sehr gutes Heilwasser, in dem ich mit meiner Methode auch keine landwirtschaftlichen Schadstoffe nachweisen konnte.

Besondere Energien (Bezeichnung / Strahlungsreichweite)

dauerhafte Heilung	5,5 m	universelle Heilkraft	5,0 m
Verwerfung	4,7 m	Riss / Spalte (heilig)	3,9 m
Beredsamkeit	5,2 m	heiliger Geist (kap.)	5,5 m
Gottes Segen	5,7 m	Engelsbrunnen (kap.)	5,8 m
Lebenskraft	6,0 m	Bewusstseinserweiterung	2,3 m

Schöllnstein

Eine in Vergessenheit geratene Waldquelle

Expositurkirche Maria Heimsuchung von Schöllnstein

Der Ort Schöllnstein gehört zum Dekanat Hengersberg (Bistum Passau) und liegt im Bereich der südwestlichen Ausläufer des Bayerischen Waldes. Die nächstgelegenen Ausfahrten der Autobahn A 3 (Regensburg-Passau) sind Garham/Vilshofen oder Iggensbach. Der kleine Ort Schöllnstein liegt unweit der Wallfahrtskirche von Handlab. Im Ort Schöllnstein weist ein kleiner Wegweiser zur barocken Expositurkirche Maria Heimsuchung steil den Berg hinauf. Im Bereich der Kirche und des Friedhofes befinden sich Parkplätze. Die Kirche und der 2009 neu angelegte Vorplatz mit den Winterlinden, die ein Kreuz flankieren, bieten ein schmuckes Bild. Das erste Kirchengebäude war eine hölzerne Pestkapelle mit einem rund um die Kirche gelegenen Pestfriedhof. Der jetzige Friedhof wurde um 1900 neu angelegt. In der Holzkapelle, die Anfang des 18. Jh. abbrannte, hing einst eine der ältesten Glocken Deutschlands, datiert mit 1144. Die Glocke soll aus der ehemaligen Burgkapelle des Ortes oder der Burg Winzer stammen und befindet sich jetzt im Kirchturm von Iggensbach, wo sie als Sterbeglocke verwendet wird.

In der Nähe der Kirche befand sich einst eine Brunnenkapelle, die in der zweiten Hälfte des 19. Jh. abgerissen wurde. Im Vorraum der Kirche verweist ein Bild auf die ehemalige Wallfahrt und die Heilkraft der Quelle. Das Gemälde zeigt die Armen Seelen neben einer großen Schar

Oben: Arme-Seelen-Bild mit Hinweis auf die Heilquelle.
Unten: Die wiederentdeckte „Augenquelle“ von Schöllnstein unterhalb der Kirche im Wald

von Schutzheiligen. Im Text unter dem Bild wird auf die heilige Quelle verwiesen.

*St. Ottilia ORA PRO NOBIS. St. Florian ORA=. St. Sebastian ORA=. St. Antonius ORA= St. Leonhardus ORA=. St. Wolfgang ORA PRO NOBIS. St. Apollonia ORA=. St. Maria von Altenötting ORA PRO NOBIS.O, MARIA du unbeflegtes Brunnen QUELLEN, Lesche auß Fegfeür der Burenten Seellen, O, mutter gieß über uns Dein honig milch süs, bitt für uns dein liebes Kind, so werden wür erlöst geschwind. O, HERR Erquick die Seellen dein, So von der welt geschieden seyn, Ich bitt dich durch die marter dein, wolst ihn verkürzen ihre Pein, Ich bitte dich O JESU du höchstes guet besprenge die Selbigen mit dein h. Blut * Der Ehrgeachte GEORG STAININGER, miller in Shöllnstein der ist erster urheber dieser Figur oder Brunnen quell, er hat darauß gedrungen, und wurt gesund gar schnell, Gott sey danck gesagt. ANNO 1722. Der zweide urheber dieser neuen Kapelle ist DER EHRENGEACHTE Johann Steinhuber Wirth in Shöllnstein, wo im auch durch dises Brunnen quell von seiner Krankheit auf der stele geholfen wurde, Gott sey danck. ANNO 1834.*

Die ehemalige Augenquelle befindet sich südlich der Kirche, unterhalb der Straße, in einem kleinen Wäldchen. Es war schon ein kleines Abenteuer, die Quelle wieder aufzufinden, die selbst bei vielen Bewohnern des Ortes nicht mehr bekannt war. Glücklicherweise fand ich einen Ortskundigen, der sich an die Quelle noch erinnern konnte. Seit 50 Jahren war er nicht mehr dort gewesen, sagte er mir. Wo jetzt inmitten von Wiesen im Grunde einer Schlucht die Bäume stehen, war einst Almgebiet, durchzogen von einem steilen Fahrweg. Mehr rutschend als gehend (es hatte tagelang zuvor geregnet) stapften wir durch den Wald zum Grund der Schlucht, durchzogen von einem Bach mit zahlreichen seitlichen Zuflüssen. Der ehemalige Weg war noch zu erkennen, markiert durch einen Grenzstein. Hier im Grunde der Schlucht soll die hölzerne Brunnenkapelle gestanden haben. Die Ursache des Abrisses war folgende: Ein Bauer zog mit seinem Ochsengespann den steilen Fahrweg hinunter zur Mühle. Die Ochsen gingen durch und zerstörten die Kapelle, die daraufhin nicht mehr erneuert wurde. So geriet auch die Quelle in Vergessenheit. Nun war hier nichts mehr zu erkennen, alles verschüttet mit Schlamm, Laub und moderndem Holz.

Auf der Suche nach einem Rinnsal, das vielleicht dem ehemaligen Quellwasser entsprechen könnte, stieß ich auf eine bemooste und weitgehend verschüttete Betonfassung mit Deckel und Eisenring. Als ich den

Platz vom Laub freiräumte, schoss mir die Quelle entgegen und lieferte klares Wasser, wenn auch in geringer Schüttung.

Untersuchung der Kirche von Schöllnstein

Die nach Ostsüdost ausgerichtete Kirche liegt über einer normalen Verwerfungswasserader, welche die Energie für „Lebenskraft“ enthält. Spezielle Heilwellenlängen konnte ich hier nicht nachweisen. Der Ort steht unter dem Einfluss des Planeten Saturn, wie es für Kirchen auf Verwerfungen häufig vorkommt. An Energien für die Elemente konnte ich hier „Luft“ und „Erde“ nachweisen. Darüber hinaus war der Platz anpeilbar mit den Wellenlängen für Blitz, Luft- und Windgötter, Wind, sowie den Energien der Engel. Die speziellen Energien verweisen möglicherweise auf einen Punkt zu Wetterbeeinflussung. In dieser Kirche dürfte eine Wetterglocke wirksam gewesen sein.

Untersuchung des Wassers des Schöllnsteiner Augenbründls im Wald

Die aufgrund der schwierigen Entnahmesituation leicht verunreinigte Wasserprobe wurde 13 Tage nach ihrer Entnahme untersucht. Die optischen Verunreinigungen schienen keinen Einfluss auf die energetische Wasserqualität zu haben. Das Wasser ist rechtsdrehend, induktiv, Yang und von hoher Strahlungsintensität (6,3 m auf der Wasserwellenlänge). Es handelt sich um eine typische Verwerfungswasserader. Leider scheint das Wasser Schadstoffe zu enthalten (Strahlungsreichweite 0,7 m), die wohl aus der Landwirtschaft in das Wasser geraten.

Besondere Energien (Bezeichnung / Reichweite der Strahlung)

dauerhafte Heilung	4,4 m	universelle Heilkraft	4,8 m
Verwerfung	5,0 m	heilig / Leben	4,9 m
Gottes Segen	5,2 m	Riss / Spalte (heilig)	2,2 m
Lebenskraft	5,7 m	Beredsamkeit	5,0 m
Heilquelle	5,0 m	Augenquelle	6,0 m

Hötzdorf / St. Magdalena

Kultstätte für die drei heiligen Frauen ?

Hötzdorf mit seiner Wallfahrtskirche zur heiligen Magdalena liegt wenige Kilometer südwestlich von Hutthurm, etwas abseits der Straße, zwischen größeren landwirtschaftlichen Anwesen. Der Ort gehört zum Bistum Passau, Pfarrei Hutthurm. Der Schlüssel zur Kirche ist im nebenstehenden Haus Nr. 8 erhältlich. Die heutige Kirchenbau wurde im frühen 18. Jahrhundert als Nachfolge einer älteren Kirche errichtet. Neben dem Eingang befindet sich eine gemauerte Brunnenfassung, der ehemalige „Gesundbrunnen". Der Altar der Kirche stammt aus dem 17. Jahrhundert und ist ursprünglich wohl nicht für diese Kirche angefertigt worden. Das Altarbild zeigt die Büßerin Maria Magdalena, wie sie Schmuckgegenstände mit Füßen tritt. Das Bild wird flankiert von der heiligen Barbara (links) und der heiligen Katharina (rechts). Das wertvollste Stück des Figurenschmuckes ist die „Hötzdorfer Magdalena" (hier als Kopie) mit dem Salbengefäß und kräftig rotem Gewand, die (im Original) auf etwa 1535 datiert wird. Allerdings ist unklar, ob die Figur wirklich zu dieser Kirche gehört hat. Von der einst regen Wallfahrt zeugen nur noch wenige Votivbilder, das Älteste ist mit 1896 datiert. Die Kirche wurde 1983 renoviert und in diesem Zusammenhang auch der bereits verschüttete Brunnen wieder aufgemauert.

Wenn eine Hure zur Heiligen gemacht wird, begleitet von Personen, die in der Frühzeit des Christentums für Tod und Wiedergeburt standen, dann ist das schon etwas Besonderes. Wir finden in diesem Altar ein Gegenstück zu den drei heiligen Madeln: Barbara, Margareta und Katharina, wobei Margareta hier durch Magdalena ersetzt wurde, denn eine Lebedame repräsentiert wohl noch eher die aktive Lebenskraft als eine Figur, bei der nur noch das Attribut (Wurm, Drachen) die Lebenskraft symbolisiert. Diese weibliche Trinität und das Vorhandensein eines Brunnens sollte eigentlich für eine vorchristliche Kultstätte sprechen, eine Kultstätte zur Verehrung der drei Muttergottheiten. Doch etwas stimmt hier nicht. Der Kirchenstandort weist keine vorchristlichen Weihen auf, gibt keine Hinweise auf keltisch geprägte Weihehandlungen, und auch das Brunnenwasser gibt keinen Hinweis auf eine weibliche Kultstätte, denn sein Wasser weist Yang-Polarität auf. Das sind typische Anzeichen dafür, das hier das Patrozinium verändert wurde, und auch der Altar stammt nicht aus der Gründungszeit.

Untersuchung des Kirchenstandortes

Die elementaren Energien des Standortes sind Wasser und Erde, der planetare Regent ist Saturn. Allein diese Kombination verweist bereits auf einen Standort für lediglich körperliche Hilfen und Heilungen. Dem entsprechend beschränken sich die Resonanzen der Erdstrahlung zu den Chakren auch auf das Wurzel- und Bauch-Chakra (Sexualchakra). Hier finden sich die Energien für Sexualkraft und allgemeine körperliche Regeneration, aber Wellenlängen vom keltischen Typus, die Kräfte der Engel oder anderer höherer Wesenheiten liegen hier nicht vor. Die Bankreihen in der Kirche zeigen keine Separierung nach männlichen und weiblichen Energien.

Links: Kirche St. Magdalena in Hötzdorf bei Hutthurm. Neben dem Eingang rechts der ehemalige Gesundbrunnen.
Rechts: Der Magdalenenaltar, St. Magdalena flankiert von St. Barbara und St. Katharina, ist energetisch nicht in Übereinstimmung mit dem Standort der Kirche.

Die Wasserführung, die den Brunnen speist, ist bereits außerhalb der Kirche rechtsdrehend und fließt diagonal unter dem Apsisbereich durch. Sie enthält die Energien für die Gottesmutter, Gottvater sowie den Hl. Geist. Ein Patrozinium für die Gottesmutter wäre hier vielleicht angebrachter als für Maria Magdalena.

Untersuchung des Brunnenwassers

Der Wasserspiegel im Brunnen liegt bei etwa 8 Metern Tiefe. Das Wasser steht nur etwa einen halben Meter hoch und ist warm, ein Zeichen, dass es nicht mehr fließt. So wird dieser Brunnen bald versiegen, wenn hier keine rettenden Eingriffe erfolgen. Das ist schade, denn der Brunnen enthält ein gutes Heilwasser, rechtsdrehend und induktiv-magnetisch. Die Strahlungsintensitäten der Heilwellenlängen liegen bei Reichweiten von wenig über einem Meter, bei frischem Wasser lägen sie sicherlich noch höher. Man berichtete mir, dass dieses Wasser früher gern als Hilfe bei Augenleiden angewendet wurde.

Besondere Energien (Bezeichnung / Strahlungsreichweite)

dauerhafte Heilung	1,2 m	universelle Heilkraft	1,3 m
Verwerfung	1,2 m	Heilquelle	1,0 m
Gottes Segen	1,6 m	Augenquelle	0,9 m
Lebenskraft	1,3 m	Beredsamkeit	1,3 m

Kaltenbrunnkapelle bei Silling, Nähe Aicha vorm Wald. Im Vordergrund ist der Brunnen sichtbar.

Silling / Kaltenbrunnkapelle

Altes Wolfgangheiligtum auf der Wiese

Kaltenbrunn bei Aicha vorm Wald gehört zum Bistum Passau (Dekanat Passau Nord) und zur Pfarrei Aicha vorm Wald. Verlässt man die Autobahn A 3 (Regensburg-Passau) bei der Ausfahrt Aicha und biegt das erste Sträßchen rechts ein (Hinweis nach Haitzing, Straßenname „Kaltenbrunn“), so erreicht man die am Ende der Straße links sichtbar gelegene turmlose Kapelle mit barocker Ausstattung. Sie steht zwischen zwei Linden auf einer Anhöhe am Wiesenhang in der Nähe eines Gehöftes. Das Altarbild stammt aus dem 17. Jahrhundert, eine Figur des heiligen Wolfgang aus dem 15. Jahrhundert. Die Kirche ist verschlossen, sie befindet sich in Privatbesitz. Der Überlieferung nach ist Kaltenbrunn ein altes Quellheiligtum, an die ehemalige Wallfahrt erinnert allerdings nichts mehr.

Von der Kapelle führen einige Steinstufen hinunter zu einer gemauerten Brunnenfassung auf durchnässter Wiese. Die Deckelplatte des Brunnens trägt einen eigentümlichen Steinaufbau, der an eine Urne oder Vase erinnert. Im Innern der Brunnenstube soll nach Kriss ein Kruzifix gehangen haben. Der Brunnen wurde vom Besitzer verschlossen; einige Meter tiefer befindet sich ein gemauerter Schacht mit Abdeckung, in dem sich ein „Hydraulischer Widder“ befindet, der das Wasser zum Besitzer hochpumpt. Laut chemischer Analyse handelt es sich um ein hervorragendes Trinkwasser, absolut keimfrei und extrem mineralarm. Der Besitzer berichtete mir von einen aktuellen Heilung bei schwerer Augenentzündung durch alleinige Anwendung dieses Wassers.

Untersuchung des Kapellenstandortes

Am Standort der Kapelle fand ich keinerlei Energien für vorchristliche Gottheiten, auch Testobjekte für keltisch-römische Weihen sprachen hier nicht an. Dennoch fand ich hier die Erdkräfte repräsentiert und doch zumindest eine bedeutende Energie für körperliche Heilungsvorgänge. Die elementare Energie des Ortes betrifft das Element Luft mit einer Beeinflussung des Herzchakras. Die planetaren Regenten sind Jupiter und Saturn.

Untersuchung des Brunnenwassers

Das hervorragend schmeckende, sehr weiche Heilwasser ist von der Zirkularpolarisation her rechtsdrehend, induktiv-magnetisch und von der

Polarität Yang. Die Strahlungsreichweiten der Heilwellenlängen liegen bei etwa vier Metern, das sind für ein Heilwasser bereits hohe Intensitäten.

Besondere Energien (Bezeichnung / Strahlungsreichweite)

dauerhafte Heilung	4,1 m	universelle Heilkraft	4,2 m
Heilquelle	4,1 m	Verwerfung	4,2 m
Gottes Segen	4,4 m	Lebenskraft	4,2 m
Augenquelle	4,3 m	Beredsamkeit	4,0 m

Kirchberg vorm Wald

Alter Taufbrunnen mit gutem Heilwasser

Der Ort Kirchberg vorm Wald liegt nur wenige Kilometer nördlich der Autobahn A 3, etwa in der Mitte zwischen den Ausfahrten Aicha vorm Wald und Passau Nord an der Straße zwischen Aicha und Tiefenbach. Die Pfarrkirche ist Johannes dem Täufer geweiht und gehört zum Bistum Passau, Dekanat Vilshofen. Es handelt sich hier um eine spätmittelalterliche Taufkirche der Grafen von Hals. Von der alten Kirche ist noch der spätgotische Chor erhalten. Nördlich der alten Kirche, so heißt es, stand eine eigene Taufkapelle. 1759 wurde dann ein größeres Kirchenschiff errichtet und 1906 wurde, basierend auf diesen alten Maßen, der Bau erneuert. Kirchberg vorm Wald war einst eine Filiale der Pfarrei Otterskirchen, deshalb findet sich in älteren Ortsangaben immer der entsprechende Hinweis auf Otterskirchen. Seit 2001 gehört die Kirche zu einem neuen Pfarrverband Tiefenbach.

Die Bilder des Flügelaltares zeigen links die Heimsuchung der heiligen Elisabeth und rechts die Taufe Jesu am Jordan. Dieser Altar wurde 1916 geschaffen, er gehört also nicht zur ursprünglichen Ausstattung der Kirche. Im spätgotischen Chor zeigt ein Tellerschlussstein ein Johanneshaupt; eine Johannesschüssel aus dem 15. Jahrhundert hängt über der Tür zur Sakristei. Hilfesuchende setzten sich einst nach einem Altarumgang die Johanneschüsseln aufs Haupt, um von Kopfweh geheilt zu werden. Johannesschüsseln sind heute in Kirchen nur noch selten aufzufinden, früher gab es „unzählige“ davon.

Das Johannespatrozinium der Kirche verweist auf einen alten Wasserkult, obgleich sich darüber in dieser Kirche keine Hinweise finden. Doch zeigt eine Votivtafel von 1760 auf eine Heilung von Wassersucht, die im

Zusammenhang mit dem Heilbrunnen gestanden haben könnte; sichere Hinweise über die Herkunft der Tafel und einen Zusammenhang mit der Heilquelle gibt es allerdings nicht. Auch ist von einer Wallfahrt hier nichts überliefert.

Wenige Meter unterhalb der Kirche, am Zugang zum Pfarrheim, befindet sich ein gemauerter Brunnen, von einer mächtigen Weide überschattet. Bis vor wenigen Jahren wurde das Wasser noch abgepumpt und zur Bewässerung der Gartenanlage genutzt. Zur Zeit kann hier kein Wasser entnommen werden. Doch war der zuständige Kirchenpfleger so freundlich, mir die Abdeckung des Brunnens zu öffnen, so dass ich eine Wasserprobe entnehmen konnte. Der Wasserspiegel steht in einer Tiefe von etwa acht Metern, der Boden des Brunnens liegt etwa drei Meter tiefer. Das sind gute Voraussetzungen, ihn wieder zu aktivieren, da hier noch reichlich Wasser nachströmt.

Links: Pfarrkirche St. Johannes der Täufer, Kirchberg vorm Wald. Im Vordergrund der ehemalige Taufbrunnen mit gutem Heilwasser.
Rechts: Johannesschüssel über der Tür zur Sakristei.

Untersuchung des Kirchenstandortes

Die Atmosphäre in der Kirche wirkt ein wenig energielos, „nüchtern“, nicht so, wie ich es von Wallfahrtskirchen oder besonderen Gnadenstätten gewohnt bin. Ob das mit Umbauarbeiten in einem Zusammenhang steht oder mit der neu installierten elektrischen Kirchenheizung, vermag ich nicht zu beurteilen.

Das energetische Zentrum der Kirche, das ja weitgehend von der Bodenstrahlung bestimmt wird, befindet sich am Beginn der Altarstufen, also im Bereich des Chores. Hier kreuzen sich zwei Wasserführungen mit induktiven (magnetischen) Eigenschaften. Die unter dem Mittelschiff liegende Wasserführung weist nicht die lebenskraftspendenden Energien der Erdgottheiten (Gottesmutter) auf, es handelt sich ja auch um keine Marienkirche. Die Energien der universellen Heilkraft (Gottvater) sowie für den Hl. Geist sind allerdings vorhanden und rechtfertigen einen Kirchenstandort. Die elementare Energie ist die der Erde, der planetare Regent ist Saturn. Dieser Zusammenhang verweist auf sehr „bodenständige“ Energien. Es ist ein Ort für körperliche Hilfen. Die Energien zur Stärkung des Immunsystems sind vorhanden, für Prostata (rechte Bankreihen), für Gebärmutter und Ovarien (linke Bankreihen) sowie für Sexualkraft und allgemeine körperliche Regeneration. Es ist ein Ort für körperliche Hilfen, nicht für seelische oder geistige Belange. Es finden sich keine Energien vom keltischen Typus (also keine alte Kultstätte) und auch keine Wellenlängen für den spirituellen Bereich. Es überwiegen die Erdenergien. Dementsprechend werden die drei unteren Chakren des Menschen beeinflusst, das Wurzelchakra, das Bauch-Chakra (Sexualchakra) sowie das Nabelchakra (Solarplexus).

Untersuchung des Brunnenwassers

Das Wasser ist rechtsdrehend, induktiv (magnetisch) und von der Polarität her Yang. Die Strahlungsreichweiten der Heilenergien liegen zwischen zwei und drei Metern. Die Energien des Wassers stehen in Übereinstimmung mit denen des Kirchenstandortes: Hilfen auf der körperlichen Ebene können erlangt werden, mehr nicht. Das Wasser hat die Qualität eines guten Heilwassers, und wenn es vielleicht auch noch Trinkwasserqualität aufweist (analytische Untersuchung), ist es empfehlenswert, den Brunnen wieder zu aktivieren, weil das getrunkene Wasser den Körper aufnahmebereit macht für die heilsamen Energien des Kirchenstandortes.

Besondere Energien (Bezeichnung / Strahlungsreichweite)

dauerhafte Heilung	2,5 m	universelle Heilkraft	2,8 m
Verwerfung	2,9 m	Heilquelle	3,5 m
Gottes Segen	3,2 m	Augenquelle	3,3 m
Lebenskraft	2,9 m	Beredsamkeit	2,7 m

Froschreuth /Sagkapelle

Waldkapelle mit eindrucksvollen Votivgaben

Die „Sagkapelle“ von Froschreuth bei Kasberg gehört zur Pfarrei Wegscheid (Bistum Passau, Dekanat Hauzenberg). Wegscheid liegt östlich von Passau, nahe der österreichischen Grenze. Nördlich von Wegscheid liegt der kleine Ort Kasberg. Die Abzweigung rechts (östlich) nach Froschreuth ist gekennzeichnet. Die Kasberger Säge mit der am Zusammenfluss zweier Bäche liegenden Kapelle ist von der Straße aus sichtbar. Die Zufahrt mit dem PKW ist bis vor die Kapelle möglich. Unterhalb der Kirche, unmittelbar am Bach, ist die ehemalige Quelle neu gefasst worden.

Die jetzige Waldkapelle wurde 1955 an der Stelle einer älteren Holzkapelle errichtet. Über der Eingangstür zur Kapelle hängt das alte Wallfahrtsbild, eine primitive Kopie des bekannten Motivs „Maria vom guten Rat“. In der Kapelle befindet sich eine holzgeschnitzte Pietà und mehrere Votivgaben, von denen 12 holzgeschnitzte und farbig gefasste menschliche Glieder und Innereien (eine hölzerne Lunge) wohl noch zur Ausstattung der alten Kapelle gehören. Die Heilquelle befindet sich eigentlich unter der Kapelle, beim Neubau wurde sie außerhalb des Gebäudes neu gefasst. Es sind wohl insbesondere Wanderer, die hierher kommen, doch hält die Pfarrei Wegscheid jeweils am Sonntag nach Mariä Namen einen Bittgang hierher ab.

Untersuchung der Kapelle von Froschreuth

In der Linie vom Altar zum Eingang der Kapelle verläuft eine rechtsdrehend strahlende Wasserader mit der Energie der Lebenskraft. Diese Zone wird von mehreren Wasserführungen gekreuzt, die der Hauptrichtung des Grabens folgen. Ihr Wasser ist teils rechtsdrehend, teils aber auch linksdrehend. Die Atmosphäre in der Kirche ist sehr streng, nicht so, wie ich es von Orten der Heilung gewohnt bin. Dennoch sprechen die Energien für einen Ort der seelischen und körperlichen Heilungen und allgemeiner körperlicher Regeneration. Möglicherweise haben sich die Energien im Zusammenhang mit der Erneuerung der Kirche geändert, das habe ich immer wieder erlebt. Beweisen kann man das nachträglich natürlich nicht. Ein Effekt dieser Art zeigt sich aber an der ehemaligen Heilquelle. Das Wasser ist nahezu versiegt, und es ist linksdrehend! Es muß einst rechtsdrehend, induktiv (magnetisch) und von der Polarität her Yang gewesen sein, wie es die Untersuchungen am Standort der Kapelle beweisen. Es passiert oft im Zusammenhang mit Erdarbeiten, dass eine gute Wasserführung verschüttet wird und sich neue auftun oder aufgetan werden, die aber linksdrehende Eigenschaften haben. Zurückdrehen kann man die Situation nicht mehr. Aber um eine Heilplatz handelt es sich immer noch, wie die Basisenergien für Heilung beweisen. Das Gebet um Heilung allein ist jedoch nicht maßgeblich, es müssen diverse äußere Faktoren hinzukommen, um das Gebet an die Adresse kommen zu lassen, wo es Erhörung findet. Und es sollten Energien vorhanden sein, die auch auf der körperlichen Ebene sofort Wirkung zeigen. Beides schein hier gestört worden zu sein. Aber vielleicht ist das nur mein persönliches Empfinden. Ein interessanter Ort ist es auf jeden Fall geblieben.

Der Saturn ist der planetare Regent des Ortes, an dem die Erdkräfte dominieren. Dementsprechend wird hier auch lediglich das Wurzelchakra angesprochen. Die Wellenlänge entspricht der der Farbe Rot. In dieser Farbe erscheint auch der Planet Saturn.

Die „Sagkapelle“ zur „Mutter vom guten Rath“ liegt am Zusammenfluss zweier Bäche. Im Vordergrund der Zugang zur neuen Quellfassung.

Gottsdorf / Kaltenbrunn

Ruheplatz an einer heilkräftigen Quelle

Die Kapelle mit dem Patrozinium „Zur hl. Dreifaltigkeit" gehört zur Pfarrei Gottsdorf (Bistum Passau). Gottsdorf liegt östlich von Passau, unmittelbar an der österreichischen Grenze, oberhalb der Donau. Der nächste größere Ort ist Obernzell. Hinter der Ortsdurchfahrt von Gottsdorf führt links (nördlich) eine neue Straße den Hang hinauf. Kurz nach dem Beginn des Waldes findet sich links eine Parkmöglichkeit beim Hinweisschild zur Kapelle. Nach wenigen Minuten erreicht man die kleine, am Rande einer neu aufgeforsteten Lichtung stehende Kirche. Das ganze Areal ist mit Heidelbeerbüschen und wilden Erdbeeren bedeckt. In den feuchten Zonen wächst Pfefferminze. Neben der Kirche befindet sich ein Tisch mit Bänken für Wanderer. Ein wenig unterhalb gluckert die Heilquelle. Als ich nach reichhaltigen Regentagen am späten Vormittag hierher kam, brach die Sonne durch die Wolken und tauchte das ganze Areal in einen mystischen Dunst. Es ist ein Platz voller Ruhe und Harmonie, den man nicht gerne wieder verlässt.

Der jetzige Kirchenbau von 1841 steht an der Stelle einer 1695 errichteten Holzkapelle. Das Altarbild zeigt die Krönung Mariens sowie die Heiligen Antonius von Padua, Jakobus und Florian. Das Gnadenbild zeigt

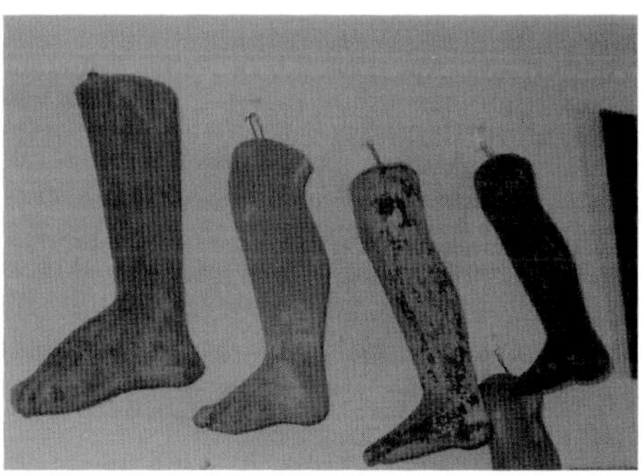

Oben: Teil der Votivgaben in der Kapelle. Hier kleine, hölzerne Beine mit Spuren alter Bemalung als Hinweis auf Heilungen von Fuß- bzw. Beinleiden.

Nebenstehend: Das alte Wallfahrerbild, datiert 1828, hängt über dem Eingang zur Kapelle.

die Allerheiligste Dreifaltigkeit. Seit dem Dreißigjährigen Krieg ist hier eine lokal begrenzte Wallfahrt überliefert. Auch nach der Grenzziehung zwischen Bayern und Österreich kommen Wallfahrer hierher. Die Kirche mit dem 1852 errichteten Glockenturm ist bezüglich der Apsis nach Westsüdwest ausgerichtet. Der Kirchturm zeigt nach Ostsüdost. Das Wasser der etwas unterhalb der Kirche liegenden Heilquelle gilt als heilkräftig bei Augenleiden. Die Wasserführung geht südwestlich an der Kirche vorbei.

Untersuchung der Kirche von Kaltenbrunn

Die Kirchenapsis liegt auf einem aufladenden Platz. Das sind Energien, die von „oben“ kommen und alles energetisch verstärken, was sich auf diesem Platz befindet, also insbesondere die Strahlung der geheiligten Objekte am Altar. Der Altarbereich ist dementsprechend mit den Wellenlängen der energetischen Aufladung, der „göttlichen Universalkraft“ sowie der Lebenskraft anpeilbar, alles in induktiver (körperliche Beeinflussung) und kapazitiver (geistige Beeinflussung) Form. Darüber hinaus steht der Altar auf einem Kreuzungspunkt des kosmischen Gitters der Machtausübung und des Gitters der Lebenskraft. Vor der Apsis, ein wenig diagonal, verläuft eine rechtsdrehend induktiv strahlende Bodenverwerfung, die auch die Sitzplätze auf den Bänken außerhalb der Kirche mit Energie versorgt. Es ist wohl hauptsächlich dieser Verwerfung zu verdanken, dass dieser Platz eine solche Harmonie ausstrahlt. Der planetare Regent des Ortes ist Saturn. Es ist ein Ort, der insbesondere für körperliche Hilfen geeignet ist. Eine Energielinie (Leyline) führt zur aus dem 12. Jh. stammenden Pfarrkirche nach Gottsdorf hinunter und versorgt jene Kirche mit der Energie von Kaltenbrunn. Mit Hilfe eines Testobjektes (Bodenprobe) von Kaltenbrunn habe ich im Altarbereich der Gottsdorfer Kirche diese Leyline verifizieren können. Spezielle Energien für Heilungen sind am Standort der Waldkapelle nicht nachweisbar.

Untersuchung der Heilquelle von Kaltenbrunn

Unterhalb der Kirche sprudelt die Quelle aus einem Tonrohr. Die Schüttung ist zur Wasserentnahme durchaus geeignet, allerdings können nur kleine Behältnisse unter den Ausfluss gestellt werden. Das Wasser macht einen sehr sauberen Eindruck und schmeckt ausgezeichnet. Der starke Pflanzenbewuchs in unmittelbarer Umgebung der Quelle zeigt an, dass hierher wohl nur sehr selten Personen kommen, um sich dieses Wasser zu holen. Das ist schade, denn es handelt sich um ein gutes Heilwasser. Das Wasser ist rechtsdrehend, induktiv, Yang und von relativ hoher Strahlungsintensität (6,0 m auf der Wasserwellenlänge). Die Energien verweisen auf eine normale Verwerfungswasserader.

Besondere Energien: (Bezeichnung / Reichweite der Strahlung)

dauerhafte Heilung	4,8 m	universelle Heilkraft	4,7 m
Verwerfung	4,9 m	heilig / Leben	5,2 m
Gottes Segen	5,3 m	Riss / Spalte (heilig)	1,8 m
Lebenskraft	5,4 m	Beredsamkeit	5,6 m
Heilquelle	5,0 m	Augenquelle	4,9 m

Energetische Besonderheiten der Kultstätten

(Tabelle)

Die nachstehende tabellarische Übersicht zeigt auffällig, dass die meisten hier angeführten Kultorte eine Beeinflussung des Herzchakras ermöglichen, den Sitz der Liebe und der Harmonie. An Stätten, bei denen Energien für die Chakren auftreten, sind gleichzeitig auch die Kräfte mindestens eines Elementes vorhanden, meist sogar mehrerer Elemente. In vielen Fällen liegt gleichzeitig auch ein planetarer Bezug des Ortes vor, also seine Resonanzbeziehung zu planetaren bzw. kosmischen Einwirkungen.

Die herausragende Bedeutung des Herzchakras – wie sie aus der nachstehenden Tabelle ersichtlich ist – im Zusammenhang mit Heilungsvorgängen ist erklärbar: Das Herz ist der Sitz des individuellen und kollektiven Bewusstseins. Seine Aufgabe in bezug auf die energetischen Strömungen im Menschen liegt darin, „obere" und „untere" Chakren miteinander in Harmonie und wechselseitige Regulation zu bringen. Bei Regulationsstörungen beliebiger Chakren ist deshalb das Herz immer mit beteiligt. Nur über das Herzchakra besteht die Möglichkeit, die Energien im Organismus wieder in eine harmonische Zirkulation zu bringen. Das kann nur gelingen, wenn wir den Dingen, die auf uns zukommen, mit aufrichtiger Liebe begegnen und unser Herz nicht „verhärten". Eine spezielle Atemtechnik, die insbesondere das Bewusstsein auf die *Aus*atmung lenkt, kann dabei hilfreich sein. Nur wenn das Herz wirklich entspannt ist, kann sich ein Gefühl der Ruhe und des Friedens in uns ausbreiten, das für die regulatorischen Aufgaben des Herzens eine zwingende Voraussetzung darstellt.

Das Herzchakra ist nicht nur für die regulatorischen Aufgaben in unserem Körper*innern* verantwortlich, sondern auch für den Kontakt zu den Energien des Universums (zum Beispiel zu den planetaren Kräften), die ja über unterschiedliche Chakren aufgenommen werden. Dem Herz kommt hier die Aufgabe zu, die aufgenommenen Energien für den Organismus verfügbar zu machen.

Die Aufnahme von Energien über die Chakren geht dann besonders leicht vonstatten, wenn am Gnadenort auch spezielle elementare Kräfte vorhanden sind, weil ihre Wellenlängen in Resonanz zu bestimmten Chakren gehen: So steht das Element Erde in besonderer Resonanz zum Wurzelchakra, das Element Wasser zum Sexualchakra, das Element Luft zum Kehlkopfchakra und das Element Feuer zum Stirn- und Scheitelchakra. Luft und Wasser sind besondere Elemente der Transformation; die zugehörigen Chakren befinden sich deshalb ober- und unterhalb des Herzchakras und Solarplexus, die beide als zentrale Regulations- und Ausgleichszentren gelten.

Aus diesen Zusammenhängen heraus wird verständlich, wie bestimmte Gnadenorte über planetare Effekte, elementare Energien und Beeinflussungen der Chakren zu speziellen Orten der Heilung werden können, wenn es gelingt, für die individuelle Gesundheitsproblematik einen entsprechend wirksamen Gnadenort zu finden.

ORT / PLATZ	PLANET	ELEMENT	CHAKRA	BESONDERHEIT
Oberviechtach Bleichangerkapelle	Mars	Luft	Nabelchakra	energetisierender Platz körperliche Regeneration
Hannesried bei Weiding Schönbrunnenkapelle	Venus	Erde	Wurzelchakra	Ort für körperliche und seelische Regeneration Frauenbrunnen
Ast bei Waldmünchen Frauenbrünnlkapelle	Jupiter	Luft Erde	Wurzelchakra Nabelchakra	geistige Eingebungen Platz für Wunderheilungen Frauenbrunnen
Neukirchen Heilig Blut Wallfahrtskirche	Mars	Feuer Luft Wasser Erde	Scheitelchakra Kehlkopfchakra Herzchakra	Kontakte mit höheren Wesenheiten, Wunderheilung geistige Eingebungen
Neukirchen Heilig Blut Annakapelle	Mars Merkur	Wasser	Wurzelchakra Bauch-Chakra Nabelchakra Herzchakra	Kontakte mit Erdenergien Abgeben von Belastungen seelischer Ausgleich
Heilbrünnelkirche bei Roding l	Mars	Feuer Luft Wasser Erde	Wurzelchakra Bauch-Chakra Nabelchakra Herzchakra	paradiesischer Platz gutes Heilwasser Platz für Wunderheilungen

Untertraubenbach Waldkapelle Streicherröhren	Merkur Saturn	Erde	Wurzelchakra Nabelchakra Bauch-Chakra Herzchakra	heilsame Erd-Energien Kontaktaufnahmeplatz Frauenbrunnen
Birnbrunn am Himmelberg Hochholzbrünnel	Saturn	Wasser Erde	Wurzelchakra Bauch-Chakra Nabelchakra	Orakelplatz, Wassergeister magische Energien keltisch geprägter Heilplatz
Igleinsberg – Waldkapelle zur Schmerzhaften Muttergottes	Saturn	Erde	Wurzelchakra	heilsame Erdkräfte Frauenbrunnen
Heilbrunn bei Wiesenfelden	Mars	Erde	Wurzelchakra Bauch-Chakra Nabelchakra	Regenerationsplatz Erdkräfte Frauenbrunnen
Ruhmannsfelden Osterbründlkapelle	Saturn	Wasser	Wurzelchakra Herzchakra	harmonischer Platz mit Lebenskraft-Energien
Gehmannsberg Bergkapelle zum sel. Gunther	Merkur Jupiter	Luft Erde	Solarplexus Herzchakra	keltische Energien Frauenbrunnen
Dobra Voda bei Hartmanice	Saturn	Feuer Wasser Erde	Wurzelchakra Bauch-Chakra Nabelchakra Herzchakra	Heilplatz für vegetative Funktionsstörungen im Zusammenhang mit dem Heilwasser
Uttobrunn bei Deggendorf	Merkur Saturn	Luft Wasser Erde	Wurzelchakra Bauch-Chakra Nabelchakra Herzchakra Kehlkopfchakra	kraftvoller Platz mit guten Heilungsenergien auch in spirituellen Bereichen
St. Hermann bei Bischofsmais	Venus	Luft Wasser Erde	-----!	viele Votivgaben gutes Heilwasser Orakelplatz
St. Oswald Brunnenkapelle	Jupiter Venus	Luft Erde	Wurzelchakra Bauch-Chakra Nabelchakra Herzchakra Kehlkopfchakra	vorchristliche Steinkult- stätte keltische Heilenergien bedeutsames Heilwasser
St. Salvator am Bogenberg	Mars	Feuer Luft Erde	Wurzelchakra Bauch-Chakra Nabelchakra Herzchakra	keltische Heilenergien Orakelplatz guter Heilplatz
Brudersbrunn bei Grafenau	Saturn	Erde	Wurzelchakra Bauch-Chakra	harmonischer Platz Erd-Energien
Kreuzberg bei Freyung Kirche St. Anna	Venus Saturn	Feuer Luft Wasser Erde	Wurzelchakra Bauch-Chakra Nabelchakra Herzchakra Stirnchakra	keltische Energien; Platz für Element-Umwandlungen gutes Heilwasser bei der Annakapelle
Aigenstadl bei Ringelai Kapelle Maria Heilbründl	Venus	Luft Wasser Erde	Herzchakra	keltische Energien guter Heilplatz Frauenbrunnen

Kohlstattbrunn bei Grainet Waldkapelle	Venus	Feuer Luft Wasser Erde	Herzchakra	keltische Energien Platz für Element-Umwandlungen
Kirchberg bei Perlesreuth	Saturn Jupiter	Luft	Wurzelchakra Bauch-Chakra Nabelchakra Herzchakra	keltisch geprägter Standort Platz zur Wetterbeeinflussung Harmonisierung vegetativer Funktionen
Exenbach bei Böhmzwiesel Heiligbründl und Kapelle St. Koloman	Venus	Luft Erde	Herzchakra Stirnchakra	keltische Energien guter Heilplatz
Büchelstein-Rastbuche bei Kerschbaum	Saturn	Erde	Alle 7 Chakren	keltischer Opferplatz magische Energien sehr guter Heilplatz
Roggersing bei Grattersdorf	Alle 7 Planeten	Alle 4 Elemente	Alle 7 Chakren	Platz zur Wetterbeeinflussung magische Energien sehr guter Heilplatz
Preying bei Saldenburg Kirche St. Brigida	Merkur Jupiter Venus	Luft Erde	Wurzelchakra Herzchakra	keltische Kultstätte Platz mit weiblichen Energien verborgene Heilquelle
Goben bei Thurmansbang Kapelle Maria Bründl	Venus	Luft Wasser	Herzchakra	harmonischer Platz gutes Heilwasser
Witzmannsberg bei Tittling Kirche Maria Bründl;	Saturn	Erde	Wurzelchakra	Platz für ein Wasserorakel Regenerationsplatz Frauenbrunnen
Schöllnstein bei Iggensbach Kirche Maria Heimsuchung	Saturn	Luft Erde	-----!	Platz zur Wetterbeeinflussung
Hötzdorf bei Hutthurm Kirche St. Magdalena	Saturn	Erde Wasser	Wurzelchakra Bauch-Chakra	Platz für körperliche Hilfen
Kaltenbrunn bei Silling Kapelle St. Wolfgang	Jupiter Saturn	Luft	Herzchakra	körperliche Regeneration
Kirchberg vorm Wald St. Johannes Baptist	Saturn	Erde	Wurzelchakra Bauch-Chakra Nabelchakra	körperliche Regeneration
Froschreuth bei Kasberg Sagkapelle	Saturn	-----!	Wurzelchakra	strenge Atmosphäre Gliedmaßen als Votivgaben
Kaltenbrunn bei Gottsdorf Kapelle zur Hl. Dreifaltigkeit	Saturn	-----!	-----!	Lebenskraft Harmonie

Literatur

Bayerisch-Böhmischer Brünnl-Wallfahrtsweg. Broschüre, herausgegeben von der Gemeinde Schwarzach bei Nabburg.

Böckl, Manfred: Opfersteine, Göttinnenquellen und Druidenthrone. Prähistorische Kultstätten und andere geheimnisvolle Plätze im Bayerischen Wald. – Ohetaler-Verlag, Riedlhütte o.J.

Dalla Via, Gudrun: Lichtwässer und ihre Heilkräfte. – AT-Verlag Aarau (Schweiz) 2002

Fenzl, Fritz: Sagen und Mythen aus Bayern. –Stiebner Verlag, München 2009

Grabowski, Siegfried: Die Heilkraft der Wallfahrtsorte – Ohetaler Verlag, Riedlhütte 2010

Grimm, Jakob: Deutsche Mythologie; Nachdruck der 4. Ausgabe, Berlin 1875-78 durch Drei Lilien Verlag, Wiesbaden 1992

Hartmann, Martin: Das römische Legionärslager Vindonissa. (Archäologische Führer der Schweiz) Bd. 18. – Gesellschaft Pro Vindonissa, Schweizerische Gesellschaft für Ur- und Frühgeschichte 1983

Hirsch, Siegrid und Ruzicka, Wolf:
Heilige Quellen. – Niederösterreich und Burgenland. Freya 2002
Heilige Quellen. – Steiermark und Kärnten. Freya 2004

Jörgenson, Lars: Ein Überblick über die Grauzone in der Wissenschaft. – WDB-Verlag, Berlin 1990

Klinckowstroem, Carl Graf von und Maltzahn, Rudolf Freiherr von: Handbuch der Wünschelrute. – Verlag von R. Oldenbourg, München und Berlin 1931

Klämpfl, Josef: Der ehemalige Schweinach- und Quinzingau. – Passau, Neue Presse Verlags-GmbH 1993. (Nachdruck der zweiten Auflage von 1855)

Kriss, Rudolf: Volkskundliches aus altbayrischen Gnadenstätten. – Verlag Benno Filser, Augsburg 1930

Kutter, Erni: Der Kult der drei Jungfrauen. – Books on Demand GmbH, Norderstedt o. J.
ISBN 3-8334-0181-8

Mader, Franz: Wallfahrten im Bistum Passau. – Verlag Schnell & Steiner, München 1984

Pfeiffer, Heinrich: Das Grabtuch von Turin und die Wissenschaft. In: Resch, Andreas (Hrsg.): Paranormologie und Religion. (Imago Mundi Bd. XV). – Resch-Verlag, Innsbruck 1997

Poll, Ildefons O.S.B (Kloster Metten): Uttobrunn. In: Durch Gäu & Wald. (Beilage zum Deggendorfer Donauboten Nr. 1, Oktober 1912). – Druck und Verlag J. Nothaft, Deggendorf

Ponschab, Pater Bernhard O.S.B.: Die seligen Utto und Gamelbert. – Selbstverlag des Klosters Metten 1910

Schweizer, Paul: Radiästhetische Untersuchungen zum Problem Geopathie und chronische Krankheiten. In: Resch, Andreas (Hrsg.): Kosmopathie – Der Mensch in den Wirkungsfeldern der Natur. (Imago Mundi Bd. VIII). – Resch-Verlag, Innsbruck 1986

Schweizer, Paul und Kraft, Margot: Grundlagen der Geopathie. – Haug-Verlag, Heidelberg 1988

Severin: SEVERIN zwischen Römerzeit und Völkerwanderung. Katalog zur Ausstellung des Landes Österreich im Stadtmuseum Enns 1982, herausgegeben vom Land Österreich, Linz 1982

Spiesberger, Karl: Runenmagie. Handbuch der Runenkunde. – Verlag Richard Schikowski, Berlin 1968 (2. Auflage)

Utz, Hans J.: Wallfahrten im Bistum Regensburg. – Schnell & Steiner, München 1981

Weltzien, Diane von (Hrsg.): Das grosse Praxisbuch der Aura- und Chakra-Arbeit. – Goldmann, München 1993

Wolf, Walter: Sternstunden der Archäologie. Funde in Ägypten. – Musterschmidt, Göttingen 1966

Dank

Mein Dank gilt allen Personen, die mich bei meiner Arbeit mit Informationen unterstützt haben, insbesondere jenen, die mich immer wieder auf neue Quellen und interessante Kirchenstandorte aufmerksam gemacht und mir geholfen haben, auch zum Wasser einiger bereits versiegelter Brunnen noch einen Zugang zu bekommen. Namentlich möchte ich in diesem Zusammenhang nennen: Familie Niederalt aus Oberviechtach, Herrn Johann Wagner aus Aigenstadl, Herrn Heinrich Striedl aus Kirchberg bei Otterskirchen, Herrn Josef Aulinger aus Silling, Herrn Thomas Schmatz aus Neukirchen Hl. Blut, Herrn Alois Duschl aus Grattersdorf, Frau Heidi Wagner aus Irlbach sowie Pater Michael O.S.B. aus Michaelsbuch (Archiv Kloster Metten). Mein besonderer Dank gilt Herrn Alois Wetzler aus Osterhofen, der mir durch seine Ortskenntnisse eine Reihe schwer zugänglicher Informationen vermitteln konnte. Herrn Peter Nowak aus Berlin danke ich für die Durchsicht des Manuskriptes und seine Vorschläge zu Korrekturen.

Bildquellen

Sofern bei den Bildern nicht anders erwähnt, stammen alle Bilder von Verfasser. Für die Abdruckgenehmigungen danke ich Pater Andreas Resch für das Bild der römischen Münze mit dem Lituus als Abdruck auf dem Turiner Grabtuch, der Thieme-Verlagsgruppe (Haug-Verlag) für die Übernahme der Grafik von der Lecherantenne sowie dem Kloster Metten (Archiv Pater Michael) für das Bild vom Abtstab des seligen Utto und der historischen Aufnahme von Uttobrunn.

Text für die Umschlaggestaltung

An Gnadenstätten walten besondere Erd- und Himmelskräfte. Hilfen und Heilungen können dann erfolgen, wenn unser persönliches Energiefeld mit diesen Kräften in eine wirksame Wechselbeziehung gelangt. Der Zugang zu diesen Energien wird durch Anwendung des Wassers „heiliger“ Brunnen erleichtert.

Dr. Siegfried Grabowski untersucht die Quellen-Kultstätten des Bayerischen Waldes in bezug auf die Energien des Ortes sowie der energetischen Qualität ihrer Heilbrunnen. Die planetaren Einstrahlungen, die Energien der „Elemente“ sowie die Möglichkeiten der Beeinflussung unserer Energiezentren (Chakren) bilden die Basis der am Ort wirkenden Heilungsenergien. Trotz mehrfacher Übereinstimmungen der lokalen Grundstrukturen prägt doch jeden Ort ein spezielles Charakteristikum, das gerade diesen Gnadenort zu einer Stätte individueller Heilungsmöglichkeiten macht. Vielfach gibt schon die Gründungslegende des Ortes Hinweise auf besondere energetische Phänomene.